中/国/管/理/理/论/前/沿/系/列 凌　峰/著

企业管理流程设计研究
——基于管理功能与载体及相关影响因素分析

The Study of the Enterprise Managical Process Design
—Based on Management Functions and Carriers as well as
Analyses about Related Influence Factors

图书在版编目（CIP）数据

企业管理流程设计研究：基于管理功能与载体及相关影响因素分析/凌峰著．—北京：经济管理出版社，2019.10
ISBN 978-7-5096-6853-5

Ⅰ.①企… Ⅱ.①凌… Ⅲ.①企业管理—业务流程—研究 Ⅳ.①F273

中国版本图书馆 CIP 数据核字（2019）第 171683 号

组稿编辑：胡　茜
责任编辑：任爱清
责任印制：黄章平
责任校对：王淑卿

出版发行：经济管理出版社
（北京市海淀区北蜂窝 8 号中雅大厦 A 座 11 层　100038）
网　　址：www.E-mp.com.cn
电　　话：（010）51915602
印　　刷：北京晨旭印刷厂
经　　销：新华书店
开　　本：720mm×1000mm /16
印　　张：16
字　　数：305 千字
版　　次：2020 年 1 月第 1 版　2020 年 1 月第 1 次印刷
书　　号：ISBN 978-7-5096-6853-5
定　　价：79.00 元

·版权所有　翻印必究·
凡购本社图书，如有印装错误，由本社读者服务部负责调换。
联系地址：北京阜外月坛北小街 2 号
电话：（010）68022974　　邮编：100836

前　言

随着经济全球一体化的发展，挑战与危机启动企业新一轮的优胜劣汰过程，加强内部管理、提升自身实力是企业适应环境、增强免疫力、谋求发展的现实途径之一。管理流程作为企业日常运营过程中联系各部门管理业务活动的轴线，体现了企业内部一系列相互影响动态管理活动运行过程，被视为整顿与梳理组织内部管理的灵丹妙药，其同时又是一剂猛药。笔者试图由管理功能与载体关系入手，剖析管理制度实施的困境与原因，明确管理流程对管理功能实现的作用。运用广义设计理念，针对企业管理中的现状与问题，明确企业管理流程设计的要素、思路和理念，探寻流程形成及相关影响因素与设计要素间的关系，阐述管理流程设计过程与方法，以期对企业运用流程设计进行内部管理改进和管理知识实践应用提供些许支撑。

本书采用规范和实证研究相结合、文献阅读和调查访谈相结合、定性与定量研究相结合的方法，以国内外现有研究成果为基础，沿着"管理流程设计相关理论研究—管理制度实施困境—管理制度与管理流程关系—管理流程对管理功能实现的作用及其特征—管理流程形成分析及推动作用与流程设计要素关系—管理流程设计思路与理念—管理流程设计相关影响因素对流程设计要素的作用—管理流程设计过程与方法—管理流程设计应用实例"这样的脉络展开。对管理制度与流程关系，基于功能实现的管理流程特征，管理流程形成，管理流程设计思路、要素、相关影响因素等进行研究，并提出企业管理流程设计过程与方法。

全书共分为八章。第一章为绪论，旨在阐述文章选题背景、意义及对相关文献进行综述。第二章围绕企业管理流程设计相关理论研究如广义设计、系统科学、制度经济学、价值链等作简要回顾，并厘清本书出现的一些概念与内涵。第三、四、五、六章是本书主体，其中第三章阐述管理制度实施困境的现状及原因，根据管理功能与载体分析管理流程与管理制度关系，梳理管理流程在实现管理功能过程中表现的特征，认为科学设计管理流程对摆脱管理制度实施困境有一定作用。第四章明确管理流程设计要素，探讨管理流程形成推动作用与流程要素关系，提出管理流程设计目标、理念、总体思路及设计原则。第五章通过实证研究认为，企业战略、业务属性、人力资源、组织结构等是管理流程设计重要的相关影响因素，对这些因素与流程设计要素间的关系进行分析与实证是管理流程设计实现过程中应予以关注的要点。第六章简述管理流程设计准备，针对管理制度实施困境，结合管理流程相关影响因素对设计要素的作用关系，阐述管理流程设计和实现的过程与方法。在上述研究基础上，本书在第七章介绍了管理流程设计过程与方法的实例。第八章是本书的研究结论和展望，在总结全书基础上，阐述研究得出的主要结论，指出研究中存在的不足及今后的拓展方向。

本书创新点主要体现在如下三个方面：

第一，由系统科学中功能与载体关系入手，阐明作为管理系统运行层面，管理流程赋予管理载体以动态性能，为管理制度实施提供运行方案，从而发挥各项管理功能以达成各种管理目标。从管理制度表述复杂，调节方式不畅，被认知度低及部门本位主义等方面分析了管理制度实施困境与原因。阐述管理流程对管理功能实现的作用及系统性、关联性、过程性特征。认为科学合理设计管理流程对摆脱制度实施困境有一定作用。

第二，阐述管理流程形成机理，认为管理主体经验、管理对象客观性在管理流程形成和运行过程中具有推动作用。阐明流程构建要素安排是其设计分析与设计过程的重点，分析推动作用与管理流程设计构建要素关系。运用广义设计科学理念，遵循人工系统目的、功能、载体间逻辑关系，指出管理流程设计目标在于对管理功能的实现，提出企业管理流程设计总体思路；"适应性、满意性、串行性、集体协作性"的设计原则；"构建系统整体性、体现横向协调性、关注纵向时效性、可监控与考核性"的管理流程设计理念。

第三，提出企业战略、业务属性、组织结构、人力资源等是管理流程设计相关影响因素，建立假设模型，用因子分析法进行验证并修正。继而运用结构方程模型，对诸影响因素与管理流程设计要素间关系进行分析验证，遴选结果中结论在管理流程设计过程中予以关注。针对管理制度实施困境，从管理分目标确立、管理功能分析、管理业务解析、管理职能定位、管理权限配置、流程设计表达及流程辅助设计等步骤较详细地提出企业管理流程设计的过程与方法。

目 录

第一章 绪 论 … 1

第一节 选题背景与研究意义 … 1
一、选题背景 … 1
二、问题提出 … 2
三、研究意义 … 5

第二节 相关文献综述 … 6
一、流程研究发端 … 6
二、流程设计研究综述 … 8
三、流程影响因素及其他相关研究 … 16
四、文献述评 … 22

第三节 研究思路、内容与方法 … 23
一、研究思路 … 23
二、研究内容 … 23
三、研究方法 … 25

第四节 本书创新点 … 26

第二章 企业管理流程设计相关理论研究 … 27

第一节 管理流程及相关概念内涵 … 27
一、企业管理环境与管理过程 … 27
二、流程分类及管理流程概念界定 … 29
三、其他与管理流程相关概念 … 37

第二节 管理设计理论与方法研究 … 38
一、广义设计科学研究概述 … 38
二、管理设计理论研究概述 … 40
三、管理设计使命与程序探索 … 41
四、管理设计与管理流程设计关系 … 42

第三节　相关理论研究 ·· 43
　　一、系统科学与管理系统 ···································· 43
　　二、价值链与企业流程 ······································ 44
　　三、其他相关理论研究 ······································ 45
第四节　本章小结 ·· 46

第三章　管理流程与制度关系及对管理功能的实现作用 ············ 47

第一节　管理制度与流程关系及其实施困境 ························ 47
　　一、企业管理制度内涵与制定 ································ 47
　　二、企业管理制度现状分析与实施困境 ························ 49
　　三、基于系统科学视角的管理功能与载体研究 ·················· 52
　　四、管理流程与管理制度关系 ································ 57
　　五、管理制度实施困境原因分析 ······························ 61
第二节　管理流程对管理功能实现的作用与特征 ···················· 64
　　一、管理流程与价值链及其对管理功能的实现作用 ·············· 64
　　二、基于功能实现的管理流程特征研究 ························ 68
　　三、科学设计管理流程对摆脱制度实施困境的作用 ·············· 76
第三节　本章小结 ·· 78

第四章　管理流程形成与设计思路研究 ···························· 79

第一节　管理流程形成分析 ······································ 79
　　一、流程形成的实践基础 ···································· 79
　　二、管理流程形成的理论基础 ································ 79
　　三、管理流程形成过程与推动作用研究 ························ 80
第二节　流程形成与设计要素关系 ································ 86
　　一、管理流程设计要素 ······································ 86
　　二、管理主体经验与设计要素关系分析 ························ 88
　　三、管理对象客观性与设计要素关系分析 ······················ 91
　　四、科学合理展开管理流程 ·································· 95
第三节　管理流程设计思路与理念 ································ 96
　　一、管理流程设计目标与原则 ································ 96
　　二、管理流程设计思路 ······································ 98
　　三、管理流程设计理念 ······································ 99
第四节　本章小结 ·· 107

第五章 管理流程影响因素与设计要素实证分析 ········· 108

第一节 相关影响因素分析与构建要素设计要求 ········· 108
一、企业战略对管理流程的影响 ········· 109
二、业务属性对管理流程的影响 ········· 112
三、信息技术对管理流程的影响 ········· 115
四、组织结构对管理流程的影响 ········· 116
五、其他对管理流程的影响因素 ········· 119
六、管理流程构建要素设计要求 ········· 122

第二节 管理流程设计相关影响因素与设计要素因子分析 ········· 125
一、分析方法简述 ········· 125
二、调查问卷与假设模型 ········· 126
三、模型效度检验 ········· 127
四、模型因子分析 ········· 127
五、假设模型修正 ········· 129
六、模型信度检验 ········· 130
七、因子分析结果讨论 ········· 131

第三节 影响因素与管理流程设计要素关系研究 ········· 133
一、直接与间接影响因素之间的关系 ········· 133
二、直接影响因素与设计要素关系分析 ········· 136
三、概念模型与研究假设 ········· 154
四、问卷调查和数据分析 ········· 156
五、模型验证与结果讨论 ········· 160

第四节 本章小结 ········· 167

第六章 企业管理流程设计过程与方法 ········· 168

第一节 管理流程设计准备工作 ········· 168
一、管理流程设计条件准备 ········· 168
二、管理流程设计组织支持 ········· 170

第二节 管理流程设计实现过程研究 ········· 171
一、针对管理制度实施困境的流程设计要素安排 ········· 171
二、影响因素与管理流程构建要素作用关系 ········· 173
三、基于功能实现的管理流程设计过程与方法 ········· 177

第三节 本章小结 ········· 190

第七章　企业管理流程设计应用实例 ……………………………… 191

第一节　X公司设备管理流程设计应用实例 …………………… 191
一、X公司设备管理流程设计目标与功能分析 ………………… 191
二、X公司设备管理流程设计之业务解析与职能定位 ………… 194
三、X公司设备管理流程设计表达与辅助设计 ………………… 199

第二节　Y公司综合管理流程设计应用实例 …………………… 203
一、Y公司综合管理流程设计目标与功能分析 ………………… 203
二、Y公司综合管理流程设计之业务解析与职能定位 ………… 207
三、Y公司综合管理流程设计表达与辅助设计 ………………… 211

第三节　本章小结 ……………………………………………… 217

第八章　研究结论与展望 ………………………………………… 218

第一节　本书研究结论 ………………………………………… 218
第二节　需进一步研究之处及展望 …………………………… 219

参考文献 …………………………………………………………… 221

附录一　关于管理流程设计相关影响因素与设计要素的
预调查问卷 ……………………………………………… 239

附录二　关于管理流程设计相关影响因素与设计要素的
预调查问卷 ……………………………………………… 242

后　记 ……………………………………………………………… 245

第一章 绪 论

第一节 选题背景与研究意义

一、选题背景

随着经济全球化和经济一体化的发展,世界先进科技与管理令许多国内企业倍感国际范围挑战和危机;金融风暴余波未尽,长期主权债务危机又现端倪,波动传导机制跨越国界,对实体经济影响长期存在;信息技术迅猛发展,为企业生产和管理方式带来根本性变革。挑战与危机启动企业新一轮优胜劣汰过程,由于体制约束有惯性、市场规则不完全、竞争机制不规范、人员素质待提高等原因,我国部分企业内部管理亟须改进。企业要正视经营管理中存在的缺失与弱点,抓住国家扩大内需及国际产业态势更新布排机遇,实现内部各项管理由粗放向集约型转变。流程设计为我们提供了较全面、系统的方法工具,被《哈佛商业评论》列入对企业管理最具影响力的二十种方法之一[1];设计合理流程、加强内部管理是企业适应环境、增强免疫力、提升实力、谋求发展的现实途径之一。

迈克尔·哈默、詹姆斯·钱皮与托马斯·达文波特被公推为BPR(流程再造/设计)奠基人。哈默提出:"流程将一个或多个输入转化为对顾客有价值的输出活动,目的在于使成本、服务、质量及速度等方面取得显著改善,使企业能最大限度地适应以顾客、变化、竞争为特征的现代企业经营环境"[2];达文波特在阐述BPR时使用了"再设计"(Redesign)一词,揭示"再造"由"设计"得以实现,两者紧密相系[3];继之,BPR研究探讨热潮兴起,理论研究与实践尝试方兴未艾。许多欧美及亚洲公司,例如,Ford、AT&T、IBM、BAT、新韩、泰华、永大等通过BPR实现了业务升级与内部管理双重改进,获得成功。由此,哈默被美国《商业周刊》誉为"20世纪90年代四位最杰出管理思想家之一"。BPR理论于20世纪90年代传入我国,目前仍未形成系统与完整的理论方法体系[4],正逐步用于企业实践以提高我国企业管理水平,适应当今世界激烈市场竞争。

由哈默对流程诠释可认为:"管理流程"是组织完成管理工作以实现管理目标的一组管理活动,"管理活动是企业运作过程中管理人员进行管理工作时所从事的活动"[5];在具体工作中管理活动侧重有别,各层级进行活动时间安排各异,而"各项管理工作基本由实现计划、组织、领导、控制等功能的活动组成"[5];在调研时发现,国内部分企业在内部管理过程中存在问题,例如,部门职能不明确,相互间配合不力导致工作效率低;岗位职责不明晰、责权不对等,各层级缺乏相应权责界定;部分管理制度缺失且表述不清晰,可操作性不强;管理制度执行不力,贯彻效果差;人员培训不到位,激励机制不健全,绩效考核指标设计不尽合理等。管理流程设计有机贯穿于企业各部门职能、岗位职责、权责关系、领导层级中,并与企业组织结构与绩效考核密切关联,为企业管理改进提供可行切入点,被视为整顿与梳理组织内部管理的灵丹妙药。而其同时又是一剂猛药,学界与实业界依旧保持继续研究与谨慎尝试态度。

BPR 也具有颇多失败案例,据称:"国外失败率超过 70%,由于国内文化间差异等原因成功率可能更低"[6];英国 FCD 调查机构对全球 600 个 BPR 项目进行调查显示结果为:"78%的项目效果与预期相去甚远,只有 45%的项目使企业取得负面效益;仅 22%取得成功"[7];《纽约时报》前执行编辑 Rosenthal 称:"BPR 随着巨大的成功与巨大的失败"[8];为此,哈默曾公开致歉。在我国,有数据表明,有 88%的企业高管声称已经或正在进行 BPR,其中有 3/4 的项目最终失败[7];进而从不同角度研究失败原因,理论假设前提不符合多数企业实际且未能体现系统论基本要求[9];盲目追求激进式变革重组方式[10];缺乏持续管理投入与支持;忽视人的因素在流程设计中的影响作用;错误选择流程重组时机等。尽管如此,BPR 理论与方法仍然是管理科学领域的有效工具之一,流程依旧是企业于日常运营过程中联系诸多业务领域的主轴,管理流程体现企业内部一系列相互影响动态管理活动过程,在这些活动调节下,将企业的一定输入转化为对顾客有价值的输出。此外,BPR 与各种管理方法工具,例如 ERP、SCM、TQM、IE、VE、标杆管理、知识管理等具有较强兼容与互补性[3],为此,针对企业管理制度实施过程中出现的问题,在认清管理流程对企业管理功能实现作用基础上对管理流程形成、相关影响因素与设计要素关系、设计方法等进行研究,为企业管理理论与实践提供更为广阔的拓展平台。

二、 问题提出

选择这一研究领域,基于以下考虑:

其一,结合企业管理制度实施现状与问题,探寻管理流程设计理论与方法,对企业内部各项管理活动进行系统性梳理与改进的学术文献相对不多。近年来,我国出现不少对 BPR 介绍、引进、研究与探索文献，理论工作者早先引介 BPR 理论与方法，其后侧重探讨 BPR 在中国特定社会与经济环境下的可行性。有学者将 BPR 与其他各种管理理论方法如 SCM、TQM、IE、VE、VC 等的适用环境、研究范围、实践效用等作比较，探寻这些理论与工具相互融合、综合使用的可能性与方法；更多学者与管理咨询人士将视角定位于企业流程本身，对关键流程识别、流程优化评估、具体流程设计、流程实施、流程对组织结构、绩效考核的影响等做研究探讨；企业信息化管理倡导者热衷将 BPR 与 ERP "包办婚姻"，寻求 ERP 如何在技术上对 BPR 有更好的表达方式与实现途径。然而 BPR 有较深理论背景与技术方法，不仅是为企业信息化建设服务，再好的 ERP 技术手段若为一种糟糕的 BPR 服务，也意味着企业流程化建设的加速失败。各业界已达成共识：ERP 只是 BPR 的辅助措施与电子化技术手段。不进行信息化升级的企业也须开展 BPR。"在企业信息化建设与推进中，只有配合实施业务流程设计，才能充分挖掘信息技术潜力提高企业经营效率与效果"[11]；实业界人士将目光聚焦于结合所在行业实施 BPR 的可能性与具体方法上，针对不同行业企业的 BPR 设计与实施方法屡现各种文献。

通过文献阅读发现，针对企业管理制度实施现状探寻管理流程设计理论与方法的文献不多。流程设计结合组织微观环境中流程形成及流程与企业内部环境相互制约影响关系，与企业管理制度的规定与履行紧密相系，对其研究须在企业实际管理环境与条件中进行。企业各项管理活动可构成由管理思想、信息、制度、方法等非物质功能要素组成的"人工系统"。"这一系统的功能是第一性的，其载体形式是为服从于功能要求而设计的"[12]；企业组织机构、业务流程、规章制度履行实施皆可看作企业管理人工系统功能实现的承担载体或运行方式。由于流程系统化沟通了企业不同职能部门间业务联系，为企业日常管理中信息、职责、任务等提供了动态性、整体性疏通与运行方式，并与企业组织结构、绩效考核落实、管理制度实施等紧密联系，从而在企业实现管理职能、完成管理任务、达成管理目标的系统运行过程中处于主轴与核心地位。

诺贝尔奖获得者西蒙（H. A. Simon）教授将所有创造人为事物的智力性活动（包括管理科学）称为"设计科学"[13]，他指出，人为事物由人工综合而成，可用其功能、目的、适应性加以刻画[14]；生产物质性人工物的综合智力活动与为病人开药方或为公司制订新销售计划等并无根本不同。"管理科学与工程"具有工程学科属性，"进行设计是工程活动区别于其他专业的特点"[15]；虽然设计并不是工程技术的唯一方面，但它却是极重要的方面[16]；目前"管理工程"尚缺乏体现工程活动最基本特征的"设计"知识元素，而管理系统正是基于"设计"理念构建的人工系统。管理流程设计是管理系统设计的重要阶段与组成部分，其既是管理系统实现管理功能的目的性体现，也是管理系统结构设计与规范设计的基础[17]；针对企业流程识别、优化、评估与实施或尝试与其他管理方法手段集成的研究，固然可为提升整体管理水平提供方法指导，但换一角度来看，流程设计属于管理系统运行设计的范畴，单就其本身的优化不易觉察载体结构性改变及组织环境中不同约束条件对系统功能实现的影响，也就不能为管理系统的有效运行与管理目标的最终达成提供更深刻而有益的借鉴。因此，为深入探索企业管理优化改进与流程设计合理运用，有必要对管理流程形成及其与企业系统诸因素间较深层影响关系进一步溯及与挖掘。国际管理设计专家 Van Aken 认为，管理研究不仅是要提出某个具体问题的解决方案，亦须探寻实地验证的切实技术规则，以作为解决具体管理问题的设计规范[18]；由此管理流程设计应针对企业管理制度实施中存在的现实问题，从解释科学角度探索管理流程与管理制度依存关系，阐明管理流程在实现管理系统功能过程中的作用，依循流程形成发端，结合考虑管理环境中各种因素，回答："为何管理流程设计能在一定程度上解决制度实施困境问题"和"在流程设计要素安排中应关注哪些影响因素"，基于此运用广义设计理念获得设计管理流程的范式与方法，即解决"应当如何设计？"的问题，以提高企业管理实践的整体水平。

其二，对管理流程设计及企业管理改进的理论应用与实践研究有待深入。当 BPR 诞生之初，其较为激进的变革方式一直为世人所诟病，作为"舶来品"传入我国，其初始内涵正悄然变化，哈默运用 BPR 进行彻底改造的预期，被国人以水土不服缘由不断赋予"持续渐进"理念。金达仁认为，哈默对 BPR 的描述像是文学字眼，对企业而言，除非到生死存亡关头，才需要哈默激进做法[19]；刘宗斌质疑哈默理论假设前提，据其多年管理咨询经验认为，事实上大多数企业并非核心业务有特别严重或突出问题，仅是企业各流程或多或少不够规范优化[9]；在各流程间也存在相互链接不畅等问题，从而造成企业整体组织管理体系运行效率低下。为此，不可能也无须对企业现有全部流程作彻底再造。国内许多学者与咨询专家同意，流程再造应处于持续改进的常态。研究流程的著名学者梅绍祖将针对流程持续改进的方法理念称为"流程管理"[20]；认为这是 BPR 理论与方法自身改进与发展的方向。哈默本人对 BPR 激进性也做过反思，在与实施 BPR 企业持续广泛接触后提出"流程再造十大误区"[19]；承认忽视了"人"的因素在流程设计与运行中的作用，并认为在美国，BPR 也仅处于青少年期。国内企业试图通过流程整合内部管理仍存在很多问题，不顾企业竞争态势、资源禀赋、人员素质等方面实情，照搬外国做法，甚至将 BPR 与 ERP 强行捆绑导致失败的例子也不鲜见。管理科学在不断发展的历史进程中，由于在各种特定环境条件下研制的管理科学理论方法带有不同时代和地域背景烙印而具有一定局限性，管理知识在应用过程中离开了方法研制所根植的社会人文条件,其效果会大打折扣甚至适得其反。发端于美国的 BPR 在中国引发"顿渐之争"有其"管理"的社会属性限制知识应用的深层原因,BPR 理论与方法只有与符合我国国情的各种社会经济环境相适应才能生根发芽,从而为我国众多企业在尝试运用管理流程设计提高企业管理效能方面提供切实的理论指导与可行的措施建议。

在调研中还发现,国内不少企业往往以整本《管理制度汇编》作为各项管理活动的规则指南,这些汇编分门别类自成体系,涵盖组织结构、行政隶属、生产管理、技改方案、人事安排、财务制度、营业推广、质量管理、安全检查等方面,有些《制度汇编》内容庞杂、各项规章制度彼此关联度较小、可读性较差、受关注度不高、易被束之高阁,在实际履行中指导性与可操作性不强。众所周知,企业管理制度主要规定了各管理层、部门、岗位及各项专业业务的职能范围、应负责任、拥有权限及管理业务工作内容和程序方法[21],是员工与企业的行为规范。制度的根本内涵是告诉员工如何工作、如何处理各种业务事宜。管理流程可由多种形式描述,关键是可操作、科学有效。然而一些管理流程设计不尽科学合理,人们对与流程设计有关的理论方法研究有待深入。管理流程与管理制度关系密切,管理制度是描述各项管理活动的内容指南与行为规范,管理流程是管理活动的行动方略与技术实现。大部分管理制度履行与实施可以通过管理流程得以实现,从某种意义上来说,管理流程是管理制度实施的动态履行,是一个技术概念,这些皆须深入研究。

综上所述,对本书需解决问题归纳如下:管理流程与管理制度的内涵是什么?管理流程与管理制度关系如何?管理制度实施中的困境及原因;管理流程对管理功能实现的作用及表现出的特征;管理流程设计目标、原则、思路与理念分别是什么?管理流程形成推动作用和相关影响因素,及两者与管理流程设计要素安排有何关系?基于上述分析阐明管理流程设计过程与方法;最终介绍企业管理流程设计应用实例。以上这些正是本书试图予以阐释的。

三、 研究意义

1. 为管理知识的应用研究提供些许理论支持

管理流程以其系统、简约、可操作性强等特点依然属于管理科学在微观组织层面研究企业资源整合、系统效用优化、管理活动集成的主流领域之一。自然基金管理学部评委刘建一教授曾指出:我国管理科学项目选题存在"宏观选题多、微观选题少;追逐热点问题多而具前瞻性源问题少的现象,那些需较长时间在企业中进行大量调研分析的基础性微观选题更少"[22];认为管理科学须首先对管理活动中一些现象与问题作一定解释与描述性研究,只有发现规律和原理,方可为科学设计管理方案提供理论与方法支持。因此，要使流程设计不成为无源之水、无本之木，须首先做好诸如管理流程与管理制度关系，管理流程对管理功能实现，管理流程形成等解释性方面的研究，这是管理作为科学研究与实践的问题之一。本书立足于产业组织微观层面，溯及管理流程形成，探寻管理流程设计的必要性，基于此，研究与企业各管理业务相关联的流程设计，以期对管理知识的实践应用提供些许理论支持。

2. 以"设计"理念对管理流程进行全新诠释

提到"设计"，人们或许会认为，像机器、建筑物、汽车、艺术品或服装等这些有形物方属于设计范畴。现代设计学者克里斯德·琼斯认为，"设计不仅运用于工程师、建筑师及其他专业设计人员工作，且适用于经济计划者、立法者、管理者、社会活动家、应用研究者"[23]；人们越来越意识到"管理学是设计科学"[24]；"将设计科学理念引入管理研究，基于对现象及机理的解释，设计解决问题的方案，这是将管理研究与实践应用结合起来的途径"[25]；并且"基于设计科学范式进行管理研究，我们可以得到更多的规范性知识"[26]；"设计"是解决问题的科学，所有设计结果都是一种行为范式与规定，任何设计既需要创新，也须一定的解释科学研究结果作为基础。本书秉承这一理念，对处于微观组织环境下的管理流程构建运用"设计"理念进行全新诠释。

3. 有助于企业运用管理流程设计进行管理改进实践

国内不同地域、行业、规模、所有制结构企业管理水平良莠不齐，人员素质互有差异，然而期待通过相应管理技术方法手段规范内部管理、提升整体实力是其共同愿景。本书试图阐述企业管理流程内涵，分析管理制度与流程关系，勾画出企业任务、人员、信息等在流程的业务串联体系下于职能部门间合理有效运作的动态图景，基于流程形成及各项影响因素提出企业管理流程设计中须关注的设计要素安排问题。这无疑对企业在明确部门职能、岗位任务设定、加强人员培训及细化考核办法等诸多层面具有借鉴与帮助意义。

第二节　相关文献综述

一、流程研究发端

流程研究发端于对劳动分工理论的重新认识，亚当·斯密（1776）认为，劳动生产力最大的增进及运用劳动时所表现的更多熟练技巧与判断力，似乎都是分工的结果[27]；分工理论曾一度促进企业生产效率提高，但分工有时也将企业连贯工作过程分解为支离破碎片段，束缚企业员工积极、主动、创造性。

自20世纪70年代以来，经济全球化发展与信息技术革命等因素促使企业经营环境与运作方式发生变革，西方国家经济长期低增长，市场竞争更趋激烈，企业亟须直面生存挑战。人们逐步意识到必须对现有工作方法、管理观念与组织结构等进行彻底再造改革，或能使企业得以新生，在此环境背景下，流程再造思想应运而生。迈克尔·波特（1980）在"企业竞争优势"研究中率先使用了"流程"这一概念，此后麦肯锡两位咨询师Peters与Waterman（1982）以流程概念为基础分析了组织结构、质量管理、企业家精神及授权等决定员工表现是否卓越或致力于服务的因素[28]。

最早较深入、系统提出流程思想的是被称为BPR奠基人的三位学者：迈克尔·哈默、詹姆斯·钱皮与托马斯·达文波特。哈默（1990）最早提出"流程"较为全面定义[2]，此后又与钱皮提出：相互联系、彼此影响、有前因后果关系、有投入与产出的一系列事物，称为一个流程[29]；达文波特（1993）则认为，业务流程是一系列可测量的结构化顺序活动集合，为特定客户或市场产生特定产品或服务输出[30]；"流"即流动，企业生产过程即资金流、物流、信息流在其内部流动的过程；而"程"是程序、环节，是对"流"的规范化处理与运作。

此后不同学者从各自角度对"流程"进行研究：Kaplan与Murdock（1991）认为，业务流程是一系列相互关联的活动、决策、物流及信息流集合[31]；Scherr（1993）认为，业务流程是由一系列相关联活动组成，按先后次序进行，具有某种特定输出的业务过程[32]；米勒（1994）将业务流程解释为"理解组织业务如何开展的一种方式"[28]；波特（2002）称，现代企业本质上是为最终客户需求而设计的一系列作业活动或业务流程集合[33]；是一系列以最终满足客户需求为导向、由内而外联结在一起的作业链。Becker（2004）等认为，流程是一系列有逻辑性、完全闭合、适时执行的系列活动，其服务于以流程为导向的业务对象[34]。

1990年，Hammer在《哈佛商业评论》上首次提出BPR，此后不久，Davenport与Short（1990）提出，BPR特征随流程类型而变化[35]；流程的显要特征是客户性与跨越性，各种类型流程应得到不同管理资源，需不同IT支撑，流程顺序也将各异。认为伊始BPR一般指组织内流程重组，进入21世纪，BPR涉及跨组织流程。1993年，哈默与钱皮（Champy）给出了BPR较详尽定义："BPR是对企业中各种业务流程做根本性思考与彻底性重建，其目的在于显著性、戏剧性改善成本、质量、服务和速度等方面，使企业最大限度地适应以顾客、竞争、变化为特征的现代企业经营环境"[36]；早期理论探索以Hammer和Champy为代表的"激进派"反复论证了"根本性再造"的必要性，而以Davenport为代表的"改进派"则强调以改进方式进行流程变革。上述研究阐述了BPR基本内涵，奠定了 BPR 理论基础[37]。

对 BPR 进一步研究，Marrow 和 Hazell（1992）认为，BPR 可通过检查关键流程中的活动与信息流达到简化程序、降低成本、提高质量和增强柔性的目的[38]；Short 和 Verkatraman（1992）提出，BPR 可重新构造企业内部经营流程，改善产品分销与客户服务等的业绩[39]；Cantoni（1993）等论述了开展 BPR 的必要性与迫切性[40]；Allender（1994）在 BPR "创新"与"再造"特性及其与其他连续改进方法的区分方面做了深入探讨[41]；Stephen 与 Choi（1997）将 BPR 的特性总结为四个重要的关键词：根本性、彻底性、戏剧性及业务流程[42]；Martinsons（1998）指出，BPR 是一项战略性系统工程[43]；面向客户的业务流程是 BPR 核心，其关键要素在于组织、技术和员工，使企业绩效产生巨大改善是 BPR 目标，信息技术是 BPR 的使能器等。此后，业务流程管理问题为 Colin 等（1999）研究，被作为战略管理工具用于分析组织绩效[44]；Prasad（1999）提出，将再造思想和改进相结合，在流程改进中引入再造战略，并提出了两种混合战略模式[45]。

上述研究使流程理论进入了快速发展时期[46]；此后流程再造理论研究涉及领域愈加广阔，从业务流程影响因素、设计评价、建模方法、失败原因分析到具体行业与企业的流程方法，从 BPR 实施策略到基于流程的组织变革、绩效评价体系等皆有相应文献进行深入系统探讨。

二、 流程设计研究综述

1. 国外关于流程设计的理论与方法综述

早先提出流程"设计"概念的是 BPR 三位奠基人之一达文波特，他在阐述 BPR 时，使用了"再设计"（Redesign）一词。Kaplan 与 Murduck（1991）提出，核心流程再设计（Core Process Redesign，CPR）概念，认为 CPR 是对企业经营进行根本性再思考，强调对其工作流程、决策、组织和信息系统同时以集成方式进行再设计[31]；Loewenthal（1994）提出，组织再造（Organization Reengineering，OR）概念[47]，突出以组织核心竞争力为重点对组织结构及企业流程进行根本性再思考与设计，以达到企业绩效最大限度地提高。

较早将管理流程与管理系统联系起来的是加拿大学者 Wallace 与 Alfred 等（1995）[48]认为，管理系统设计是对已建立组织进行再设计和改进过程，需采取现代管理原理和工程设计方法将企业作为整体系统，设计出包括运行机制、职能、机构、业务流程等在内的一整套管理体系、工艺和标准的思想、方法和技术。上述提法将管理流程与管理系统联系起来，指出，管理流程是企业管理系统运行的重要形式，在某种程度上，几乎所有企业管理内容都可由管理流程来实现，管理的很多问题都与流程有关，管理流程是完成管理工作的手段。

Grover 与 Kettinger（1995）提出，企业流程变化管理（Business Process Change Management，BPCM）[49]；认为 BPCM 是基于战略驱动下的组织变革，以改善和重新设计企业流程。通过改变企业管理、技术、信息、员工及组织结构间关系，使企业在成本、质量、柔性、响应速度、股票价值、顾客满意度及其他重要业绩方面取得竞争优势。1999 年，Grover 称，流程设计发展已进入企业流程改变管理的阶段，连续性改变显得越来越重要[50]；Grover 与 Kettinger（2000）进一步提出，业务流程变革（Business Process change，BPC）可统称为：业务流程的变化、优化、改进、改造、改善、再设计、重组等[51]；鉴于 BPR 提出最早，对流程变革幅度最大、最彻底，因而对企业变革影响也大，因而将 BPC 中的各种方式包含在 BPR 管理思想框架中。

美国 A&M 大学 Gaither 与 Frazier 教授（2005）基于企业运营管理提出，生产/服务设计过程与流程设计过程同时发生，并持续交互作用[52]；他们将流程设计与流程计划联系起来。指出，一旦完成了流程计划也就确定了企业的运营功能和职能结构特点。这些重要行为在很大程度上决定了企业生产产品或服务的细节及企业为赢得国际市场而采用的生产定位。并列出了影响流程设计决策的主要因素，产品和服务需求性质、产品/服务质量、生产柔性、自动化程度与垂直整合程度。

Krajewski 与 Ritzman（2007）从价值链角度认为，流程是一组利用一个或多个输入要素，对其进行转换并使其增值，向顾客提供一种或多种产出的活动[53]；流程设计即是对将投入转换为产出所需的输入要素、资源、工作流及方法的选择。指出流程设计重要原则：每个流程都是最终产生整个企业价值链的基本组成单元，其在竞争优势和顾客满意度上累积效果巨大；不能形成相互冲突的目标，以牺牲其他流程为代价使某一流程得以优化；进行适合情况并具实际意义的选择；管理层须特别注意流程间界面，对这些界面的关注强调了跨职能协调以及与客户和供应商之间的互动。他们尤其关注流程和子流程层次而非企业层次，提出，顾客参与、流程结构、资源柔性、纵向整合、资本密集度决策等是实现有效流程设计的重要步骤。

在理论指引下，学术与企业界对流程设计与组织变化的兴趣日益增长，多种流程设计分析方法与技术应运而生[54]；Ligus（1993）指出，对于即将进行 BPR 的企业需要方法论作为实施 BPR 的路标[55]；Kettinger（1996）等通过调查研究，总结了共 25 种典型方法、72 种技术和 102 种工具可用于流程设计[56]；Lopes（1993）将工作流图引入流程设计中的过程描述[57]；Jim Richabhaugh（1995）等对流程设计中的变化采用构型法进行管理；Maddux（1995）强调了并行工程在

BPR 中的应用；Adam（1995）等对基准比较法（Benchmarking）在流程设计应用时应注意的问题进行了研究[58]；Victor Van 和 Jan Dietz（1994，1998）采用企业动态本质建模法模型（Dynamic Essential Modeling of Organization，DEMO），描述并解释企业业务流程，进一步实现流程设计[59,60]；Geetha Abeysinghe（1997）等通过整合 CSP 和 RAD 这两种模型，得到一种新的流程设计方法[61]；Giorgio De Michelis（1997）提出，运用社会—技术支持系统设计方法作为业务流程及其复杂性分析方法，避免了每个部分各自的局限性[62]；Phalp（1998）提出，如何用不同的符号方法来选择有用的流程模型[63]；Jorma Papinniemi（1999）分别建立了商业与制造业企业变革的流程设计模型[64]；这一模型的核心要素是企业在变革过程中如何协调企业战略目标、绩效评估和现有资源方面的变化。Kettinger（2000）等提出，将模拟作为其研究业务流程设计的一种方法[54]；这一方法可轻易实现可视化业务流程，并提倡团队成员积极参与建模工作。

还有学者利用工作流技术对流程设计进行建模和仿真，Gregory Mentzas（2001）等将工作流技术应用于业务流程建模中，通过此方法对业务流程进行优化与评价，进而实现业务流程设计[65]；Thong（2003）等综合各种流程设计方法、技术、工具及关键成功因素，提出一种遗传算法对业务流程进行优化[66]；Jang、Ki-Jin（2003）指出，定量模型是流程设计中进行分析和建模的关键，提出基于定量分析和性能描述方法，以协调活动中的信息流[67]；加强需求的可重用性以减少错误与流程设计中的无计划演变活动；Huisshen（2004）等将 IDEF0、DFD、IDEF3 三种模型整合起来，充分利用各种模型优点从不同角度建立一套业务流程设计方法[68]；Petri 博士于 1962 年率先提出 Petri 网理论[69]；以其具有图形表示的直观性、并发语义及丰富的相关研究成果而在流程分析与设计领域得以应用，继而国内外许多学者运用 Petri 网研究对业务流程进行仿真及设计分析；Nadja Damij（2005）等提出，利用 TAD 方法论进行业务流程改进设计[70]；Douglas M. Lambert（2007）援引德鲁克与马丁的观点，"在新兴竞争环境下，最终每个独立企业能否取得成功将取决于管理层对该公司复杂商业关系网的整合能力"[71,72]；并结合全球供应链论坛对供应链管理的定义，供应链管理是对贯穿从原始供应商到最终用户关键商业流程的整合[73]；认为这些流程为客户、利益相关者等提供能创造价值的产品、服务及信息。并提出，成功供应链管理要求对那些贯穿企业内部各部门及构成供应链所有公司和组织间的各种商业流程进行整合[74]；为此，Douglas 分别从企业内部的客户关系管理、需求管理、订单履约、产品开发、客户服务管理、制造过程管理、供应商关系管理、退货管理等诸多方面对流程的分析、设计、评价做出较为全面的阐述。国外各种流程设计方法从不同侧面，用不同手段对流程设计过程进行分析、描述、对流程设计进行模拟，以期在正式实施 BPR 前,发现可能存在的问题,并提出相应对策,保证流程方法成功运用。上述方法极大地丰富并充实了流程理论与方法内容,也标志着流程设计研究逐步走向成熟。

2. 国内关于流程设计的理论与方法综述

国内管理流程设计思想很早即作为管理系统设计的组成部分提出[75]。刘建一(1987)认为,要遵循一定设计规律将企业各层次管理活动及诸项专业管理视为整个系统进行设计,确定系统目标、功能、设计功能的载体、选择合理管理方法并分解设计管理作业流程,这种设计本身也是一种系统性活动。

李习彬(1989)将管理工作过程、工序流程研究与方法规范化、优化作为组织规范化管理重要内容[76];1991 年,李习彬又将社会系统组织化状态分为结构与运行两个层面[77];认为对管理系统而言,结构主要指组织机构(含岗位)的设置与职能分配。在结构基础上对可能重复出现行为的某些方面(例如,原则、方法、程序等)预先做出或自然形成规定(规范)称为系统的运行。运行设计是在结构设计明确了"谁(机构,岗位)和做什么"基础上,制定"如何做"的规则。继而,1994 年,李习彬运用熵理论分析了企业流程设计过程中系统熵的变化规律[78],认为保持系统有序运行,随着组织系统总熵值增加,其信息量增长率须大于最大熵增长率,从而揭示了流程设计中信息化建设的重要与必要性。

刘建一(1995)在分析企业管理系统功能与载体设计关系基础上提出,进行统计分析和管理功能系统展开[12];认为企业大部分管理事项均可在相应的"管理时空流程图"上确定。可将每一份"管理业务时空流程图"上所标出的管理业务按部门统计其工作量,从而得出各部门所应承担的管理业务总和。此外,还要分析并考虑各部门在某一单位时间内完成其承担的管理业务的时间限定,在此基础上设置各部门管理岗位数以初步配置管理人员。

朱福东等(1995)沿用管理系统设计理论框架提出,任何管理工作都由若干环节组成,涉及各部门或岗位,整个管理过程都有时间顺序或逻辑关系[48];管理流程是企业中各职能部门的活动同部门内或部门间活动造成一体的先后顺序或过程的方式。组织设计好坏与流程是否合理紧密关联;工作效率与具有步骤合理、明确分工的管理流程密不可分。管理流程不是要把人们所有的管理行为都固定下来,也无法将一切管理活动包揽无遗,为此,须据企业管理活动实际运行状况对其进行不断改进。管理流程改进设计是提高工作效率与管理水平、降低管理成本的重要因素。并提出管理流程改进设计的 ECRS 原则:E(Eliminate)排除、取消;C(Combine)合并;R(Rearrange)重排;S(Simply)简化及流程改进设计"六问题"(目的、人员、方法、内容、时间、地点),提出了管理流程设计程序：①找出需要改善的目标或问题；②现状分析与研究；③改进方案设计；④方案的检查评价；⑤方案试行；⑥方案实施与进度管理。

芮明杰、钱平凡（1997）着重研究企业再造中的流程问题[79]；主要体现在五个方面：一是企业作为一经济组织，其生产与管理投入产出过程是两个最基本流程，由于进一步分工深化导致衍生相应业务领域的其他流程；二是对流程的概念、特性、功能等的理论基础及逻辑进行分析；三是将流程基本要素确定为活动、活动间的关系、活动承担者及活动方式；认为企业流程风格由企业价值观、领导者风范及信奉的信念决定；四是认为企业再造工程即以企业流程为改造对象，从顾客需求出发，通过对企业流程构成要素重新组合，以实现流程重新设计，获得绩效改善；再造工程精髓是对组织与流程管理思想及信息技术对组织的影响等理论与方法集成在流程这一平台上；五是认为流程再造具体过程包括工作组织、流程识别、创意思考、流程关键点突破、流程图绘制及实施改造后的流程运行。

刘建一（1997）将"管理作业流程设计"作为"改制、改造、改组"企业管理系统设计的重要内容[80]；运用"目的—手段"分析法，初步探讨了构成某项管理业务"时空关系流程图"的可行性[81]；指出其优点是各项管理业务从始至终管理事项间关系与时间顺序明了，每一环节承担者责任明确，目视化程度高，便于操作管理与检查考核，这也是统计分析管理岗位工作的重要依据。

崔南方（1999）分析企业成功因素与关键业务活动关系及信息技术战略优势[82]；指出核心业务流程是企业日常经营活动中的关键，且是对企业关键成功因素有重要影响的流程，是适用于用信息技术进行处理的流程，基于此提出流程设计过程中候选流程的权重选择法。

俞东慧、黄丽华（2001）认为，将顺序执行工作流变为并行执行工作流是企业流程重组中的重要规则之一，并发现这一规则并不适用于所有流程[83]；提出在工作任务不对称情形下，这一规则对流程重组有效。同时研究了任务不对称与其他影响流程设计因素（例如，客户化程度、知识强度等）及其相互间关系。

李学栋（2002）总结了刘建一、李习彬、芮明杰等的研究成果[17]，认为管理业务流程设计不仅是管理系统结构设计与规范设计的基础，是管理系统设计的组成部分与重要阶段，同时也是管理系统实现相应管理功能的目的性体现。研究了管理流程设计的思路、方法、内容与程序，将管理系统组织化设计划分为体制设计、结构设计、运行设计三层次；指出结构相对静态、解决子系统划分与功能分配问题，管理业务运行是动态的，是对可能重复出现的管理行为某些方面预先所做的规定，认为管理流程设计属于企业管理系统运行设计范畴。

甘华鸣（2002）提出，首先要对流程进行识别、描述、诊断与分析[5]；一般将流程设计方法分为全新与系统化设计。对于系统化设计的策略选择、核心流程设计、信息系统辅助及全新设计时的新流程特征与导向、结构设计、评价预测等做了深入阐述。同时,对于流程维护制度和流程管理模式亦有涉及。

企业管理资源中心(Automated Mechanical Transmission,AMT)创始人之一王玉荣女士(2002)总结了流程管理六阶段,构思设想、项目启动、分析诊断、流程设计、流程重建和监测评估[84];指出设计阶段的四项任务:分析并定义初步方案、建立新流程的原型、设计人力资源方案、信息系统分析设计。列举了全部六个阶段可采用的72种技术手段。提出要从七个方面(计划、部门、岗位、制度、IT、绩效、报表)落实以确保设计方案具有可操作性,并倡导流程设计的持续改进理念。

王苗田、胡耀光(2002)基于价值链理论对企业流程再造及信息集成进行研究[85];认为企业生产经营活动可依据相应价值链解析成各种流程,同时也可认为各种流程创造价值形成价值链。企业在经营决策中通过成本分析与市场反馈,对各种经营流程进行重新思考与再设计即价值链驱动流程再造过程。其关键点在于对业务流程进行价值分析,找出流程中产生正负价值部分进行取舍从而设计流程。

自由学者蒋志清(2004)历经多年咨询经验认为,管理顾问知识结构的逻辑起点是社会科学的两条公设:企业能力有别、社会资源有限[86];从众多企业在流程信息化建设中发生的"IT"黑洞入手,提出流程设计须遵循的原则:以客户满意为中心、顾客需求决定业务流程内容与方式、环境要求、资源约束。对企业营销特性、核心流程设计与生产模式的关系作深入分析,并从总体设计、基本要素、结构、关键步骤等层面对流程设计做出论述。

梅绍祖(2004)提出,继BPR后,流程管理是以构造企业流程为核心的管理理论[20];内容主要包括流程设计、优化、实施、监控、退出等。其中流程设计需首先确定流程服务对象,明确流程应为服务对象创造何种价值;在此基础上调研并分析存在的问题,对流程实施路径、人员与资源配备、信息传递、操作工具、关键界面、重要管控点、衡量指标及相关配套制度等要素做出系统设计,会审完善后正式发布。

彭东辉等(2004)总结了流程设计的三条核心原则(以人为本、以流程为中心团队式管理、顾问导向)与十条操作原则[87](①围绕结果而非工作顺序进行组织;②让利用产出结果的人参与设计;③在产生信息的流程中处理信息;④把类似活动的过程联系起来;⑤在工作中决策,让工作过程实现自我控制;⑥从信息源一次捕捉信息;⑦新流程运行前要做可行性实验;⑧把地域上分散的资源当作集中资源对待;⑨须顾及人们的切身利益;⑩要在12个月内初见成效），提出了针对流程再造的实际流程。对"渐进式"与"全新设计"的一般方法做了论述。

方锦城、卢辛沛（2004）采纳蒋志清的流程设计原则[88]；在设计中关注产品或服务功能与生产方式、技术特性及服务模式对流程设计的影响，从信息管理角度对业务流程总体设计做出阐述。

周妮等（2005）认为，要在系统分析基础上设计流程[89]；提出流程设计系统分析基本框架，指出设计遵循的基本要求包括产品与服务质量、响应速度和降低成本。并基于前人研究基础上完善流程设计原则，严格贯彻公司方针政策；有效、清晰、完整；注重持续和关联性。认为产品线结构在一定程度上决定流程模式。

桑强（2005）将企业流程分为战略流程、经营流程和支持流程[90]；总结了企业流程框架设计的基本要求，对不同学者和研究机构的流程框架设计思路进行比较分析。提出企业流程一般性框架，依此思路设计财产保险公司流程。

李国良（2005）认为，流程设计活动主要包括评估设计能力、分析设计要素、准备控制与验证计划、设计新流程[91]；强调分析设计要素的目的以客户为导向，分析流程各要素及表现，为要素寻找标杆进行改进，将客户关键质量点分解为设计中的流程功能、过程和设计要求。评估流程设计能力基础为流程绩效表现、公司现有流程能力标杆和客观关键估量点。借用产品设计中的模块化思想将流程分解成数个独立的模块化步骤，找出可用于各类流程上或改进优化的工作步骤、信息、报表等。实质上是流程要素的一些经典组合，经统一规范后，可用于多个相关流程。

方少华（2006）主张将流程设计与配套方案联系起来分阶段实现目标[92]，优化设计阶段包括选择核心流程并确定流程优先级；找出核心流程关键点；流程优化；设计相应管理模式与流程相匹配。配套方案设计包括完善或初步形成配套措施设计，归纳优化过程中的配套信息，形成整套流程重组方案。配套方案内容：管理制度、IT设施、岗位/部门职责设计、岗位绩效指标等。上述两阶段工作完成后转入流程实施，完成新旧体系转换。

李枫林（2006）运用信息技术中的工作流方法对流程的自动化设计作探讨，展望了以价值链为基础的公司间外部流程设计[93]；并给出了流程量化分析指标，流转率、流转时间和库存。其中流转率是单位时间通过的流程单元个数；流转时间则用于衡量流程单元通过整个流程的时间；库存在任何时刻衡量流程单元。三者间关系为平均库存＝平均流转率×平均流转时间。

黄益建、曾显斌（2007）分析流程设计与企业内控体系间关系[94]，认为企业日常工作不停重复形成业务循环，因此，内控制度大多根据业务循环来设置。

流程设计是对工作任务先后顺序的安排，对各业务循环节点间资源转移进行相应控制是各项作业须遵循的内控规则。将内部控制引入业务流程中能更好地促进资源优化配置、控制风险、增强企业竞争力。同时认为营运、授权、财务、信息技术和廉正等风险皆是业务流程中的潜在风险。

李宝山、王莲水（2009）从控制论角度认为，一个系统要为实现一定控制功能而构成一定的流程控制结构[95]；流程设计需通过对不同阶段与层次有关活动次序的分析研究，找出实现预定目标的捷径。流程相关阶段、作业、岗位间如何衔接的接口设计十分重要，流程接口不良是滞留或"瓶颈"问题产生的主要原因。提出流程接口设计原则：职责清晰，界限明确；直达简化，提高效率；适时调整，富有弹性。

刘建一、廖吉林（2010）总结了基于亚当·斯密劳动分工理论构建起的企业传统组织结构基本特征[96]；分析了在当前市场经济环境中，传统组织结构与企业组织新要求不相适应所造成的业务流程分块割裂、业绩评价机制失效、信息沟通滞后失真等突出问题。提出须基于流程重构思想构建与新形势相适应的企业组织结构。可以打破解构企业现有组织结构并进行梳理，继而分类归纳出以顾客需求为终端的各条完整流程，从组建业务流程执行小组及展开内部结构设计等方面，构建完整的组织重构路径，进行作为新型组织运作保障的业绩评价体系设计。

国内学者在流程设计有关建模方法与技术工具方面研究亦颇多建树，陈禹六（1998）用IDEF建立业务流程模型，对流程设计进行分析[97]；何成利、陈云（1999）从实践出发，针对现行成本控制理论不足，以作业或流程作为进行成本控制的对象[98]；着重探讨了面向产品生命周期，以活动合并、精简、删除为主要内容的作业成本控制理论，对流程设计的成本节约、效益提高等提供具有一定价值的参考。李建中、陈良欲（2000）将事件过程链（EPC）模型化方法扩展为EEPC（Extended EPC），使其能表达过程的动态因素[99]；从而为进一步仿真分析创造了条件。由此将EEPC用于某医院内科病人诊断过程再造实践，取得显著效果。丁嘉莉（2000）把培训教育时间成本最小化为目标函数[100]；将线性规划模型与流程设计原则相结合，从人员调配和职位及流程活动设计上提出对其结构进行整体系统性改变的流程规划方法。林成栋（2001）采用工作流技术，提出了一种全面支持流程设计的柔性流程模型——工作流模型[101]；不仅对现有流程的优化支持且给出了进行流程再设计的具体实现方法，并对这一模型的一致性进行验证。朱友芹等（2002）遵循实践与流程设计理论相结合的原则，建立了较可靠的流程再造模型[102]；提出企业流程再造应包含组织、功能、信息系统的全周期流程再造观点，并给出流程再造方法、策略及在组织、思想及流程三方面的再造规则。李莹等（2002）在比较分析现有建模技术基础上，提出基于 Petri 网的面向对象建模技术[103]；该技术利用 Petri 网对复杂系统的描述功能及其附带数学分析工具的优点，增强了对业务流程增值性能描述和分析能力。刘飚、蔡淑琴（2003）根据作业成本法提出实用的流程成本分析模型与方法[104]；继而运用该模型指导企业进行流程成本分析，从而为流程设计提供更动态、详细和精确的成本信息。罗建华、俄兰青（2003）针对企业实施流程设计风险性高、成功率低且内部条件优劣较难定量评价的现状，应用多级广义模糊综合评判理论对企业内部条件进行综合评价研究[105]；不仅解决了企业流程设计过程中存在的一些问题，而且还可以帮助企业寻找实施流程的最佳时机。

董沛武（2003）用扩展的 Petri 网建模方法，提出较完整的流程建模过程并给出流程图形及数学表示方法[106]；陆以勤（2004）提出，基于价值链流程思想的企业 Petri 网模型对企业流程及其管理进行有效诊断[107]；徐寒冰、许炜（2004）结合 BizPro 系统，针对流程设计中的异常处理和时间约束建模[108]；运用时间约束监控和业务流程实例指出，时间约束实现依赖于参照活动的执行状态与流程设计活动。王云鹏等（2005）运用扩展 Petri 网对多式联运业务流程进行建模和仿真[109]；由此优化多式联运流程。张东汉、孙小明（2005 年）认为，价值流技术不仅可用于精益生产，亦可作为有效的流程分析工具应用于流程重组优化设计[110]；通过案例阐述价值流技术在流程设计中的意义，应用步骤与改进效果，将流程周期由 3700 秒减少到 1620 秒。王海林等（2008）认为，流程管理在企业、供应商、合作伙伴之间建立了纽带，涵盖了企业从输入到输出的全过程，是整个企业的核心所在[111]；并在深入研究面向服务架构（Service-Oriented Architecture，SOA）的基础上，提出基于 SOA 架构的企业流程管理系统设计构架，将此应用于电力企业的流程管理系统，取得良好效果。赵涛等（2009）提出，业务流程管理成熟度模型[112]，通过初始级、已定义级、可复用级、可管理级和优化级五个等级对模型外部结构进行设计；从指标权重、评价指标体系、评价方法、优化准则四方面对模型内部结构进行详细设计。该模型优点在于可针对企业现有流程管理水平进行评价分析，提出具有针对性的业务流程设计优化建议。

三、 流程影响因素及其他相关研究

1. 流程成功及失败因素研究

随着流程理论不断应用与发展，国内外学者从不同角度、通过各种案例对 BPR 影响因素（包括失败和成功因素）进行研究。Arnoudse 和 Champy 认为，知识与技能、领导态度、洞察力是 BPR 成功的必要因素[113]；鉴于 BPR 关注具有内在交叉职能的流程，因之领导须具有协调不同利益集团的能力与权利。Kanin

Lover 指出，要使 BPR 获得成功，建立员工薪酬机制、晋升机制、职业规划等十分重要[114]；认为结合奖励制度、建立薪酬体系、特别激励是使 BPR 取得成功的一个重要方法。Hammer 和 Champy 强调薪酬与绩效对再造后的流程绩效有重要影响[115]；认为根据员工职位给予相应报酬与 BPR 原则相矛盾，应据员工能力及在流程中表现给予报酬。Furey 认为，须以顾客需求为导向启动 BPR[116]；顾客满意度评价与顾客参与为 BPR 的关键成功因素。许多学者研究揭示，信息技术应用对 BPR 起重要作用[117-122]；David Paper 和 Ruey-Dang Changff，在总结大量文献资料后，建立了 BPR 成功的理论透镜（Theoretical Len）[123]；由五个相互联系依赖的要素组成，此五要素即 BPR 成功因素：环境因素（E）、采用方法（M）、变革愿景（T）、人的因素（P）及信息技术（I）。Tae Kyung Sung 和 David V. Gibson 通过对韩国若干企业 BPR 实例研究，总结了 20 个关键成功因素（Critical Success Factors，CSF），将其分为四类[124]，见表 1-1。

表 1-1 BPR 关键成功因素的分类

战略	组织	方法	技术和教育
（1）领导能力	（1）组织背景	（1）流程范围	（1）IT 的作用
（2）再造方向和愿景	（2）员工士气和创新	（2）管理者支持与参与	（2）培训与教育
（3）再造动机	（3）变革管理	（3）合适而有抱负目标	
（4）组织管理方式	（4）管理层次	（4）评价再造流程	
	（5）组织沟通	（5）制定标准	
	（6）激励机制	（6）关注顾客需求	
		（7）适当的再造团队	
		（8）再造实施	

对流程再造失败原因也有很多学者进行研究，Janson 认为，BPR 范围大，消耗时间长，涉及人员多[125]；BPR 彻底改变会使企业内部产生很大阻力。Stanton 等强调失败的主因是管理层阻力影响着 BPR 效果[126]；BPR 可能使管理者地位发生改变，权利重新分配，导致产生对 BPR 抵制情绪和行为，企业各层级员工抵制也是失败的重要原因之一；再造后的流程对技能要求更高，使一些人感到不适应，员工往往会担心 BPR 使其失去工作，从而对结果产生害怕与怀疑。Harrington 认为，导致 BPR 失败率高的原因有五个方面[127]，例如，忽视人的因素对组织的负面影响；误用方法及目标效果；项目周期过长；过于强调如成本、周期等个别结果，而忽视技术创新等指标；未能很好理解流程再造的创造性部分；指出若企业缺乏技术技能和管理技能，BPR 难以成功，BPR 项目需管理与技术技能对流程进行再设计和实施。Beshein 认为，狭隘的以技术提升为中心、错误的倡导

因素，以及纯粹以降低成本或以简单组织改变为目标的再造，皆可能导致项目失败[128]；此外，BPR 实施须有充足财力资源，否则难获成功。Bergey 等认为，采用有缺陷的战略，聘请不恰当的咨询顾问，IT 架构与 BPR 目标不一致等是导致 BPR 失败之原因[129]；其他原因还有缺少长期承诺、在培训方面的失败投资、缺乏柔性管理团队等。

我国学者胡飞虎、李敏等分析失败原因[130,131]，例如，错误选择时机与条件、错误选择 BPR 环节、错误理解 IT 在 BPR 中扮演的角色、忽视自下而上变革与自上而下领导等。此外，又如，未将重点放在业务流程上、仅关注流程设计而忽略其他制约因素、时间拖延太久使人们失去耐心等。梅绍祖以案例研究探讨流程再造成败因素，通过企业高管面谈与文献回顾等方式分析影响 BPR 实施的几类问题，例如，流程描述、变革管理与项目管理问题、管理和技术支持能力、项目规划等。继而采用问卷调查与统计分析方法验证了上述问题。在此基础上重新分类得出九类影响 BPR 成功实施的问题，战略规划、管理变革、管理支持、流程描述、技术支持能力、再造时间框架、策略规划、人力资源和项目管理[20]；王璞从管理咨询角度归纳总结了国内企业 BPR 失败教训及成功经验[132]；其中成功影响因素包括高级管理层支持、充足预算、授权与合作、企业文化、好的薪酬制度和激励机制、有效沟通、项目管理、项目组成员素质、培训和教育、IT 支撑等。研究有关流程再造成功与失败因素的文献还有很多，限于篇幅，不一一列举，对这些文献的分析有助于我们在企业管理流程设计研究中汲取经验，关注设计准备与实现中各类因素，促成流程设计顺利进行。

2. 流程形成及影响因素研究

有学者称关于流程形成机制方面的研究鲜有涉及[133]，笔者有同感，截至 2012 年 6 月，在中国知网期刊、硕博论文及万方、维普等数据库中难以检索到相关文献，对流程形成过程与机理不了解，易导致流程设计陷入盲目境地。有学者总结了自 Nelson 与 Winter（1982）、Teece（1997）、Zollo 和 Winter（2002）、Benner 与 Tushman（2002）、佩帕德（2003）以来的理论，笔者在此方面不多述及，认为流程源于组织演化过程中形成的惯例，并将其形成过程分为实践、经验知识积累、形成工作惯例、知识明晰化、代码化、流程形成六个阶段[133]；但未能阐述流程在形成过程中的推动作用以及设计构建要素，笔者认为，这些对于流程设计的进一步研究具有重要意义。

流程形成于企业组织内部管理环境中，必然受到管理环境中各种因素影响，除前述关于流程再造成功与失败因素以外，岳澎、任浩以新型流程型组织作为研究对象，提出目标、流程、结构、制度与文化是流程型组织重要构建要素，并进一步分析了各要素之间的关联[134]；笔者认为，细致化流程而非组织设计层面，上述要素有许多是对流程的影响因素。胡汉辉、刘怀德结合我国企业的变革特点,提出流程重组的多维性特征[135];认为流程重组的内容、时间进度、知识文化皆具有多维性特征,并与企业资源、战略、信息、治理结构、管理制度、HR等密切关联。从不同角度研究 BPR 影响因素的学者很多,不少研究者通过旁征博引、归类梳理对流程影响因素的认知日渐相近。例如,黄秀侠将 BPR 企业内部诸影响因素分为显性(组织结构、战略、既有业务流程)与隐性(企业文化、HR、组织政治)两大类[136];余玮将目光聚焦流程运行效率,在总结前人成果并结合自身研究基础上指出企业战略、组织结构、人员、技术等因素与流程运行效率之间的相互影响[137];提出战略导向下的目标确定与分解是流程再造方向性的指导基础。从不同角度与层面关于流程再造影响因素方面的研究与整理已较为全面并成熟,并带有许多共性且已在学界取得一定共识,在已有众多学者对流程再造影响因素方面的研究进行归纳整理基础上,限于篇幅不一一列举,本书旨在以此为研究出发点。在此援引俞东慧通过对"能力诊断""7S""领导变革""变革整体"理论模型进行研究得出的对于 BPR 关键因素的总结作为本书进一步研究的平台之一[138];见表1-2。从这些比较分析可以看出,Henderson 的能力诊断模型,Tomas Peters 的 7S 框架,Miles 的领导公司变革模型以及 Wind 和 Main 的组织变革整体模型具有一些共同特征,例如,都考虑了战略、组织体系架构、企业文化等因素,此外,人员、技术与技能、企业资源也是各理论模型考虑的重点,上述一些因素在管理流程设计分析中须予以关注。

表1-2 基于四种模型的流程再造关键因素比较

模型	核心	考虑因素	优势	劣势
能力诊断模型	企业变革能力	环境 战略 系统 文化 结构	(1) 考虑企业现有能力是否匹配,找到差距; (2) 不仅考虑有形还考虑无形能力	变革能力是必需的,但是只找出能力而未指明进行变革的方式及优先顺序,则变革无法实施
7S 模型	共享价值观	战略 结构 系统 管理风格 人员 技能	(1) 以企业价值观为核心,综合考虑企业内部其他与之相关的要素之间关系; (2) 把要素分为"硬"和"软"两类考虑	(1) 模型未考虑环境因素对再造的影响; (2) 各要素间的相互关系未明确显示出来
领导变革模型	领导者	变革动力 愿景 组织与文化 流程与结构	(1) 考虑变革实施的过程,可指导一个项目的进行; (2) 把领导作为驱动变革的强大动力,突出领导在变革中的重要性	(1) 变革的核心是领导者,未考虑组织内部其他成员在流程再造中的作用; (2) 不能完全体现整个组织系统的要素

续表

模型	核心	考虑因素	优势	劣势
变革整体框架模型	利益相关者	愿景、目标与战略 企业文化 组织结构 流程 人员 资源 技术及技能 绩效指标	(1) 从创造价值的角度来考虑组织变革；(2) 全面考虑与组织变革相关的"硬"与"软"因素	(1) 各因素变化如何影响利益相关者价值变化的关系不明确；(2) 因素之间的关系与动态特征无法表达

3. 流程与其他管理思想、方法工具的综合运用研究

随着国外 SCM、BPR、JIT、TQM、VC、ERP 等管理方法工具引入，国内学者尝试研究这些工具方法的集成应用问题。张海娟等阐述了企业流程再造与其他管理工具方法的兼容性[139]，例如，知识管理、价值工程、全面质量管理和信息技术等。华宏鸣给出了"JIT、BPR、BENCHMARKING"较为准确的释义，为后继研究者奠定了基础[140]；刘强、辛晴对 TQM 与 BPR 作分析比较[141,142]；认为两者皆可追溯至泰罗模式，都从一元论出发处理劳资关系，相互补充、紧密结合，并由管理层单方决策。杜栋分析了 BPR、6σ 的共性与一致性[143]；提出 6σ 可为 BPR 提供标准化框架与规范化原则，以此为流程设计提供有益步骤与工具。黄秀侠、易树平以分析业务流程再造与企业核心竞争力关系为基础，提出基于核心竞争力的业务流程再造模式[144]；此模式运用 6σ 项目选择原理，建立了业务流程环节与核心竞争力分散要素间相关矩阵，对影响核心竞争力的业务流程诸环节进行综合评价并优先排序，再根据实际条件选择要再造的核心流程。王众、黄艳以价值链工程为基础，从深度、广度两方面对业务流程再造进行剖析[145]；指出不断进行价值链重组是企业获得核心竞争力的途径之一。提倡根据企业自身发展，以价值链为核心对业务流程进行设计。李爱民将流程再造与其他九种管理技术方法（ERP、SCM、TQM、IE、VE、BPI、标杆管理、知识管理、公司重构）进行比较评述[3]；认为源于不同管理思想的技术方法与流程再造具有一定相融性。万幼清介绍了我国企业应用 ERP 系统现状[146]；提出 BPR 与 ERP 互动问题。从多角度探讨 ERP 与 BPR 关系。桂良军等探讨了 BPR、CRM、SCM、RP 等的集成内容与方式[147]；王超探讨了 BPR、ERP 与知识管理的协同与互动[148]；马克玲提出将价值链（VC）、作业成本法（ABC）和流程再造（BPR）整合应用的一种新管理理论与实践模式[149]；揭示企业价值增值过程，研究如何基于此应用流程再造对企业进行业

务优化以提高效率，最终提升企业价值。陈文波、陈南岳通过总结管理理论中人性化管理思想，分析了在管理流程再造中应用人性化思想的具体思路[150]等。此外，还有学者探索企业内控与流程重组关系等[151]。

涉猎这些问题有助于我们注意到各种管理方法工具与流程的关联，确立流程在企业日常管理中的主轴与核心地位，并逐步认知：在发掘管理环境各因素对管理流程影响基础上，只有深入探寻管理流程设计，才是企业改进内部管理、达成管理目标的根本之道。各种管理方法的综合集成应用方能于管理实践中游刃有余。

4. 流程与组织结构、岗位设置、绩效考核方面的研究

流程设计与企业组织结构、岗位设置等关系密切，李垣、王元恺提出一个以流程为中心的管理模式[152]；此模式以职能部门与流程组成的矩阵式管理体系为基础，运用学习、企业文化、赋权等诸要素加以支撑，以期建立起适应现代环境的新型企业。李爱民、聂永有论述了分工产生问题[153]；研究 BPR 给组织、管理者、员工等带来的变化。认为 BPR 可提高生产效率和服务质量，是 21 世纪管理发展趋势。裴钢阐述了组织结构与业务流程的关系[154]；组织设计须符合流程设计需要。认为尽管企业经营绩效可通过各种业务流程运行得以实现，但对组织结构本身无直接贡献。许建平等提出，运用企业业务流程再造从流程而非职能角度来组织企业资源[155]；由此企业须对各职能部门进行重新设计，并确定各部门相互关系与集中程度，以达到组织整体流程系统最优，从而于组织结构上保证流程再造的实施效果。贺邵兵、朱会友认为，员工绩效考核工作最关键是设计好考核指标[156]；针对部门经理于岗位 KPI 设计存在的问题，结合相应工作流程设计一套 KPI 方法"基于岗位工作模块的 KPI 设计"。相关研究很多，管理流程与企业组织结构、职能职责、绩效考核等有紧密联系。

5. 流程重组的发展

进入 21 世纪以来，通信、计算机、互联网等技术迅猛发展，以客户关系管理（CRM）、企业资源计划（ERP）、以供应链管理（SCM）等为代表的企业信息管理系统将企业流程管理推向新台阶[157]；BPR 不再限定于企业或部门内部，流程管理更广泛地逐渐延伸至企业以外，涉及供应商、经销商、客户、政府管理机构、合作伙伴甚至竞争对手等。Champy 认为，在电子商务时代，B2B 市场没有买主和卖主重组的业务流程就不能成功[158]；进而认为，没有重组，新经济将不可能运行。Hammer 于 2000 年再次提出 BPR 的重要性[159]；认为许多先进企业中的一些流程，例如，销售、产品、市场和开发等领域继续使用流程重组概念，所不同的是过去 BPR 的驱动力是企业内部效率低下，而今则是电子商务发展。可以认为 BPR 是现代企业管理的根本任务，从而成为电子商务发展的基础。信息技术使流程的组织边界进一步模糊并动态化[160];社会分工对跨组织流程管理提出更高要求,多个企业可基于网络实现流程合作、共享与沟通。电子商务环境正使越来越多的流程跨越组织边界,国外部分学者已着手研究面向价值链整合的跨组织流程设计与改造,旨在寻求企业群体价值链优化。Mereer 公司著名顾问 Adrianslywotzky 等在《发现利润区》一书中提出价值网概念[161];指出,随着市场高度竞争及顾客需求增加,在国际互联网冲击下企业应改变事业部设计方式,将传统供应链变革构建为价值网。由此多个企业的业务流程成为相互依存、反应迅速、连绵不绝的整体,单个企业相对于其他企业不再分散独立[162];这样一来业务流程将涉及连续互动的整个企业群运作而成为企业生态系统的生物链条,由此可应用相关技术以改善跨组织绩效。

达文波特在《把流程变成标准化商品》一文中提出:20世纪末,作为一种迅速带来更多收益的方法,能力外包和流程理念将大行其道[163];据称此种做法可以改善资产负债、降低成本;利用他人专业知识与技能并通过外包提高灵活性。例如,公司可根据一套明确的流程标准判断自身某项业务能力是否可通过流程外包得以提高。有关流程设计标准化的研究也已逐渐展开[157];标准化可方便员工随时就业务运营方式进行沟通,令公司内部使用统一信息系统,使业务往来更为便捷,令流程外包更加容易。流程标准包括三方面内容:流程管理标准、流程活动与运作标准和流程绩效[156];企业有了标准,即可扩展外包范围,大幅度提高外包层次[164];这样可以减少组织须由自己执行的流程数量。业务流程外包(BPO)的目的在于能使企业在保持现有人员规模增长不大情形下实现业务快速扩张。

四、文献述评

根据上述对国内外关于流程设计理论与方法研究文献来看,当前流程再造、流程管理方面的研究已取得长足发展,很多学者将流程设计作为流程再造或流程管理的一个方面或阶段来研究。从管理系统功能与载体关系角度对流程设计做探讨的研究相对不多。当前理论与实业界多将研究视角聚焦于企业流程本身的识别、优化、评估、实施及技术与成本分析的实现层面,或停留于推介国外 BPR 理论与实践经验阶段;还有学者尝试对各种管理方法工具进行集成与融合以运用于我国本土企业。同时,不少研究涉及"流程"定义与分类,对"管理流程"及"管理流程设计"较少明确界定,有些研究在论及"流程"时未将"管理流程"与其他"流程"明确区分,而一概论之。许多研究文献偏重对流程设计某一方面的建模技术、应用方法研究,而针对企业日常管理中存在的问题及管理制度与流程关系缺乏深入阐释。有些文献对于流程构建要素与相关影响因素未明确界定。流程设计过程即对其设计要素做出统筹合理安排的过程，设计分析是设计方法的基础与先导，应关注管理环境中各因素对设计要素的影响，这些目前相关文献涉及不多。笔者认为，对于"企业管理流程设计研究"既不能照搬国外现有理论与方法，也不能停留于针对流程本身为设计而设计的阶段，应从企业日常管理中存在的实际问题入手，明确"为何设计"，运用系统科学中功能与载体关系分析管理制度与流程关系，厘清管理流程在实现管理系统功能中所起作用与特征，依循广义设计理念中关于"人工系统"设计的逻辑顺序，关注流程形成和影响因素与流程设计要素关系，以探寻流程设计构建要素合理安排。更好地从管理系统运行层面缓解管理制度实施困境，促成管理流程对管理功能的实现，从而为企业各项管理改进提供理论指导与现实借鉴。

第三节　研究思路、内容与方法

一、研究思路

本书综合运用系统科学、广义设计、价值链、BPR、交易成本、产业组织、制度经济学等相关理论，以安德森方程、常系数动力学模型、因子分析、演化博弈等量化分析和数模研究工具为手段，基于国内外现有研究成果，沿着"管理流程设计相关理论研究—管理制度实施困境—管理制度与管理流程关系—管理流程对管理功能实现的作用及其特征—管理流程形成分析及推动作用与流程设计要素关系—管理流程设计思路与理念—管理流程设计相关影响因素对流程设计要素的作用—管理流程设计过程与方法—管理流程设计应用实例"这样的脉络展开，对管理制度与流程关系，基于功能实现的管理流程特征，管理流程形成，管理流程设计思路、原则、相关影响因素等进行研究，并提出企业管理流程设计过程与方法。

本书研究框架如图 1-1 所示。

二、研究内容

本书研究内容分为八章：

第一章，绪论。着重阐述本书选题背景和研究意义，对流程研究发展沿革、流程设计理论与方法、包括 BPR 成功与失败在内的诸影响因素、流程设计与其他管理方法工具的综合运用，流程与组织结构、绩效考核等相关国内外研究文献进行综述，介绍了本书的总体研究思路、主要研究内容和研究方法及主要创新

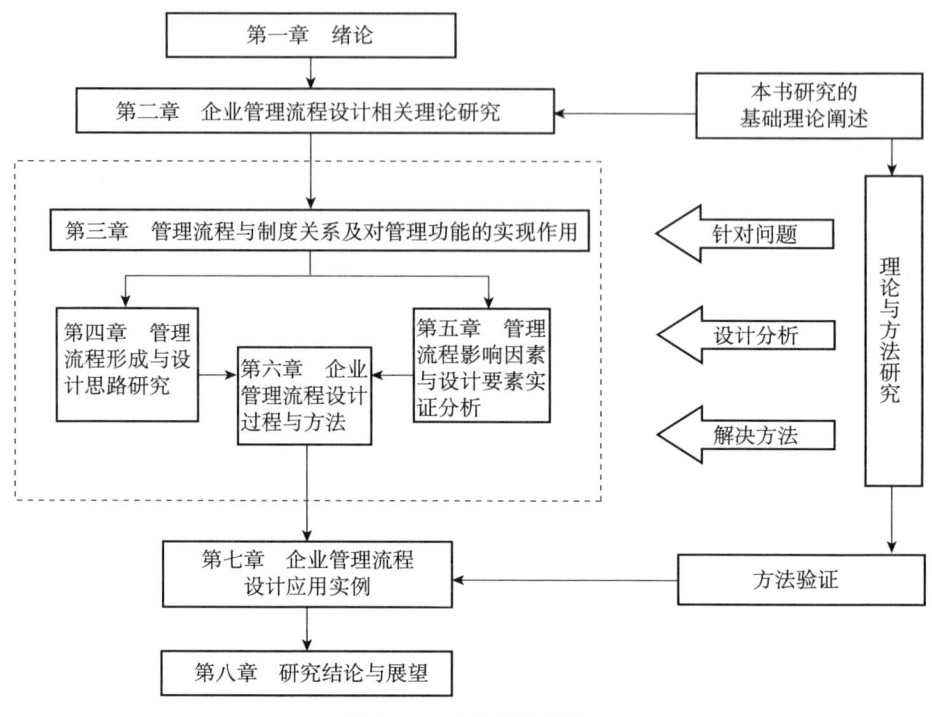

图 1-1 本书结构框架

之处。

第二章，企业管理流程设计相关理论研究。围绕管理流程设计对本书进一步研究相关的理论作简要回顾，例如，广义设计、制度经济学、系统科学、产业组织学、价值链等；对本书中出现的一些概念与内涵，例如，企业本质、管理环境与条件、管理目标与对象、流程、管理流程、流程分类、流程设计、管理活动、管理业务作进一步阐明和剖析，厘清与界定概念与内涵是开始规范研究的第一步。

第三章，管理流程与制度关系及对管理功能的实现作用。由管理制度内涵与制定入手，结合企业实际阐述管理制度实施面临的困境，通过系统科学功能与载体关系探寻管理制度与管理流程关系，分析管理制度实施困境原因。继而阐述管理流程对管理功能实现的作用及其表现出的系统性、关联性、过程性特征。认为缓解管理制度实施困境，须对管理流程进行科学合理设计。

第四章，管理流程形成与设计思路研究。提出管理流程的发端形成是管理流程设计分析的基本面与设计过程的出发点，认为管理对象客观性、管理主体经验是管理流程形成与运行中的重要推动作用，阐述了两种作用与管理流程设计要素关系，在具体设计过程中应予以关注；提出管理流程设计的目标、原则、思路、理念。

第五章，管理流程影响因素与设计要素实证分析。通过文献研究与实地调研，认为企业战略、业务属性、人力资源、组织结构等是管理流程设计相关影响因素，许多因素本身即是管理制度的重要组成，是流程设计目标实现过程中具有权变特性的约束条件，在设计过程中应重点关注。对这些因素与流程设计诸要素间关系的分析与实证有助于我们建立起管理流程设计问题的范式，可以引领我们在实施管理流程设计实现方案过程中寻找到应予以关注的要点。

第六章，企业管理流程设计过程与方法。在上述研究基础上，对企业管理流程设计过程与方法进行研究。提出在管理流程设计准备阶段须寻求适当导入契机，资源配置（包括人力资源与物质资源）、组织支持是流程设计准备阶段须具备的基本条件。继而针对管理制度实施困境，结合相关影响因素与管理流程设计要素间作用关系，阐述管理流程设计实现过程及步骤方法。

第七章，企业管理流程设计应用实例。在前述各章理论与方法研究基础上，本章通过 X 公司与设备管理有关的管理流程与 Y 公司行政管理、生产管理、人力资源管理、营销管理、财务管理等业务领域的管理流程设计应用实例，解决上述企业在内部管理中面临的一些实际问题。

第八章，研究结论与展望。在文章结论部分对本书的内容及主要观点进行总结，指出本书的不足之处并提出后续研究方向。

三、研究方法

1. 文献阅读和调查访谈相结合

本书查阅和收集了国内外关于流程设计、价值链、制度经济学等相关文献，在写作过程中充分吸收和借鉴已有国内外研究成果，对这些成果进行较为全面的综述；与此同时，为使理论研究有充分的事实依据，使研究结论更具指导作用，在研究过程中，采用访谈和实例分析等方式对流程设计相关影响因素及其构建要素关系进行调研，从而为本书研究提供了较为翔实的实践资料。

2. 规范研究和实证研究相结合

本书对流程、流程分类、流程设计、管理流程、企业管理制度等概念与内涵进行阐述，针对流程对管理功能实现的作用与特征及其形成进行分析，对企业管理制度与流程关系、流程设计相关影响因素等内容进行诠释，上述内容均具有较强的理论性。在理论分析基础上，结合笔者曾经参与管理咨询工作经历，以某几处企业为例，运用具体管理流程案例和调研问卷，对管理流程相关影响因素及其与设计要素关系进行因子和结构方程分析属于实证研究，较好地体现了实证研究和规范研究相结合。

3. 定性研究与量化模型验证相结合

通过对国内外研究流程设计文献和调研资料的阅读与思考，本书对管理系统、管理流程、管理制度等给出了较为全面的定义，同时对企业管理制度与流程的关系、管理流程设计相关影响因素、管理流程设计过程进行了较为翔实的表述，上述内容具有鲜明的定性研究特征。定量化研究体现在运用 Anderson 方程探讨管理流程的过程性特征；以二维常系数动力学模型基于管理流程与管理制度关系探讨管理流程形成；通过欧拉方程与演化博弈模型阐释管理流程设计理念中的纵向时效性与系统整体性。这些体现了定性研究与量化模型相结合的原则。

第四节　本书创新点

本书创新点主要体现在如下三个方面：

第一，由系统科学中功能与载体关系入手，阐明作为管理系统运行层面，管理流程赋予管理载体以动态性能，为管理制度实施提供运行方案，从而发挥各项管理功能以达成各种管理目标。从管理制度表述复杂、调节方式不畅、被认知度低及部门本位主义等方面分析了管理制度实施困难原因。阐述管理流程对管理功能实现的作用及系统性、关联性、过程性特征。认为科学合理设计管理流程对摆脱制度实施困境有一定的作用。

第二，阐述管理流程形成机理，认为管理主体经验、管理对象客观性在管理流程形成和运行过程中具有推动作用，阐明流程构建要素安排是其设计分析与设计过程的重点，分析推动作用与管理流程设计构建要素关系。运用广义设计科学理念，依循人工系统目的、功能、载体间逻辑关系，指出管理流程设计目标在于对管理功能的实现，提出企业管理流程设计总体思路；设计"适应性、满意性、串行性、集体协作性"的原则；"构建系统整体性、体现横向协调性、关注纵向时效性、可监控与考核性"的管理流程设计理念。

第三，提出企业战略、业务属性、组织结构、人力资源等是管理流程设计相关影响因素，建立假设模型，用因子分析法进行验证并修正。继而运用结构方程模型，对诸影响因素与管理流程设计要素间关系进行分析验证，遴选结果中结论在管理流程设计过程中予以关注。针对管理制度实施困境，从管理分目标确立、管理功能分析、管理业务解析、管理职能定位、管理权限配置、流程设计表达及流程辅助设计等步骤较详细地提出企业管理流程设计过程方法。

第二章 企业管理流程设计相关理论研究

第一节 管理流程及相关概念内涵

一、企业管理环境与管理过程

1. 企业本质概述

有关企业的本质，长期以来，学界未有统一说法，为进一步展开研究，在此有必要就企业本质做简要回顾。新古典经济学将企业看作一个消耗各种资源要素的"黑箱"，认为"箱"中是生产集合与管理者，管理者对生产计划中各要素边际产出具有完全信息；委托代理理论将企业看作追求利润最大化的生产集，认为管理者与所有者信息不对称，且企业内各参与者之间利益有冲突；交易成本理论则认为，企业是对市场机制的替代，企业边界由其内部协调的管理成本与外部交易费用的边际共同确立。在科斯及其后继威廉姆森发展下，这一观点成为新制度经济学发端。合约理论认为，企业是各利益相关者合约关系的总和，是一个集结众多个体合约的法律实体；产权理论将企业看作由众多要素产权通过合约构建的"产权集"；专业化协调理论认为，企业是具一定能力完成一系列活动的生产实体，这些活动由交易、合作、指挥三种方式协调。马克思在《资本论》[165]中提及，分工协作的企业生产组织不仅有别于市场交易关系，而同时企业又是社会经济关系与制度的载体与体现。

以上理论关于企业本质的论述各有侧重，随着管理科学对企业研究的不断深入，企业"黑箱"认识逐步成为历史，而新古典学派完全信息假设与客观实际不完全相符。本书倾向马克思与新制度经济学派观点，兼顾其他理论。认为企业与市场具相互替代性，在经济社会发展过程中相伴相生。马克思认为，此两种经济形式有所区别，企业是经济关系与制度的载体。问题在于此种替代是通过何种方式或机制实现并完成的？专业协调化理论提出了这一实现过程的最基本方式，委托代理理论关注企业利益相关者之间的冲突，合约理论则勾勒出个体通过契约于组织群体中相互协作的图景。上述虽从不同侧面描摹了企业本质，但要从根本上解答这一替代实现的过程，还须回到企业日常运作管理的具体环境与细节中。

2. 企业管理环境与条件

"环境"是指围绕人类的外部世界，是人类赖以生存和发展的社会与物质条件的综合体[166]；一般包括自然、社会、劳动、技术等因素，这些因素的状态或属性及其变化对系统产生影响。笔者认为，企业的环境与企业管理环境不同，企业的环境是指企业实体的生存背景，包括硬环境，例如，自然环境、物流环境、交通环境、各种基础实施环境等，以及软环境，例如，政治、经济、社会、技术、市场等方面，企业生存的环境更多指来自企业实体外部背景因素的集合。而企业管理环境是指管理活动作用其中的背景，"管理活动"保证组织通过各种作业有效实现目标，其重要性随着组织规模和作业活动的复杂性而日益明显[167]；管理活动涉及企业组织结构、人事关系、相关业务、考核办法等方面，具有较强的内部性特征。但这并不是说管理环境仅指企业内部环境，国家政策、法律、客户需求、市场波动、技术变革等因素变化同样会对企业的内部管理活动造成深远影响。笔者认为，企业管理的环境背景带有内外部兼容的特征，尤以企业内环境影响更为直接。管理流程根植于企业内环境也即企业的管理环境，属于企业组织系统运行范畴。"条件"是指制约事物存在发展变化的诸因素，有主次要和内外部之分[166]；企业日常诸多管理活动与企业内外环境保持互动并在各种制约条件下持续运作以实现企业既定目标，各种管理活动不能处于无序状态，须对这一系列活动进行有机整合。

3. 企业管理目标与对象

"目标"是指组织或个人要求达到的目的和结果[166]；具有预测性、可计量性和激励性等特点。管理目标即组织要达到的目的，是管理活动努力的方向。企业组织考虑外部环境，整合其内部各种资源使之有序协调运行以提升整体经营绩效。尽管不同经济组织其范围、内容各异，但都有目标，没有目标即失去了管理的意义。企业最终目标是在兼顾各利益相关方基础上实现利润最大化，管理的终极目标是围绕实现这一目的的组织最高层的战略目标。管理目标是管理计划的起点，一经确立应着手制订相应战略规划和行动计划并组织实施，这在一定程度上确定了企业主要流程的行进方向。企业的管理目标与其实现的运行方式间是一种执行与达成的关系，往往通过层层分解方式具体细化到各部门及岗位。

"对象"是指观察、思考或作用的客体[166]；管理对象即管理活动作用的客体，包括两类：其一是组织成员，可以认为，企业某一层级人员既是其下级的管理主体又是其上级的管理客体；其二是企业掌握的各种设备、技术、资金等资源。随着经济全球化发展、科技创新等影响，管理的目标与对象正呈现日益多元化与复杂性特征。不同行业企业管理对象成分与性质日益多元化，同一行业内管理对象的结构层次也日趋复杂。"管理对象业已成为企业物质、能量与信息的综合体"[168]；针对这些日益繁复的管理对象，行之有效的管理亟待系统规范方法的引入。

4. 企业管理业务与过程

管理业务是各项管理活动的明晰化、集约化的具体表达，牵涉企业日常运营方方面面，通常涉及生产作业、人力资源、设备、技术、财务、市场营销、物流、质量、文化等领域。管理业务与职能部门紧密相关却非一一对应，一类管理业务可能涉及多个部门，例如，营销管理与市场、销售、仓储、新产品开发等部门有关，而同一职能部门也可能在不同管理业务中发挥作用，例如，生产车间在生产、质量、成本等管理业务中皆发挥作用，并且每一类管理业务都依循管理目标的层级性而具有其战略、战术、作业各层面。"过程"是指事物状态变化在时间上的延续与空间上的延伸，状态是指事物特性的描述和量度，状态和过程相互依存、制约、作用[169]；管理过程从企业各类管理业务与组织层级中抽取出一些具有管理共性的基本程式，发挥计划、组织、协调、领导、决策、沟通和控制等管理功能，在相互交织中达成企业不同阶段较为理想的管理状态，这一过程的具体形式大部分可以通过管理流程实现。

二、流程分类及管理流程概念界定

1. 流程定义

《牛津英汉大词典》对流程（Process）的释义为：一个或一系列有规律的行动，这些行动以确定的方式发生或执行，一系列连续操作导致特定结果出现。《朗文当代英语词典》释义为，一系列相关的人类活动或操作，有意识产生一种特定的结果。《现代汉语词典》将"流程"定义为：①水流的路程；②在工业生产中，从原料到制成品各项工序安排的程序。ISO9000将"流程"定义为，一组将输入转化为输出的相互关联或相互作用的活动。可见，流程是将输入转化为输出的一系列相互关联的活动或程序，与人类生产实践活动紧密相系。流程在企业运营中无处不在，企业日常运作依赖各类流程，是企业完成各种业务事项获得利润的主要过程。对于企业流程的定义本书文献综述部分有多处涉及，简略概要如

表 2-1 所示。

表 2-1 企业流程的各种定义

提出者	定 义
Hammer（1990）	企业流程是把一个或多个输入转化为对顾客有价值的输出活动
Davenport 和 Short（1990）	企业流程是为特定顾客和市场提供特定产品和服务而实施的一系列精心设计的活动
Kaplan 和 Murdock（1991）	企业流程是一系列相互关联的活动、决策、信息流和物流的集合
Davenport（1993）	企业流程是一系列结构化的、可测量的活动集合，并为特定市场或特定顾客产生特定输出，企业流程是活动的组合
Johansson 等（1993）	企业流程是一系列把输入转化为输出的相关联的活动集合，它应对输入增加价值，并产生对输出的接收者更有效地输出
Scherr（1993）	企业流程是由一系列相关活动组成的，并按照一定的先后次序发生的，具有某种特定输出的业务过程
Miller（1994）	理解企业组织业务如何开展的一种方式
Barrett（1994）	企业流程是一些运营步骤和管理控制系统的结合，这两方面结合起来产生产品或服务
Hammer（1996）	企业流程是一系列完整的端对端（End-end）的活动，联合起来为顾客创造价值
Michael（2002）	企业流程是有组织的活动，这些活动是相互联系的，并能为客户创造价值的效用
王苗田和胡耀光（2002）	企业流程是将输入转化为输出的一组相关的资源和活动，其中资源包括人力资源和物质资源
甘华鸣等（2002）	企业流程总的来说是企业赖以运作并促其完成各种业务来获得利润的过程
Becker（2004）	企业流程是一系列完全闭合的、适时执行的、有逻辑性的活动，它服务于以流程为导向的业务对象
方锦城和卢辛沛（2004）	企业流程是企业从市场调查开始直至将商品和服务送到市场所发生的一系列业务工作过程
彭东辉等（2004）	企业流程是利用多部门或单位之间的合作来共同完成的工作过程
王璞（2005）	企业流程是指为完成某一项目标和任务，而进行的一系列相关活动的有序集合
周妮等（2005）	企业流程是指为顾客共同创造价值的相互衔接的一系列活动，又称价值流
李枫林（2006）	企业流程是指为完成某一目标或任务而进行的一系列逻辑相关活动的有序集合
Krajewski 和 Ritzman（2007）	企业流程是一组利用一个或多个输入要素，对其进行转换并使其增值，向顾客提供一种或多种产出的活动
凤羽翚、李严锋和叶琼伟（2009）	企业为创造共同价值，由各种不同功能的活动相互衔接而成的一组有相互关系的任务[170]；它们按照一定的业务逻辑和顺序依次执行。有起点和终点且是可以重复的

国内外学者从不同角度与层面定义企业流程，其中不乏共性，在很多定义中提及资源的输入与结果输出、一系列相互关联的活动、顾客、创造价值等。流程将人们关注的焦点转移至企业内在各种核心要素而非只关心企业外部战略环境。人们开始将理解和控制各种组织内部或组织间"流程"作为研究重点，并重视其与组织改进、变革等领域相结合[89]；不少学者认为，活动、活动间逻辑关系、活动的实现方式和活动的承担者是构建流程的基本四要素[5,79,86,91]；基于以上归纳与探讨，流程定义示意如图2-1所示。

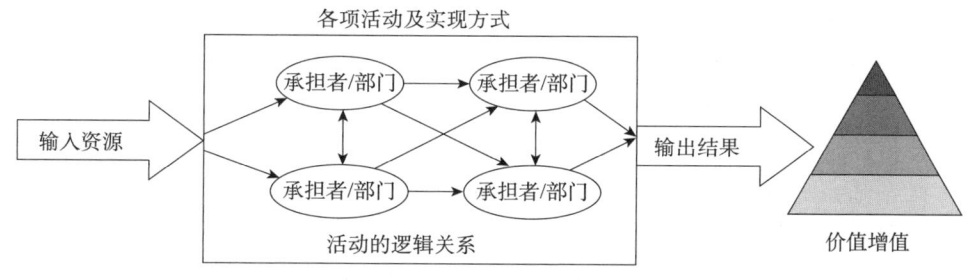

图2-1 流程要素示意

根据上述对企业流程定义总结，我们对流程定义的发展概况有大致了解。国内外学者对企业流程定义阐述清晰，各种定义表述的相似性在一定程度上体现了学术理论研究的传承，本书秉承这些概念作为进一步研究"企业流程"的起点，在此基础上对企业流程分类研究做简要回顾，以期在对流程分类的梳理中逐步厘清有关企业管理流程较为明确的概念。

2. 企业流程分类

迈克尔·波特（1985）将企业价值链活动分为基本和辅助活动两大类[33]，认为要想赢得与保持企业竞争优势，可通过调整、优化内部价值链活动并加强与外部其他企业价值链间活动协调来实现。很多学者与企业界人士以价值链理论为基础将流程划分为主要流程和辅助流程。主要流程包括生产经营、内部后勤、外部后勤、服务和市场销售等基本活动；辅助流程包括技术开发、人力资源管理、基础设施和采购等支持性的活动。

钱皮（1992）根据相对重要性将业务流程分为三组，企业可独立完成的、企业可与其他组织协同完成的、企业依靠其他组织来完成的[113]；佩帕德与罗兰[171]（1995）将企业流程分为三项：①战略流程：包括战略规划、产品开发、新流程设计等；②经营流程：是企业实现其日常工作的功能，包括现金收支、满足顾客、顾客支持等；③保障流程：为企业经营战略提供保障的功能，包括管理会计、人力资源、信息管理等。并认为此三项流程可继续分解到具体单项任务。

卡普兰与诺顿（1996）在平衡计分卡通用价值链模型中将企业内部业务价值链分为三个阶段：创新、经营和售后服务[172]；在此基础上卡普兰与诺顿（2003）运用战略地图描述组织如何创造价值[173]；认为企业价值持续创造由高效协调的内部流程运行决定。并将流程分为运营管理流程、客户管理流程、法规与社会流程、创新流程四类，每类流程又可分解为若干子流程。

Krajewski 和 Ritzman（2007）将企业流程分为制造流程与服务流程[53]；并指出两者的区别，①流程产出的性质。服务流程倾向于提供隐性的、不易储存的产物，一般不能以持有产成品库存的形式来应对客户需求的不稳定性；而制造流程生产物质，有经久耐用的产出品，可根据对未来需求的预测来生产、储存和运输；②与客户接触的程度：服务流程有较高的顾客接触度，而制造流程将大部分顾客接触机会留给了零售或分销商。指出两者有许多相通之处，服务与制造流程都不仅仅是分别提供服务和产品。

目前，在国外企业实践过程中应用较为广泛的流程分类框架是美国生产力和质量中心（American Productivity and Quality Center，APQC）和普华永道全球最佳实践分别开发的流程分类框架（Process Classification Framework，PCF）[174]；近年来，这些流程分类框架在国内也渐趋流行。APQC流程分类框架将流程分为运营流程、支持和管理流程等共12大类，运营流程包括制定愿景和战略、产品和服务的市场与销售、设计和开发产品与服务、交付产品和服务、顾客服务管理五大类。支持和管理流程包括开发和管理人力资本、财务管理、管理信息技术、物业的获取建设和管理、外部关系管理、知识和改进、环境健康和安全管理以及变革管理八大类。PCF将企业流程分为运营流程和管理流程等共13大类，其中运营流程包括理解市场和客户、开发产品和服务、制定愿景和战略、服务性组织的生产与交付、市场和销售、产品和服务的生产与交付、收款和客户服务七大类。管理流程包括开发和管理人力资源、财务和物质资源、信息资源和技术、环境健康和安全事务、外部关系、改进和变革管理六大类。

钱皮的分类实际基于企业再造方式的选择策略，佩帕德和罗兰的流程框架未体现与客户接口。APQC流程框架是基于企业的流程观，运营流程始于制定战略与愿景，终于顾客服务管理。普华永道流程框架较好体现了流程与客户的接口，从理解市场和客户出发到客户服务结束。卡普兰的客户管理流程包含了选择、获得、保留和培育客户关系的全过程，是基于客户生命周期管理的流程观[174]。

甘华鸣等（2002）对企业流程分类较为详细[5]；笔者做出归纳总结：见表2-2。

表 2-2 企业流程的分类

分类依据	流程名称
1. 按流程的处理对象	（1）实物流程。包括企业运作中的物流、人流和资金流，这些流程的输入和输出中均有有形实物成分。 （2）信息流程。指在流程的输入输出成分中均只有信息类成分，即只有无形的成分
2. 按企业活动性质	（1）营运流程。指主要完成企业主体活动的流程，企业主体活动指生产经营的实质性活动，一般分为原料供应、生产加工、产品储运、市场营销和售后服务。这些活动与商品实体的加工流转直接有关，是企业基本的增值活动。 （2）管理流程。主要用以实现企业支持活动的流程，支持活动指用以支持主体活动且内部间亦相互支持的活动，主要有采购管理、技术开发、人力资源和企业基础设施。一般而言与外界无直接关系
3. 按流程跨越组织范围	（1）个人间流程。指在一个职能部门中由不同人员共同完成的流程，如生产部门内部制订生产计划等。 （2）部门间流程。指在一个企业内跨越两个或两个以上职能部门的流程，流程的系列活动由不同职能部门的人员共同完成。 （3）组织间流程。指企业与外部组织共同参与完成目标的流程，外部组织主要包括产业价值链中的其他企业（例如，供应商、销售商等）和政府机构
4. 按流程的规模与范围	（1）战略流程。用以开拓和规划组织未来的流程，例如，战略规划、产品/服务研发、新流程开发等。 （2）经营流程。用以实现组织日常功能的流程，例如，原材料供应、生产加工、成品储运、市场营销、售后服务，每种活动又可根据具体行业与企业战略细分。 （3）保障流程。为战略和经营流程提供保障的流程，例如，人力资源管理、技术开发、信息系统、财务会计等。 （4）采购流程。履行企业所需生产原材料及其他资源投入职能的流程。 （5）技术开发流程。指可以改进企业产品和工序的一系列技术活动，包括生产技术和非生产技术。 （6）人力资源管理流程。指与企业员工的招聘、雇用、培训、提拔、退休等各项活动有关的流程。 （7）基础结构流程。指与组织结构、控制系统、企业文化有关的流程。企业基础结构与其他支持活动不同，其支撑企业价值链运行，其他价值活动皆在基础结构中运行

王苗田、胡耀光（2002）将企业流程分为核心流程与支持流程[85]，核心流程有：①物流作业活动，包括识别并满足客户需求，例如，接受订单、采购物料、设计产品、评估信用、账目结算、制作加工、包装发运、产品保修等；②信

息系统是指，通过提供必要信息技术以确保作业活动与管理活动完成；③管理活动，包括预算、计划、组织、协调、用人、监控和汇报等。支持流程则包括企业基础设施、人员、技术开发、培训、资金等，以支持和保证核心流程。

自由学者蒋志青（2004）据其管理咨询经验和理论研究将企业工作内容分为做什么、怎么做和绩效评价三部分[86]；以此为起点，蒋志青将企业流程分为经营流程、业务流程和管理流程。经营流程为企业目标、资源配置、产品定位、价值、考评政策等；管理流程包括人力资源、财务管理、技术质量管理、绩效考核等；业务流程是经营流程的细化，包括设计开发、生产工艺、储运服务、市场营销等。认为三者间关系是，经营流程决定业务流程的方向，管理流程是经营和业务流程的支撑，如图2-2所示。

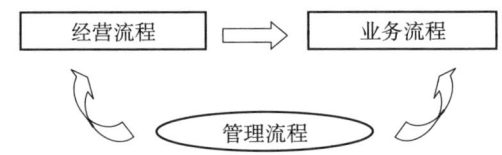

图2-2　经营流程、业务流程、管理流程之间的关系

方锦城、卢辛沛（2004）从运营中的实际业务出发将企业流程分类[88]，设计开发流程、采购管理流程、生产工作流程、质量管理流程、储运管理流程、市场营销流程、销售管理流程、财务管理流程、服务管理流程等，各项流程在实现企业目标过程中仍须细分。

彭东辉等（2004）认为，虽然企业流程分类方法较多，但从基本分类来看，可按企业活动性质分为运营流程和管理流程[87]；如此更符合企业特点并便于实际运用。认为企业从事生产或提供服务的基本活动及为这些活动提供支持所组成的流程称运营流程，这些是在企业价值链中具有直接增值特性的流程。运营流程又可分为作业流程（例如，原料采购、技术开发、产品生产等）和支持流程（例如，资金筹措、库存管理、人事考评等）。管理流程主要为运营流程提高运营效率、创造良好环境，通常包括为完成企业管理目标进行的一系列管理活动。

哈佛大学安东尼教授曾将企业经营管理划分为功能不同的三个层次：一是战略计划层，即企业最高层，主要工作为企业目标设定以及为实现目标进行资源配置；二是管理控制层，即中间管理层，是为实现企业目标有效利用资源的具体过程；三是操作控制层，即基层管理层，是为确保某项特定业务能被有效执行的过程。由此，周妮（2005）等[89]认为，可将企业流程分为战略计划流程、管理控制流程和操作控制流程。

北大纵横王璞、曹叠峰（2005）从管理咨询工作实际出发，对企业流程分类做了较为深入浅出的论述[132]；认为企业流程可分为业务流程和管理流程，其中业务流程是"工作的流动",体现市场导向,以用户为中心,是业务之间传递或转移的动态过程,相当于企业经营的"硬件"。而管理流程是"管理工作的流动",其面向内部管理,以效益为中心,是管理工作之间的传递或转移过程,是业务流程增值过程的支撑体系,可看成是企业经营的"软件"。认为从广义上来说,业务流程包括管理流程,两者不能割裂开来。

孔繁荣、曹国兴(2007)在甘华鸣等对企业流程分类基础上作了拓展[175];认为企业流程分为六个方面:①依层次可划分为战略发展流程(战略规划、产品开发、决策管理、风险控制等)、生产经营流程(生产运行、计量管理、营销管理、工程管理、安全监督等)、资源保障流程(人力资源、信息系统、财务管理、物资管理等);②按活动性质可划分为经营流程(企业改制、战略规划、综合计划)、管理流程(招投标、文件管理等)、作业流程(指各类生产作业操作);③按部门可分为部门内及部门间流程;④按企业内外可分为企业内及企业间流程;⑤按流程价值可分为直接增值流程(生产、物资、调度、工程等)和间接增值流程(人力、财务、信息等);⑥按重要度分为关键(核心)流程(对创造价值、为客户传递价值具有关键作用的流程,例如,战略发展、产品实现、营销服务、顾客满意等)、辅助流程(例如,人力资源、行政后勤、财务管理、信息技术等)。

郭忠金、李非(2009)在对国外主导流程分类框架总结基础上提出,面向客户价值的流程分类框架由流程的基础设施、价值创造流程、管理和支持流程三大类组成[174];基础设施是保障价值创造流程与客户价值期望实现的前提,价值创造流程是客户价值实现的现实途径,管理与支持流程是基础设施及价值创造流程的支撑性流程。其中基础设施包括战略管理、组织资本、人力资本、信息资本等;价值创造流程是价值创造的核心,包括客户流程、运营流程、技术流程;管理与支持流程则由财务、外部关系、质量、环境健康安全管理及其他管理流程构成。此框架的基础设施与所有流程都以客户为中心,面向客户价值。

国内外学者对流程分类的阐述呈现多维度多层次特征,互有融合却各具特色、不尽一致。但总体看来具有如下共性:①认为"管理流程"相对于企业经营活动过程而言更多的是充当辅助与支撑角色;②"管理"(或"管理支持""辅助"等提法)流程与"经营"("营运"或某些学者称为"价值创造"等)流程往往相互渗透,密不可分,在企业的内部管理活动中日益胶着,在企业价值创造各环节中共同发挥必不可少的合力作用。

3. 企业管理流程概念界定

在古希腊和罗马,概念被认为是抽象与区别后获得的定义;至中世纪"概念"被用以说明包括其所定义的所有事物[176];康德区分了概念和见解:认为见解是对个别事物的想象，而概念则是对多个事物共同点的抽象。我国国家标准 GB/T 15237.1-2000 称："概念"是对特征的独特组合而形成的知识单元；德国工业标准 2342 将"概念"定义为，通过使用抽象化方式由一群事物中提取出来反映其共同特性的思维单位。

概念确定的通常方法是"属加种差"[177]；即首先找出定义对象的属概念，确定其归类，找出反映对象不同于其他种概念所反映对象之特有属性，即种差，继而将属和种差有机结合。本书通过对企业流程定义与流程分类的研究，运用概念定义一般性方法，认为对于管理流程的概念界定应在企业流程定义基础上加入有关"管理"的元素作为其进一步概念明晰化的所谓"种差"。在有关流程分类研究中有不少学者使用"管理流程"这一概念，为此有必要对"管理"概念本身做回顾。

亨利·法约尔（1916）认为，管理就是实行计划、组织、指挥、协调和控制[178]；彼得·德鲁克（1954）认为，管理从根本上来讲，意味着用智慧代替鲁莽，用知识代替习惯，用合作代替强制[179]；哈罗德·孔茨与海因茨·韦里克（1955）认为，管理就是设计并保持一种良好环境，使人在群体里高效率完成既定目标的过程[180]；赫伯特·A.西蒙（1982）认为，管理就是决策[181]；小詹姆斯·H.唐纳利（1982）认为，管理是由一个或更多人来协调他人活动，以便收到个人单独活动所不能收到的效果[182]；里奇·格里芬（1984）认为，管理是根据组织资源（人力、财务、物质和信息等）所进行的一系列活动（包括规划与决策、组织、领导和控制）[183]；其目的是以有效率与效能的方式实现组织目标。弗里蒙·E.卡斯特等（1985）认为，管理就是由计划、组织、控制等活动的过程[184]；R.M.霍德盖茨（1985）认为，管理就是通过其他人来完成工作[185]；托尼·布洛克特（1986）认为，管理是筹划、组织和控制一个组织或一组人的工作[186]；丹尼尔·A.雷恩（1986）认为，可将管理看成这样一种活动，其发挥某些职能，以便有效地获取、分配和利用人的努力和物质资源来实现某个目标[187]；斯蒂芬·P.罗宾斯（1997）认为，管理是指同别人一起，或通过别人使活动完成得更有效的过程[188]。

我国学者也从不同角度对"管理"的概念进行了阐述。徐国华等（1989）认为，管理是通过计划、组织、控制、激励和领导等环节来协调人力、物力和财力资源，以期更好达成组织目标的过程[189]；中国大百科全书（1991）认为，管理是为充分利用各种资源达到一定目标而对社会或其组成部分施加的一种控制[190]；杨文士、焦叔斌（1994）认为，管理是指在一定组织中的管理者，通过实施计划、组织、领导、控制等职能来协调他人活动[191]；使别人同自己一起实现既定目标的活动过程。张文昌等（2000）认为，管理是通过计划、组织、指挥、控制等一系列活动，合理配置和有效利用资源，以求顺利实现组织目标的活动过程[192]；香港管理专业发展中心（2001）认为，管理是指通过计划、组织、领导及控制资源以最高效益的方法或措施达成组织目标[193]；赵涛、齐二石（2004）认为，管理是在特定环境下对组织所拥有的资源（人力、物力、时间、技术、财力、信息等）进行有效的计划、组织、人员配备、领导、控制、决策与创新，以便达成既定组织目标的过程[194]；芮明杰（2005）认为，管理是对组织资源进行有效整合以达成组织既定目标与责任的动态创造性活动[195]；张英奎、孙军（2007）认为，管理是指人们在认识客观对象基础上，通过决策、计划、组织、指挥和控制，有效利用人、财、物，以达到共同目标的一种社会活动[196]；杨孝海等（2008）认为，管理是指通过信息获取，决策、计划、组织、领导、控制和创新等职能的发挥来分配、协调包括人力资源在内的一切可调用资源，以实现单独个人无法实现的目标[197]；马义飞、翁文先（2009）认为，管理是通过实施计划、组织、领导和控制等职能，协调配置组织的人员及其他资源，优质高效地完成组织目标的活动[198]。

可见，"管理"是通过计划、组织、领导、控制等职能的发挥以协调组织资源、提升整体效能，促进组织与环境和谐相处并不断发展的过程。根据"属加种差"的概念界定原则，结合企业流程分类及"管理"的内涵，本书认为，企业管理流程是企业组织通过计划、组织、领导、控制等职能协调组织资源，完成管理工作以实现管理目标，为生产经营活动提供辅助支撑的流程。尽管企业具体管理工作侧重点有别，各层级执行管理活动的时间安排各异，但各项管理工作基本由发挥计划、组织、领导和控制几种管理职能的诸多活动组成。例如，"组织"旨在策划建立一个角色结构体系并将每位组织成员纳入其中；"计划"包括明确目标、选择任务和完成计划行动，是组织目前状态与未来预期之间的桥梁；人事工作为实现组织目标在上述结构体系中设计编制、配备人员并保持绩效；"领导"往往运用行政权力及个人魅力对组织成员施加影响，引导其为组织目标的实现做出贡献；"控制"的重要意义在于衡量与纠正各级人员活动，确保工作进展符合计划要求等。

三、其他与管理流程相关概念

企业各项管理工作由各种管理活动构成，所谓"活动"是指人对外部世界的一种特殊对待方式[166]；是人的个体存在、社会生活、本质力量及人类历史发展的基础。而把"管理活动"可认为是企业在运作过程中管理人员进行管理工作时所从事的活动。"管理活动"的概念比较宽泛，涵盖企业组织管理行为的方方面面，我们对于具体的管理事务往往用"管理业务"进行描述。"业务"是指本部门所经营的事业[199]；或通过信息交换按某一共同目标实现的一系列过程，其中每个过程都有明确目的，并延续一段时间[200]；也可以认为是各行业中需要处理的各种事务。"管理业务"是各种组织机构在管理过程中所要处理的具体事务。

考虑管理活动、管理业务的概念及前述企业管理流程等方面的分析，本书认为，"管理业务"是"管理活动"的具体与集成表现，而"管理流程"是一种技术手段，是各种管理活动的行动方略与技术实现，使特定管理业务得以综合集成并有机运行。管理流程的形成发端对于管理流程设计将起到基础性指导作用。

第二节 管理设计理论与方法研究

一、广义设计科学研究概述

1. "设计"与人为事物由来

自人类社会产生以来，基于生存本能萌发了改造和利用自然的各种有目的、有意识的活动，"设计"即与人类结下不解之缘。原始人结绳记事、以兽皮为衣是最原始的设计，制造工具、由石器到铜器乃至铁器的产生也是设计。人类经过数十万年的物质生产活动创造了当今丰富美妙的物质世界，使大自然和人类社会面貌大为改观。与原始人类相比，我们如今生活在一个"人为"的世界中。这个"人为"世界是经过人类集体"设计"出来的，正如诺贝尔奖获得者西蒙所说："我们今天生活着的世界，与其说是自然世界，远不如说是人造的或人为的世界，在我们周围几乎每样东西都刻有人类技能的痕迹"[13]；人类使用动力，由人力、水力、兽力、蒸汽、电磁、核能到太阳能，皆是现代设计行为的结果。

西蒙教授认为，所谓"人为事物"具有四项标志：一是由人工综合而成（尽管并非总是或经常是充分预料到的）；二是人为事物可以模拟自然事物的某些表象，而在某一方面或若干方面缺乏后者的真实性；三是人为事物可用目的、功能与适应性加以刻画；四是对于人为事物，特别是在设计过程中，通常既用描述性的方式，也用规定性的方式进行讨论。

2. "设计"的广义性

钱学森认为："设计是改造客观世界所必需的，一方面，它既要依靠对客观世界的认识；另一方面，又需要有运用知识的方法"[23]；于光远较为形象地诠释为："设计是在有了'设想'之后，见诸行动之前的一种工作。它比'设'想前进之处在于有了'计'算，因而比较周密可靠"[23]；然而以往每当人们提到

"设计",往往容易联想起机器、工程、厂房、飞机设计等这些工程技术人员的成果。似乎这些成果在人们眼里更符合"设计"的概念。但如若我们仅将"设计"的概念与成果限于这些具有物理形态的人造物品上,囿于此种狭义设计概念,将会使人们失去可以通过设计而获得的许多比这些有形物体更重要的东西。在这个由人类"设计"出的世界中,我们不仅设计创造了众多物质财富,也设计了语言、社会、文字、国家、音乐、美术,设计了满足人们生活的各种非物质形态的人类共同财富。

西蒙认为:"设计就是创造人为事物的科学,人为事物是处在自然事物及其以外事物的薄薄接口上,创造这些人为事物,也就是通过人的内在环境如何适应外在环境而达到目的"[13];既然设计是创造人为事物的根本,因此,人类社会中关于人为事物中的有形与无形物体的产生,都应是人们设计工作的结果。现代著名设计学者琼斯阐述:"'设计'不仅运用于建筑师、工程师及其他专科设计人员的工作,而且也适用于经济计划者、抗议者、管理者、社会活动家、立法者、应用研究者和政治家的活动;适用于从形式和内容上从事改变产品、服务机构、公众舆论、市场、法律等而经受压力的集团活动[23];正像科学可以应用到我们希望给予科学研究的一切现象那样,设计亦可扩展应用到我们希望以设计者身份去注意的一切现象。"我国学者戚昌滋在总结这些学者观点基础上提出:"当今社会已使'设计'定义广义化,它包括了一切现代事物的实现过程,从设计法则、程式、思想和方法等一系列范畴中,人们完成着对新生活精神和物质两方面的各种追求"[23];尽管众多"设计"定义有差异,但人们在理解人为事物基础上,对设计给人类带来巨大作用和非凡影响认识上一致,人们已然认识到所做的很多事需要进行设计的广义普遍性。

3. 广义设计基本因素与过程

设计的概念是广义的,设计的作用是广泛的,设计的活动是繁多的。在这个由人们自己设计出的众多物质与非物质事物合成的世界中,各种人为事物形态、功能机制各异,我们无法采取同一种设计方式设计出这些物品。在设计人为事物发展过程中,人们为使"设计"也被"设计"得更科学一些,不断研究探索设计本身的一些规则,创造了一些适合不同事物设计的理论与逻辑方法。一般认为,人类认识与改造自然的科学技术水平发展程度和设计事物过程中设计人员的知识与认知水平是决定设计总体水平的最基本因素。

设计的实质是对事或物的排列组合,以谋求得到一种新的功能。任何一项设计活动都有一系列过程,或者说是由一连串具有先后顺序的必要理性行为所构成的系统活动。广义设计过程即设计者在多变环境中为完成一定设计任务而进行思考、筹划、计算和创造的过程。设计科学理论认为,人们所有设计过程实质上是在综合考虑各种制约因素基础上搜索、寻找、生成备选方案以实现目标的过程，其中又包含各种选择与评价。

二、管理设计理论研究概述

1. 管理设计思想发展

人类从开始组织狩猎、采集食物，到进行耕种、贸易、建筑等一系列组织与管理生产活动中，不断摒弃失误、总结成功，逐步形成一些组织管理经验，继而将其继承发扬，应用到今后类似活动中。科学管理运动兴起前，早期工业企业随管理活动客观需要而存在，此时设计思想已不自觉地渗入生产与管理实践行为过程中。这一时期"管理设计"只是以经验或企业主个人主观意识为基础的一种直觉设计活动。

泰勒开创了科学管理先河，此后，法约尔、孔茨、德鲁克、甘特、吉尔布雷斯·莉莲夫妇、丹尼尔·A.雷恩等许多管理科学先驱在研究管理理论方法的同时，皆考虑到管理知识有效应用问题，并各自运用不同方式直接或间接阐述了在管理实践中进行管理设计的必要性。他们各自对管理设计的表述不尽相同，这些观点尚未形成完整的管理设计理论方法体系。然而，我们依然可以在他们的理论研究与管理实践中寻觅到不断闪现出的"管理设计"理念。随着科学技术迅速发展，企业管理活动本身一些客观要求亦随之变化，人们在泰勒研究基础上，将心理学、社会学、数学等知识加以综合运用，使对于管理知识的应用研究越来越具"现代设计"理念。这一时期代表人物有卡斯特与罗森茨韦克、亨利·西斯克、戴维·R.汉普顿、伯法、北原贞辅等。尽管他们代表了不同管理学派，但对于"管理"需要"设计"和通过"设计"可以解决管理实践中的各种具体问题存在一定共识。

自 20 世纪 90 年代以来，在现代信息技术与世界经济全球化趋势冲击下，市场瞬息万变，竞争更趋激烈，以哈默为首的学者提出"企业再造"工程，其实质上是企业在适应环境过程中必须不断进行管理系统的更新设计活动。近年来，管理设计思想又有长足发展。三位当代著名管理学专家（安妮·赫夫、大卫·Tranfield 和范·阿肯）之间就"设计在管理活动中的作用"和"管理是一门设计科学"这两个概念进行过对话，这一谈话指出，近年来管理科学研究越来越脱离实践的倾向，代表了当前管理学界的理性与正确认知。

2. 设计科学引入是弥合管理理论与实践隔阂的有益尝试

刘建一归纳了管理理论与实践产生隔阂的原因，[201]主要体现在三个方面：一是"管理"具有的社会属性在一定程度上影响并限制了管理知识应用；二是某些管理知识产品的研制与管理实际活动相脱节；三是管理研究的规定性、研究方法等问题导致管理知识体系的繁杂无序和社会质疑。其认为，管理实践中的设计过程是探寻如何将管理知识与实际应用有机结合以克服由于管理活动社会属性而导致的理论知识在实践应用中的限制；设计科学方法还有助于将管理科学理论研究引领出管理知识在学术领域内自我循环的怪圈，告知人们应如何在"管理理论丛林"中去选择与摄取适合的知识材料，根据实际需要将其整合成有效的管理系统。运用设计科学思想有望寻找到管理理论与实践新的研究方法，摆脱当前管理知识体系繁杂无序的桎梏，以回应社会关于管理理论知识应用的质疑，继而寻找到管理知识在实践中集成应用的技术接口。

3. 广义设计技术应用是管理科学工程体系发展的必然

荷兰 Eindhoven 技术大学范·阿肯教授曾尝试将科学体系分为三种类型：一是形式科学，例如，哲学和数学；二是解释科学，例如，物理学、生物学、经济学、社会科学等；三是设计科学，例如，工程科学、医药科学和现代心理疗法。工程科学本身即是设计科学[15]；而进行"设计"是工程活动区别于其他相近专业的特点。在管理知识体系中一直有"管理工程"的学科概念，我们也可将"管理"视为一门"工程"技术，而"设计"活动是工程技术的重要特征之一，这就不仅需要有明确的"设计"原理，更应具备一整套进行设计的程序方法。刘建一等认为，作为一门实践性的理论知识应用技术——"管理工程"，如果没有自己的设计理论与方法，就不可能成为一门完整的工程学科[202]；由此，为管理工程建立起一套类似于其他工程设计的理论与程序方法，可较好地解决管理知识在不同环境下如何有效集成与应用问题，进而消除管理知识与实践应用的技术隔阂，充分发挥管理科学知识推动管理科学化的实际进程。

三、管理设计使命与程序探索

人类设计活动是对已有各种客观事或物的组合，我们从事设计活动所要组合的那些非物质元素必须是人们对自然界事物运动或人类社会活动规律一些认识的理性总结，是客观的。例如，概念、思想、原理、方法等均非凭空设想。管理设计同样如此，在科学管理运动之前，尽管这些客观的物质与非物质因素即已存在，但不那么细致、精确，或者说由于人们认识水平不高，还不能对管理对象认识得那么客观、准确。在科学管理运动之后，人们对管理对象的认知加深，兼之科学技术水平提高，为人们创新并积累科学管理理论与方法提供了有利条件。

管理科学形成较晚，而其发展与成长速度惊人，管理知识的丰富与复杂堪比任何学科的理论、方法和技术，层峦叠嶂，这些为管理设计提供了多种可选择的设计素材。由于各学派解决问题的侧重点不同，因此，各种学派、理论或方法解决问题的能力也各异，每一学派知识难以解决一个组织所要处理的全部管理问题。为此，我们须从管理知识海洋中摄取我们所需要的管理元素，进而将其组合成适合于特定要求的管理系统，此种组合的过程就是——管理系统的设计过程。

根据阿肯教授对整个科学体系的分类，可以认为，管理各学派形成的知识丛林几乎完成了管理科学在"解释"方面的使命，兼之科技发展与人文进步为现代管理设计提供了良好支撑。进一步发展管理学的重点将是基于解释科学和其他支撑的"设计"方面的内容，涵盖管理模式与体制、管理结构、职能、流程、原则与控制方法等。这些设计皆以目的、条件为前提，以一定功能要求为基础，这既是管理设计的核心，也是管理需要设计的必然。然而我们不可能提供一个摄取管理知识元素统一的比例模式，只能阐述摄取并组合这些管理元素的一般程序和原则，如图2-3所示。

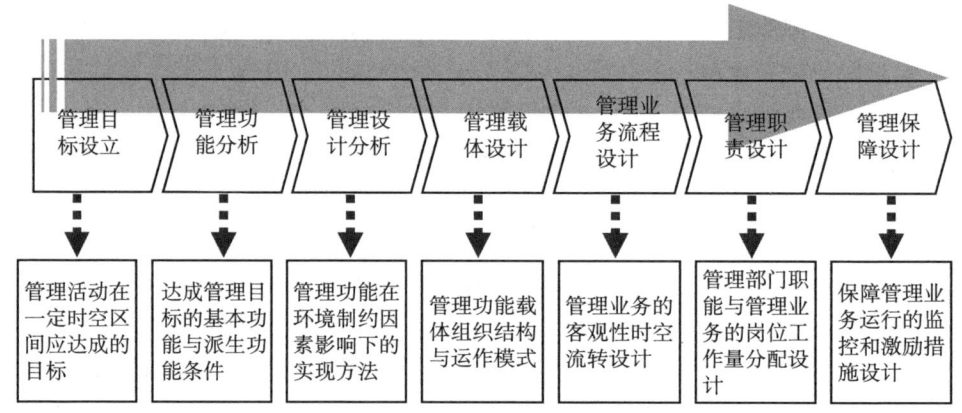

图2-3 管理设计的一般程序

四、管理设计与管理流程设计关系

管理设计理论方法体系仍在形成完善中，学界与业界对于管理设计的认识与应用亟待深入研究，有些问题的研究须更加细致并呈体系化。例如，科学地确认管理功能与条件；管理设计环境分析；在设计管理方案时如何更好地识别与甄选管理知识属性；管理设计内容表达及图示化符号的统一等。限于篇幅，本书仅列举其中很少要点，但这并不妨碍本书将这一理论方法作为深入研究的理论指导之一。

本书对于流程设计的定义在综述部分有提及，部分整理如表2-3所示。李学栋总结了刘建一、李习彬、芮明杰等的研究成果，认为管理业务流程设计属于管理组织化设计中运行设计的范畴，是管理设计的重要阶段与组成部分，是企业管理结构与规范设计的基础，是管理系统完成管理功能的目的性体现[17]；笔者认为，管理业务流程通过具体业务过程的内容分解与时空点要求的客观描述实现了对大部分管理制度的履行。对管理流程设计的研究须针对企业管理制度实施中的实际问题，明确管理流程对管理功能实现的作用及表现出的特征，进而对其形成机理与相关影响因素做出解释性工作，基于这些解释性研究对管理流程作设计方法进行研究。

表2-3 流程设计的定义

学者	概念	定义
Davenport 和 Short	业务流程再设计（BP Redesign）	组织内或组织之间工作流或各种流程的分析与设计
Morrow 和 Hazel	业务流程再设计（BP Redesign）	检查关键流程中的活动和信息流，以达到简化、降低成本、提高质量和柔性的目的
Short 和 Venkatraman	业务流程再设计（BP Redesign）	企业对内部运营流程的重新构造以对顾客、产品分销与发运服务业绩的改善
Short 和 Venkatraman	业务网络再设计（BN Redesign）	对从属于更大企业网络中的部分重要产品与服务进行重新构造
Johansson 等	业务流程再设计（BP Redesign）	是组织取得成本、周期、服务和质量彻底变化的手段。它需多种工具方法集合，强调面向客户的核心流程
Krajewski 和 Ritzman	流程设计（BP Redesign）	对将投入转换为产出所需的输入要素、资源、工作流及方法的选择
Kaplan 和 Murdock	核心流程再设计（CP Redesign）	对企业如何运行进行根本性再思考，对工作流程、决策、组织和信息系统同时并以集成方式再设计
Loewenthal	组织再设计（Organizational Redesign）	以企业核心竞争力为重点，对企业流程和组织结构进行根本性思考和再设计，以达到组织业绩巨大提高

第三节 相关理论研究

一、系统科学与管理系统

我国古代《道德经》和《黄帝内经》及古希腊哲学已有"系统"思想萌芽；在金字塔、摩所拉斯陵墓、都江堰等中外大型工程建造中亦运用系统思想进行统筹。1925年，美籍奥地利生物学家贝塔朗菲提出系统论思想[203]；其视野很快超出生物学，于1937年提出一般系统论原理为系统论奠定理论基础。1954年，贝塔朗菲与另外三位学者，经济学家鲍尔丁、生物数学家拉波波特、生物学家杰拉德发起成立了"一般系统研究会"，此四人被认为是系统运动之父。从以上四人的专业背景可以窥见系统科学的跨学科特性。此后西方国家对系统科学研究方兴未艾，并日益衍生出系统动力、运筹、复杂系统、耗散结构、突变、协同等诸多流派。我国现代系统科学研究始于20世纪50年代，经钱学森、许志国、华罗庚等推动与倡导，至20世纪七八十年代出现研究热潮，并逐步创立了"灰色系统""范系理论""物元分析"等新学科。系统科学为人们研究现代社会、经济及其他各科学领域中的复杂性问题提供了新思路与途径，在一定程度上改变了人类的思维方式。人们意识到每个社会组织都按照系统思想要求进行运作，其结构、技术、程式须随外部环境演化发生越来越广泛而频繁的变化，同时对快速反应要求也渐趋提高。

企业的管理活动是由众多不同管理行为要素构成的整体，依照系统理论分析，企业管理活动符合构成"系统"的条件。按系统构成，企业管理系统属于"人工系统"。人工构造系统的功能条件居第一性，其载体形式须服从功能要求而设计。组织结构、部门人员等皆是为承载并实现特定管理系统功能的载体。遵循系统科学、运用设计理念在管理功能分析基础上对这些管理载体进行动态运行规划安排是有效达成管理目标的现实途径。

二、价值链与企业流程

1985年，哈佛大学波特教授在《竞争优势》中首次提出价值链概念[33]；将企业日常所从事的经营活动划分为基本价值活动与辅助活动。基本价值活动包括生产、营销、外勤、内勤及售后服务活动；辅助活动包括企业的基础设施、技术开发、人力资源管理、采购活动等。通常认为，"价值链"是企业为客户、员工、股东等利益相关者创造价值所进行的一系列经济活动的总称。价值链分析法成为企业战略管理中较流行的分析工具，并逐步拓展到全球价值链范畴；另有学者将价值链理论发展为价值网络研究；抑或基于"熵"视角对价值研究进行拓展[204]。

本书对于价值链理论的运用在于价值链分解，认为企业很多生产经营活动可分为基本与辅助活动，这些相关价值活动可从技术及经济效果上分离的活动中解析出来，以达到范围更趋狭窄却更详尽的层次。企业的竞争优势即源于价值链中生产、营销、交货过程及各种辅助活动所进行的诸多事务，这些活动序列奠定了企业流程体系的基石。王田苗等认为，"企业各种生产经营活动构成了流程，流程创造价值，形成价值链"[85]；王璞等指出，"价值链即企业的主业务流程"[132]；价值链理论与企业流程密切相关，价值链行进方向明确了企业主要流程的走向，价值链不同部分细化的结果即形成各种详尽的业务流程并体现企业流程的层次化结构。

三、其他相关理论研究

制度经济学突破古典主义"理性人"假设,以制度与制度效率作为主要研究内容,开创了经济学研究新范式。凡勃伦首次将制度同经济学结合起来[205];从人的本能出发,结合"本能—习惯—习俗—制度"的形成顺序,认为制度是个人及群体普遍存在的思想习惯。人们的一些思想习惯被自然淘汰及个人对环境的强制适应过程是制度变迁的原因之一,出现了制度随社会环境发展及变化而变更的现象。康芒斯继承并发展了凡勃伦的观点,将经济学与社会学相结合,提出"集体对个人交易关系的控制"是制度经济学的核心内容[206];当新制度经济学兴起后,致力于回答"为何正交易费用的存在使我们在构建经济模型时必须将制度视为内生变量?"这一新制度经济学的核心是引领我们思考制度对经济运行绩效的重要作用[207];根据科斯的理论可将制度理解为降低交易成本而存在的政策、法律、规章、规则等。新制度经济学另一代表人物诺思则将研究重点聚焦经济历史与制度变迁。本书对制度经济学的涉及有助于加深对"制度"及企业管理制度的深入理解,从而探索管理制度与管理流程间的关系。

交易成本理论是制度与契约研究的基本要素,从企业实际经济活动来看,产权设立、合约选择及制度安排无非是节约或期望节约交易成本或交易成本最小化的结果。1937年,科斯率先从交易费用角度研究企业制度与市场组织及其相互间的替代选择问题。认为"企业是对市场的替代,此种替代之所以能发生,在于企业组织交易成本小于市场组织交易的成本"[207];此后奥利弗·威廉姆森、张五常、菲尼、张维迎等中外学者进一步发展科斯学说,形成交易成本经济学,较为一致的观点,企业是什么或不是什么并不重要,重要的是在不同的交易成本下组织经济活动的各种不同方式[208];科斯定理引领我们回到企业之所以存在的逻辑起点,当交易与组织内部治理的边际成本相等时,企业与市场的替换效应将停止。流程是企业管理系统的运行层面,笔者认为,流程在企业对市场的替代效应中充当了主要角色。

产业组织学发端于微观经济的厂商理论,在历史发展过程中逐步形成哈佛、芝加哥、新奥地利等诸多学派[209];长期以来,SCP(结构—行为—绩效)成为哈佛学派经典研究范式。自20世纪80年代以来,以克瑞普斯、泰勒尔等为代表的经济学家将博弈论引入产业组织研究领域,由"结构主义"转向"行为主义",即由重视市场结构研究转向重视企业行为研究。新奥地利学派则极力否认作为经济分析工具的现代数学方法,主张经济现象适合于运用人类行为科学方法进行研究。至20世纪90年代,产业组织理论与演化经济学研究逐步结合,进一步倚重企业行为研究,同时关注"人"的有限理性在企业组织运作过程中的作用，强调企业"动态能力"，对企业组织的制度演化、个体多样性、"人"的行为能力等方面的研究更趋深入。

对制度经济学、交易成本理论、产业组织、演化经济等的涉及，有助于本书在流程设计的进一步研究中拓宽思路，对"制度"内涵、流程对管理功能的实现作用、企业制度演化、"人"的有限理性及行为特征等方面加深理解，这些是哈默在早期倡导和推行 BPR 时所忽略的。从而为流程形成及其相关影响因素、管理流程与制度关系等的深入研究打下基础。

第四节　本章小结

首先，本章对企业本质和管理环境与过程等简要概述，在明确流程定义并梳理流程分类基础上界定"管理流程"及相关概念；其次，从广义设计理念出发对管理设计发展、使命、程序及管理流程设计与管理设计关系进行综述；从系统科学角度论及"管理系统"，就价值链与企业流程关系作简要诠释；最后，对支撑本书进一步研究的其他相关理论如制度经济、产业组织、交易成本、演化经济理论进行简述。

第三章 管理流程与制度关系及对管理功能的实现作用

企业是与外界通过资金、原材料、商品、人员、信息等流动从而进行多种输入—输出的动态运行开放系统，管理制度是描述并规定企业各项管理活动的内容指南与行为规范，管理流程是管理活动的行动方略与技术手段，两者紧密相系。本章由企业管理制度内涵与制定分析管理制度实施困境，运用系统科学探寻管理制度与流程关系，阐述管理流程对缓解管理制度实施困境与管理功能实现的作用及特征。

第一节 管理制度与流程关系及其实施困境

一、企业管理制度内涵与制定

1. 有关制度内涵的综述

关于"制度"的解析，《牛津大词典》将制度定义为，一种已在一个民族的政治和社会生活中建立起来或长期形成的风俗、使用习惯、法律、组织或其他因素。制度经济学派一直视"制度"内涵为研究重点，早期代表凡勃伦提出，制度实质是个人和社会对有关某些关系或作用的一般思想习惯[205]；康芒斯认为，制度是"集体行动控制个体行动"，此种控制是通过所有权关系施行的[206]；新制度经济学奠基人科斯强调制度就是一系列关于产权安排调整的"规则"或"组织形式"[207]；新制度经济学又一代表诺思认为，制度是一个社会的游戏规则，是为决定人们的相互关系而人为设定的一些制约[210]；马克思将制度定义成生产关系的总和[165]。

演化经济学创始人理查德·R.纳尔逊和悉尼·G.温特接受西蒙等的行为主义理论，基于"人"的有限理性与知识分散性提出，"惯例"是企业内部管理制度的一部分[211]；从某种意义上来说，企业的演化过程就是对惯例的演变与学习过程。社会学角度对"制度"做出诠释的有，Cooley和Hughes强调个人与制度，自我和社会结构之间具有依存性[212]；杜克海姆认为，社会制度由符号系统——知识、信仰及"集体情感和观念"系统构成[213]；这些系统不仅是人类相互协调的共同产物，同时又被个人以客观与"强制"的方式所运用。Parsons 将制度视为一种定义，"人们之间的关系应该是什么"的规范体系[214]；制度理论历来是社会科学研究焦点，对于"制度"内涵的剖析，有助于我们进一步厘清"企业管理制度"内涵。

2. 企业管理制度内涵

自国内经济体制转型以来，党的十四大明确提出，建立现代企业制度。狭义的企业制度用于界定所有者间及所有者与经营者间相互利益关系的一系列规则集合，广义的企业制度包括从产权到企业内部各项管理等诸多方面。本书讨论的企业管理制度是指维系企业内部日常运营的各项管理规定的总和。李占祥认为，企业管理制度是企业制度的重要组成[215]；包括经营战略、配置管理、营销管理、生产要素优化、公共关系和资产经营等几方面。吴培良等认为，企业管理制度主要规定各管理层、管理部门、管理岗位及各项专业管理业务的职能范围、应负责任、拥有职权及管理业务的工作程序和方法[216]；许多文献涉及企业内部不同领域管理制度，包括质量、营销、财务、人力资源等方面[217-219]；还有学者对企业管理制度创新思路进行分析，例如，上下级间互动、权责利平衡等[220]；巴纳德认为，企业管理的价值在于使不同员工能为实现企业目标而共同努力[221]；可把管理制度看作是规制和协调各部门与人员行为、资源整合，约束和调整企业经营管理活动中各种行为方式及其与资源要素关系的规则总和。广泛地说，企业理念、宗旨、价值观、文化等作为指导人们行为规范的软约束机制也是一种制度，此种"软"制度有其无形约束和精神感化方面的特征。

3. 企业管理制度形成与制定

管理制度的形成起源于管理实践中的经验、惯例及由此积累的原则。最早管理者往往通过其主观经验，尝试调整等方式形成一些简单的管理方法与规则，有些方法规则被固化而形成企业最初的管理制度。然而在此方式下的制度产生机会成本高，可重复性小，科学管理制度的设计制定须建立在管理、经济、心理学等基本理论支撑基础上。管理制度制定的实质是机制设计的过程，其基本元素包括管理行为者、资源及事件。管理活动中的行为者控制着各种资源及事件，从中得到利益，制度的形成、设计在此系统中运行[222]；环境不确定性、资源稀缺性、人的心理意识与行为动因、信息分布不对称都在影响制约管理制度的形成与制定。人性假设是制定管理制度的出发点，有学者研究了制度制定者对人性假设不同导致管理制度内容的差别[223]；为使制度效率得以保障，制度设计将针对不同成员分类甄别，尽可能据其各自效用函数做出规定。权变理论认为，企业应根据内外部不同因素变化相机确定管理制度内容，具体管理内容所表现的各种特征是诸因素变量间相互作用的结果。Daft 指明，这些变量来自企业战略、规模、技术、人员、环境、文化等方面，然而这些因素的影响机制与程度尚未形成完整体系[224]；葛雷纳认为，在企业组织成长过程中，演变与变革交替进行[225]；每一阶段皆有其解决当前工作所面临具主导地位的管理制度形态。管理流程提供了管理制度履行的方式，对于管理制度制定影响因素可供流程设计借鉴。

4. 企业管理制度的调节方式

管理制度主要通过协作和权威方式对管理活动中各种复杂关系进行规制。协作基于管理主体间自由意志、多方合作、平等地位、共同获益，然而企业仅依赖协作方式，在某些情形下效率不高。基于企业对其内部资源的掌控能力，内部管理制度将权威方式引入实践。此时各管理主体间合作行为依循企业高层靠权威行使的制度安排，并强制实施。有时在由于制度的协作调节方式某些方面规定不清、缺失或繁杂、过时原因不能很好地发挥运作效能；而权威方式又过于刚性，集权化倾向严重，不能很好地调动员工积极性。权威化调节方式要求由上而下制度安排和指令信息等传达，这为制度的制定与表现形态打上了较为浓重的科层制烙印，加深了部门间横向壁垒，为其履行的不便留下隐患。

二、 企业管理制度现状分析与实施困境

1. 企业管理制度的多维性与多元化

企业发展阶段不同，制度制定的人性假设各异，各企业面临影响因素具体情形不一且处于不停变动之中，制度调节方式侧重点有别，所规制人群生存现状与性格特征也呈多面性态势，使企业管理制度显现多维度与多元化特征。多维度源于管理制度制定框架，多元化描摹管理制度规定的具体内容，两者相互嵌套。

笔者调研的 A、K、J、S、X、Y、Z 等数家公司，其管理制度即表现出多维度与多元化特征。就多维度而言：其一，源于计划经济整个社会范围内层级制余温，许多企业管理制度主要依托于其组织结构纵向，即按管理层级由高到低制定各部门职能与相应岗位职责，据工作重点与性质不同制定相应规章与程序，各部门通过专业分工确定工作内容，并划定各自责权；依托组织结构横向规定的部门间协调互动少，多以文字表述的隐性流程形式存在，但此类流程往往构成要素不全，制度中对于保证其有效运行的相关补充规定也不充分。这影响了制度履行时部门间横向协同效应。其二，基于相关业务属性的制度框架，这是管理制度制定所依循的又一维度，企业各类管理领域主要包括生产管理、质量监督、技术研发、财务管理、人事安排、经营销售等诸多方面，各类管理领域根据实际需要还可进一步进行层级化细分，此类层级化细分显然不同于基于组织结构的层级化；

以上两种制度框架最为常见。其三，基于管理制度表现形态框架，一般而言管理制度按形态可分为标准、管理性文件和规章制度。标准按作用范围和审批权限又可分为国际、国家、地方、行业、企业；按标准规范对象和其属性可分为：技术、管理、工作等。例如，A公司，即在不同管理领域以设定标准的方式，确立了公司管理体系。管理性文件是指企业各种红头文件、会议纪要、各种内部临时性指令等，带有机动、灵活、能快速传达并贯彻领导层意图的特点。规章制度是指各种相对稳定，体系化与持久性强，涉及企业各管理层面的制度汇编，是管理制度的最主要形态。上述还不包括价值观、企业文化等带有软约束特征的广义制度形态。其四，由企业法人治理架构出发针对管理体制而制定管理制度，例如，S公司有关领导、调控、决策、分配、综合等管理体制在管理制度汇编中的明确表达。其五，按管理系统的业务领域与功能综合划分进行制度框架设定，例如，J公司有关对于质量控制和生产作业计划方面的相关规定。其六，也有针对公司不同人员角色而制定的制度，例如，S公司的干部管理规定与富余人员分流办法等。事实上，上述制度框架在实际制定中往往相互混杂或混淆，例如，A公司的管理标准细化又同时以不同管理领域和管理功能细分作为依据，J公司的管理子系统划分涉及功能细分与业务属性领域，S公司主要以管理体制为索引的管理制度框架却在同一层面融入了生产、营销、财务、人事等不同业务领域，X公司将基于管理业务领域与部门相关职能的管理规定置于总目录的同一层级。

可以把制度内容看作是管理制度框架中的血肉，是依循某些管理职能、业务领域、行为人角色及其相互关系等框架规定的包括范围、内容、程序、方法等的具体表述与细化规则。管理制度内容十分庞杂，相互交织、嵌套，融入本身已复杂糅合呈高维性态的管理制度框架中。例如，很多企业对于某些业务领域管理工作的过程化表达与状态描述混合在一起；还有企业，其组织结构框架下管理体制、部门职能与岗位职责，管理模式、领导体制乃至对于组织结构本身的规定纷呈于制度汇编中；此外有基于不同框架下的权责体系、考核办法、定员定编等杂处融合；在管理制度中可能还有些过时规章，由于使用频率低或相对不重要而未被及时刷新。

管理制度具有层级性，其"层级"有些基于组织结构的纵向层级展开，有的凭借管理业务的进一步细分而显现。权责体系的设定是管理制度的重要内容，并与管理制度的层级性紧密关联。各岗位权力的边界称为权限，其内容大致包括要达成何种目标、可使用哪些资源、如何达成、采用方式、何时起止、衡量标准等。管理制度中往往按行政科层制的组织结构为各岗位界定并配置权力，组织成员通过依附于职位上法理化了的职权，形成层级分明的权力链，这些树状权力链条体系构成了组织整体的指挥系统，用于上传下达，协调关系以实现各类管理目标。同时，组织中每个岗位的任职员工其存在的必要性须通过个体责任的承担来完成所在岗位职责，组织内外部发生的关系及组织成员与组织间发生的关系都基于业务导向下的责任。为此，管理制度在组织结构的纵向层级维度中构建了"权力链"亦于其横向维度下勾勒出"责任链"。权力与责任主要依循组织结构的不同维度展开，这也为制度实施预留了隐患。

伴随多维性与多元化特征，管理制度渗透至企业系统调控和制约的各个层面，管理制度体系对企业诸要素运行的调控是多层次、全方位、宽领域、持续性的，大至公司章程与经营战略，小到打印文件、办公室派车、着装规范、信报收发等。如同我们无法在二维纸面描摹高维事物的形态一样，管理制度汇编也难以较低维度表现形式对相互糅合、混杂、交融、嵌套的制度框架与内容进行系统化表述，这样的繁复体系期待面面俱到，却往往存在缺失遗漏，其实施运行效果堪忧。

2. 管理制度实施困境

企业不缺少各种制度规章，而缺少对制度的有力实施与履行。通过实地调研，笔者发现，企业管理制度实施现状不尽如人意，管理制度执行不力，贯彻效果差。有些企业高管对公司发展长期愿景不十分清楚，平时陷入对公司日常琐碎管理事务的频度高。例如，Y公司总经理亲自处理某部门小范围内带有一定私人情绪的工作纠纷。某些国企的中高层管理人员文山会海，不能将主要精力放于公司的大政方针与部门间协调管理，甚有企业个别高管未被明确授权管理相应的业务领域。在实际运作中，这些高管人员要么对他人分管的领域指手画脚，要么对许多管理事务不闻不问，从上班至下班；管理制度中对某些部门的职能规定存在重叠、交叉现象，甚至相互矛盾，且表达不清。具体在实施过程中引起管理混乱、推诿和扯皮现象，例如，X公司设备中心、调度室、车间都有设备运行、维护与保养的相关规定，当设备真正出问题时，究竟各部门在何时空节点以何种角色用何种方式应从事什么具体管理工作往往规定不清，引起各部门相互推脱责任；各部门间配合不力，各种管理活动间关系及先后顺序不甚明确，协同效应差，导致管理衔接出现问题，工作效率低，对企业整体经营绩效与形象造成负面影响。例如，K公司曾发生由于销售、物管与财务配合不力，导致顾客在缴款和提货时发生拥堵现象；岗位职责不明晰、赋予相应岗位的责权不对等，各层级缺乏相应权责界定，有些公司员工对于工作任务"为何要做""做什么""采取何种方式做"以及"对谁负责"不甚清楚，且未被赋予相应权限，现实工作阻力重重，无法顺利开展，导致员工积极性不高；部分管理制度缺失或表述不清晰，计划性差，可操作性不强。在实际操作中，公司高层领导有一定随意性，会造成管理紊乱，此种情形在民营企业中较易出现。例如，Y公司办公室日常可以调动三辆小车，而总经理和其他副总经理却经常因各种缘由临时直接调用，某日，销售副总经理突然接到重大质量投诉，急于现场处理，此时，办公室已无车可调；人员培训不到位，激励机制不健全，绩效考核指标设计不尽合理。人员是管理系统的重要载体，在管理功能实现中发挥不可替代作用，许多企业人员培训制度的实施出现"走过场"现象，随着企业生存环境复杂化，技术更新，市场竞争激烈等趋势，对相应管理业务的履行要求日益提高，若由未完全具备一定知识与能力的员工去承载，其执行效果可想而知。考核指标未能与相应职责对应，激励机制未落到实处，员工积极性受扼杀。例如，Z公司将公司产量作为其后勤食堂员工的考核指标之一，导致淡季工作餐质量一度下降。

三、基于系统科学视角的管理功能与载体研究

1. "系统"相关概念界定

"系统"由若干相互联系和作用的要素组成，是具有一定结构与功能的有机整体，具有整体性、稳定性、层次性、适应性、历时性等特征[199]；按一定秩序或因果关系相互联系，制约和作用的一组事物所构成的体系称为系统[190]；以系统为研究对象的基础理论和应用开发学科群称为"系统科学"[199]。魏宏森等认为，结构是指系统内部各组成要素间相对稳定的组织秩序、联系方式及其时空关系的内在表现形式[226]；结构不仅是系统的存在方式，也体现其基本属性，是系统整体性、功能性与层次性的基础与前提。"功能"是指有特定结构的事物或系统在内外部联系中表现出的特性和能力[199]；曾国屏等强调了功能的外显性特征，认为功能是与"结构"相对应的范畴，是系统与外部环境相互联系作用中表现出的性质、功效和能力，是系统内部相对稳定的联系方式、组织秩序及时空形式的外在表现[226]；"载体"源于基因工程，原指在基因工程中运载目的基因的工具[169]；在《现代汉语词典》中指某些能传递能量或运载其他物质的物质或泛指能够承载其他事物的事物。

2. 系统科学中结构与功能的关系

系统论认为，系统结构与功能是组织要素间相互联系与作用所形成的系统整体性关系的两个方面，结构侧重于系统内要素间关系，功能侧重系统特性和其具有的能力，结构是系统功能赖以实现的基础。结构并非仅指系统要素在空间静态的排列与分布，系统要素间的关系及相互作用往往更为重要[226]；系统要素间形成相对稳定联系方式，组织秩序及时空表现形式，使系统内部诸元素具有相对稳态联系。系统结构与功能时而呈复杂非线性关系，结构制约功能，功能不断适应环境反作用于结构，结构改进可能具备能更好适应环境的功能，这一过程不断打破均衡，迭代发生。企业是与外界具有物流、资金流、人流、商流、信息流等相

互交换的耗散结构系统，符合系统科学研究对象基本特征，其在适应环境不断演化过程中同样须保持内部相对稳定性。系统中结构与功能间作用与反作用及必然与偶然因素相互交织，系统内外部各因素引发的随机涨落可能引起其局部功能改变，系统整体在反馈作用机制下要么解构抑或演化成新的结构具有新的功能，并在此基础上规定新的涨落范围，从而形成内部新的相对稳态调节机制。结构、功能、涨落的关系如图3-1所示。

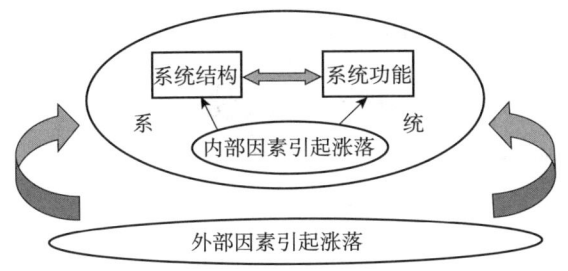

图3-1 系统结构、功能与涨落关系

3. 管理系统的功能与载体

北原贞辅区分了企业系统与管理系统，其观点与系统权变学派卡斯特与罗森茨维克相似。系统权变学派认为，在企业大系统中存在若干分系统，例如，技术、目标与价值分系统等，同时存在管理分系统[184]（见图3-2）；北原贞辅则将管理系统看作"以在与环境的协调中存在的人作为主体构成要素，是一个由人来运营并为之服务的系统"[227]；北原贞辅强调，"人"是管理系统的主体要素，他的系统设计方法围绕这一理念展开。刘建一认为，"企业管理系统是一个由管理思想、观念、制度、程序、方法和信息等非物质功能要素综合构成的'人工系统'"[12]（见图3-3）；人工构造系统相较自然系统本质区别在于其系统功能先于形式存在，其载体形式须服从于功能要求进行设计[13]；因此，"功能决定"是关于管理系统设计的根本。

管理系统的功能即管理活动在组织系统发挥作用过程中表现出的性质、功效和能力[228]；各学派对管理基本功能（有称"职能"）的划分有所谓"三功能""五功能""七功能"等之说，基本包括计划、组织、领导、控制等。管理功能是管理行为活动期望获得管理效果的本质作用，而其发挥功效须解析为具体的管理业务方具可运作性。从系统科学视角可认为，管理制度是组成管理系统重要的功能要素[12]；主要是管理功能进行职能化解析的具体细化形式，是分解执行基本单位的管理行为组合。此外，在管理制度中也融合了企业战略和管理载体（组织结构与企业员工）的相关规定。将管理功能解析为具体的专业管理业务事项并按一定原则分配布置到组织结构中各管理部门，同时授予其相应的管理权限，即

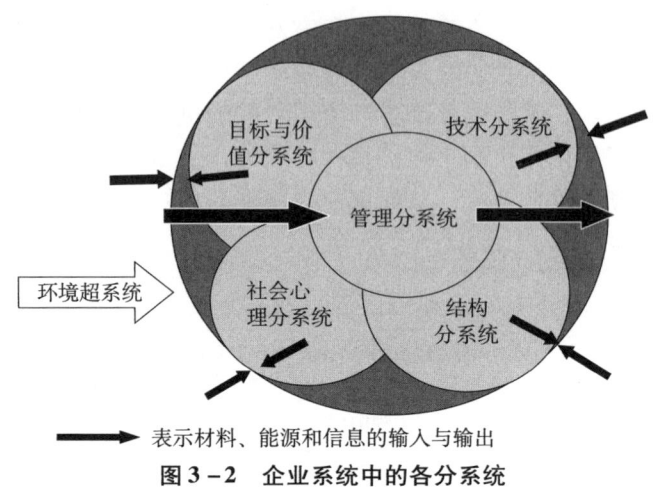

图3-2 企业系统中的各分系统

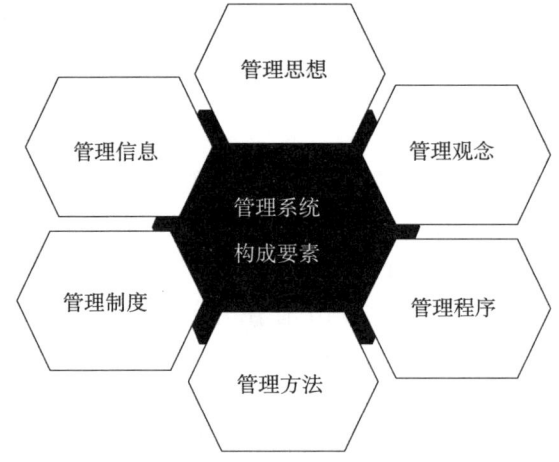

图3-3 非物质要素构成管理系统

为部门职能与权限（职权）。

管理系统在实现目标、计划、组织、领导和控制及组织与环境联系中起中枢作用，其功能与惯例对协调统一企业其他分系统活动必不可少。企业管理系统运行及时将影响其经营活动的各内外界因素转化或转换成有利于企业活动的条件，建立与维持其内部生产经营活动的正常秩序以适应并促进技术进步与绩效提升。管理系统遵循人工系统设计的逻辑关系依循"目的—功能—因素—方法—结构（载体形式）"产生。笔者认为，管理制度主要是构成管理系统重要的功能要素，其中少部分体现了管理系统目的（如战略）和载体（如组织结构和HR）方面的规定，并且有关"目的"和"载体"的内容都以功能要素为核心。企业内部层级性行政管理机制取代了外部市场价格机制，这一效应产生的关键来自企业组织内部管理整合孕育的优势。问题是管理载体如何发挥管理功能以支撑这一替代取得成效？

4. 企业组织动态性与管理熵

芮明杰在回顾了卡斯特、巴纳德、罗森茨维克等的学术后提出，从本质上讲，企业组织研究至今所使用的分析方法属于静态分析方法[229]；传统静态结构与企业组织动态现实不完全相吻合，其分析过于强调结构的预成性与共时性而排斥发生性与历时性。瑞士哲学家皮亚杰的发生学结构主义认为，结构是一个由种种转换规律组成的体系[230]；企业组织优势源于内部具有活力的动态关联结构以及此种结构中各元素相互协同与优化活动间的联系。如同生命体，若没有内部各器官的协调合作，没有神经、呼吸、循环、肌肉、内分泌等子系统或组分的有机互动，那充其量只是一具完整的标本，何来各种思维、运动、交流等功能的体现？管理功能赖以实现的基础乃至企业竞争优势的孕育更多源自组织内部各要素动态协调的内稳态结构，动态运行的方式与过程是管理载体得以发挥管理功能的重要作用形态。然而作为开放的动态系统，不确定外部环境与组织内部多功能、多层级、信息非对称等因素相互交织。当内部协调发生障碍时，环境对系统输入的非可控因素达到一定阈值，组织内部会难以针对目标进行控制，在功能上表现出有序性减弱，无序性增加的紊乱现象。

熵理论即热力学第二定律，被爱因斯坦、爱丁顿等科学大家誉为："自然科学第一法则"和"宇宙至高无上的哲学定律"[231]；"熵"是微观态数大小、分子运动混乱程度的度量[232]，熵理论已被广泛应用于社会及自然科学众多领域。任佩瑜（1998）提出管理熵概念，认为任何一种管理的组织、政策、制度、方法等，在相对封闭组织运动过程中，将呈现出有效能量逐渐减少，无效能量不断增加的不可逆过程[233]；即组织结构中的管理效率递减。宋华龄等进一步将管理熵拓展细化为管理结构熵，管理人为熵，管理运行熵等[231]；由于制度、组织结构、信息沟通、环境变化、人为、政策、文化等因素影响，管理熵持续增加不可逆转意味着管理功能难以发挥。热力学第二定律划定了时间箭头非对称性单向特质，揭示了宇宙万物发展的最终归宿。然而在不可逆过程中，普利高津指出，处于远离"热寂状态"的开放系统可从外界引入负熵流，抵消内外部各种因素引致的增熵，从而在系统达到最终热寂状态前不仅可以维持存续，亦可为系统的发展、进化、繁衍赢得足够时间，星系、天体、生态、种群、生物体、各种社会组织莫不如是。任佩瑜等进一步提出，管理耗散结构[233]；即在管理耗散过程中形成的企业组织系统不断与环境进行物质、能量、信息交换，在内部各组分间的相互作用下使负熵增加，使组织有序度的增长大于自身无序度增加以形成一种稳态均衡。可设 H 表示企业总熵，I_A 表示企业内部正熵，I_M 表示企业内部负熵；E_a 表示企业外部引入的正熵，E_m 表示企业外部引入的负熵，则：

$$H = I_A + I_M + E_a + E_m \tag{3-1}$$

根据申农公式，其中，
$$\begin{cases} I_A = S_A K_A \sum_{A=1}^{n_1} P_A \ln P_A & (3-2) \\ I_M = -S_M K_M \sum_{M=1}^{n_2} P_M \ln P_M & (3-3) \\ E_a = S_a K_a \sum_{a=1}^{n_3} P_a \ln P_a & (3-4) \\ E_m = -S_m K_m \sum_{m=1}^{n_4} P_m \ln P_m & (3-5) \end{cases}$$

综合式（3-5）可得：

$$H = S_A K_A \sum_{A=1}^{n_1} P_A \ln P_A - S_M K_M \sum_{M=1}^{n_2} P_M \ln P_M + S_a K_a \sum_{a=1}^{n_3} P_a \ln P_a - S_m K_m \sum_{m=1}^{n_4} P_m \ln P_m$$
(3-6)

式（3-6）中 P 表示企业内外各因素发生正熵或负熵的概率，S 表示外部正负熵输入系统或系统内部产生正负熵的速率，K 表示产生正负熵的各种因素所占权重，A 与 a 分别表示系统内产生和系统外输入正熵的各种因素，这些因素的个数分别为 n_1 和 n_2 个，M 和 m 分别表示系统内产生和系统外输入负熵的各种因素，这些因素的个数分别为 n_3 和 n_4 个，为简化分析，假设系统向外输出的正负熵代数和为零。可以想象：当 $|I_A + E_a| < |I_M + E_m|$ 时，系统将在内部累积负熵从而有序协调发展。这一切有赖于正负熵事件发生的概率 P、产生或导入速率 S、导入或产生正负熵的各种因素及其数量与权重等原因。这里仅反映了系统于某一时点的总熵状况，实际情形愈加复杂，随着系统不断演进，S 与 K 很可能显现非线性变量的特征。各种因素的数量 n 亦可能处于变动之中，即便是常量，某一种或几种因素的组合可能同时或于不同阶段既产生正熵也产生负熵。例如，在现实中，外部因素中同样是新技术引进、宏观政策调控或市场需求变化，对于不同企业或同一企业的不同阶段可能会引起熵增抑或熵减；再如，内部机制，同样的管理幅度与层次经历类似的制度变更、员工培训、绩效考核，由于人员素质、企业文化、激励措施等的差异也会导致不同结果。再者模型中的 P 为正负熵发生概率，企业初期规模相对小，管理者更多凭借个人经验进行日常管理，主观随意性较大，可以引入概率机制进行解释。然而随着企业日趋发展，内部人员、信息、物质、资金等运营状况也愈加烦琐，基于随机涨落基础的系统负熵累积效应，由于缺乏内稳态的结构载体有序运行支撑会沦为一场掷骰子游戏。管理耗散结构学说揭示了负熵的外部导入与内部生成是企业得以存续和发展的必要条件，未阐明管理载体运行如何发挥管理功能以降低管理熵。

四、 管理流程与管理制度关系

管理制度主要构成是管理系统功能要素细化形式，细致制定了各项管理业务的行为规程与行动准则，并对违规行为也作出相应约束与惩罚措施，管理制度的有效实施与贯彻履行是降低管理熵从而提升企业整体绩效的重要途径。在管理制度中，也含有一些针对某些管理业务过程的简单流程，但这些流程往往较为零散，构成要素缺失或与管理制度其他部分未能有机融合，可操作性不强。科学的管理流程其构建要素应与管理制度中规定的其他内容紧密关联。例如，管理活动是否指向企业战略目标，体现公司基本章程与发展愿景；管理活动间关系能否依循具体业务处理客观顺序及各部门协作关联；管理活动承担者必然涉及各部门职能与相应岗位职责；管理活动方式反映具体业务工作细则和权责配置等；许多简单流程未能就上述方面进行系统化安排规整，因此，不能单纯认为，管理流程是管理制度的子系统。既然企业组织结构与人员是管理载体，管理制度主要是管理功能的具体细化形式，而管理流程属于管理系统运行范畴[17]，我们有理由认为，管理流程赋予管理载体的动态性能是管理功能得以实现所不可或缺的，很多管理功能可由管理载体通过管理流程这一动态运行机制得以发挥。由此，大部分管理制度的履行实施可通过管理流程予以实现，从某种意义上来说，管理流程既是管理制度实施的动态表达，也是实现管理功能的运行方式，还是管理工程中对于管理目标实现与管理载体运作的设计技术。

1. 管理流程与管理制度的协同演化

"协同演化"最早出现在生物学中，不久人们将其运用于社会经济系统。协同演化是指持续变化发生在两个或多个相互依赖的物种上，它们演化轨迹相互交织并相互适应[234]；黄凯南认为，互动者之间必须存在相互的反馈机制，它们的演化动力是交织一起的[235]；企业生产经营活动初期管理系统还不成熟，人们不自觉地运用主观经验在尚未完全认清的管理对象客观规律制约下从事管理活动。此时人们对于管理功能的细化及其运行机制的区分还较为模糊，在某些偶然事件中人们的一些做法在实践中被证明有效，会逐渐形成一些习以为常并广为认可的操作习惯、程序、方法等行为模式，某些"惯例"具有相对稳定性，从而在长期管理实践中被固化下来。有些"惯例"即是早期流程，另一些诉诸形式化文字被称为"制度"。制度更依托于组织结构的纵向层级，流程运行则偏重部门间横向协调，两者在管理系统中并行不悖，在实际应用中往往将两者融合。协同演化双方往往互为因果，呈现双向而非简单由此及彼的单向因果非线性复杂关系，此时区分决定或非决定性变量是没有意义或不可能的[236]；管理制度与流程协同演化关系如图3-4所示。管理制度修订与变革往往交替出现，前者是制度形式化的固定,后者预示着制度改革,而且变革后的制度也须重新修订,制度的修订与变革催生了新制度形成,其对应的流程演化环节为流程设计和流程改进再设计。协同演化过程不断升级往往标志着企业管理系统的逐步成熟,在管理系统对企业进行调控过程中,我们试图把握住相对易于掌控的方面。

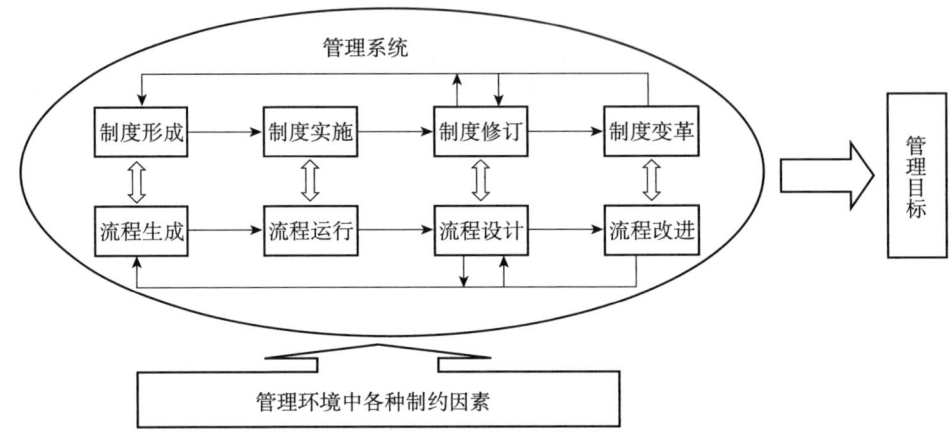

图3-4 管理制度与管理流程协同演化关系

在动力系统研究中假设 A 和假设 B 是两个拓扑空间,$f: A \to A$,$g: B \to B$ 分别是 A 与 B 上的自映射,如果存在 A 到 B 的同胚 $h: A \to B$,使 $h[f(x)] = g[h(x)]$,则称 f 与 g 是拓扑共轭的,记作 $f \sim g$。这里的"同胚"可认为 A 与 B 之间连续的一一映射[237];若以 $h(x)$ 的逆映射 $h^{-1}(x)$ 代入上式 x,则有:

$$h\{f[h^{-1}(x)]\} = g\{h[h^{-1}(x)]\} = g(x) \quad 因此,$$

$$h^{-1}[g(x)] = h^{-1}\{h[f(h^{-1}(x))]\} = f[h^{-1}(x)] \quad 即若 f \sim g,则 g \sim f;称为拓$$

扑共轭的对称性。同时可证明 $h[f(x)] = g[h(x)]$ 第一次迭代情形:

$$h[f^2(x)] = h[f(f(x))] = g[h(f(x))] = g[g(h(x))] = g^2[h(x)]$$

即 $f^2 \sim g^2$;$(n-1)$ 次迭代可得 $h[f^n(x)] = g^n[h(x)]$,这一过程如图3-5所示:

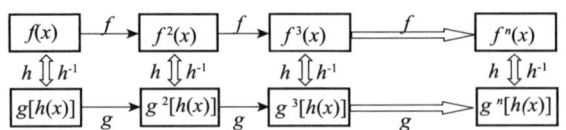

图3-5 拓扑共轭示意

拓扑共轭关系的意义在于涉及动力系统中的所有性质 f 与 g 都是一样的[237];可利用此关系将复杂动力系统转化为较简单的动力系统加以研究。简单类比,假设 f 是流程自身形成演化的方式,g 是相应制度的自身形成演化方式(f 和 g 皆可进行自映射迭代），h 是两者持续交互作用方式，根据拓扑共轭的对称性（图 3-5 中用了双箭头），x 是向量形式表示各种管理业务活动。认为在制度中被较为复杂设定和说明的管理业务活动过程，通过 h 的逆映射能以相对简约明了的流程方式实现，并且这一过程相互交融、迭代演化。考虑到实际情形中不同阶段的 f、g、h 作用方式不会完全甚至很不一致，上述类比显得过于简单粗糙，在此仅做初步尝试并猜测动力系统的拓扑共轭关系可能是协同演化机制的逻辑背景之一。有学者基于企业惯例演化的适应性反馈循环认为，流程可作为企业稳定的遗传载体，其中携带了使组织得以延续和传承的基本功能单位——"基因"[238]；笔者认为，至少部分管理"基因"在管理制度与流程协同演化发生交互作用过程中得以持续演化，这一点与生物学意义上不产生并交换新"基因"的协同演化有所区别。

2. 管理流程为管理制度实施提供解决方案

管理制度实施可发挥计划、组织、领导、控制等功能以协调组织资源、提升整体绩效，管理制度实施并发挥效用的过程即对企业诸要素及其相互关系协调和规制的过程。假设 $X = [x_1(t), x_2(t) \cdots, x_n(t)]^T$ 是企业各种资源要素的运行状况，t 表示时间，f_i 是管理制度对企业诸资源协调整合的诸多方式。则可得如下微分方程组：$\frac{dx_i(t)}{dt} = f_i[x_1(t), x_2(t) \cdots, x_n(t)]$，$i = 1, 2, 3, \cdots, n$；其向量形式为：$\frac{dX}{dt} = F(X)$；等式显示企业各资源要素随时间变化的方式取决于管理制度作用的综合效应。该方程组对随时间变化的系统进行描述，其本身即是一动力系统。假设等式右端函数在 n 维空间 R^n 中满足若干适当条件，使上述方程组有初值解。我们以简单的二维常系数线性微分方程组考虑，假设 A 为 2×2 常方阵，X 简化为二维列向量，可得：$\frac{dX}{dt} = AX$，其满足初始条件 $X(0) = X_0$ 的解为：$X = e^{At}X_0 = \Phi(t, X_0)$，$X$ 为二维向量，所以 X_0 可在二维平面上变化，可将 $\Phi(t, X_0)$ 记为 $\Phi(t, X)$，这是时间 t（$t \in R$）和初值 X（$X \in R^2$）的函数，取值在 R^2 内，即 $\Phi(t, X)$ 是 $R \times R^2$ 到 R^2 一个映射。由矩阵指数性质知 $\Phi(t, X)$ 在 $R \times R^2$ 连续。将 X 固定，时间轴拉伸，可以想象平面上的点沿方程的解在 $R \times R^2$ 空间形成轨迹流，如图 3-6 所示。称 $\Phi(t, X) = e^{At}X$ 是动力系统 $\frac{dX}{dt} = AX$ 的"流"。事实上，$\Phi(t, X)$ 是动力系统的解函数，表征了企业诸资源要素在相空间中动态整合并协同演化的整体性状。矩阵 A 和解函数 $\Phi(t, X)$ 分别是管理制度与管理流程在简单动力系统中的抽象。不仅如此，$\Phi(t, X)$ 还有如下性质：$\Phi(t_1 + t_2, X) = \Phi[t_2, \Phi(t_1, X)]$ 其几何意义，如图 3-7 所示。管理流程提供了管理制度实施的解决方案，不仅发挥了管理制度对企业诸资源要素协调整合的累积作用效应，还体现了诸要素在这一过程中的整体发展趋势与运行传递方向。

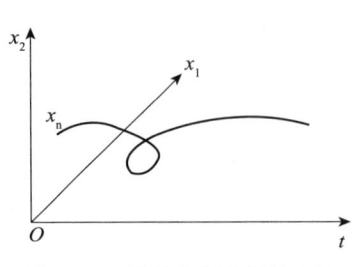

图 3－6　微分方程解的轨迹流

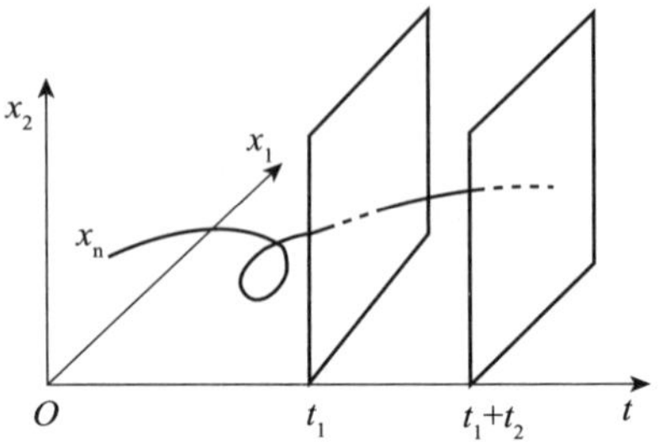

图 3－7　$\Phi(t_1+t_2, X)$ 的几何意义

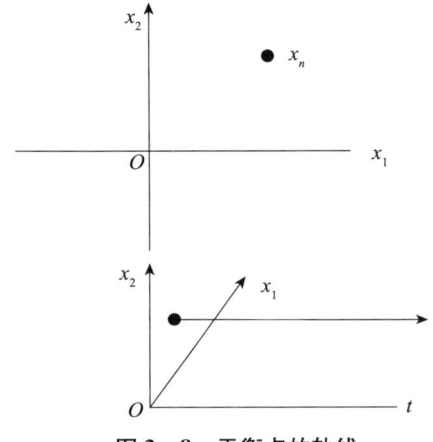

图 3－8　平衡点的轨线

我们知道有 $\Phi(t, X_0) = X_0$ 这样的点称为动力系统 $\dfrac{dX}{dt} = F(X)$ 的奇点或称平衡点，奇点满足 $F(X) = 0$，平衡点在相空间的图像为一点，而其对应的轨线或流 $\Phi(t, X_0)$ 可表示为 X_0 沿时间轴而流动。如图 3－8 所示。可将其类比为管理目标得以实现的均衡状态，管理目标本身具有层次性且在企业不同发展阶段随侧重不同而有所变化，本书对此不做详细讨论。

我们关心奇点邻域内轨线（或流）的趋势，这体现了制度约束调控下的企业诸资源如何通过流程动态运行方式实现对管理目标的趋近，对于管理制度与流程的关系及流程的形成具有重要意义。为便于分析，我们考虑二维常系数动力系统，假设制度矩阵 $A = \begin{bmatrix} a & b \\ c & d \end{bmatrix}$，X 简化为：$X = \begin{bmatrix} x \\ y \end{bmatrix}$，可得平面常系数齐次线性微分方程：

$$\begin{cases} \dfrac{dx}{dt} = ax + by \\ \dfrac{dy}{dt} = cx + dy \end{cases} \quad (3-7)$$

显见 $\begin{cases} x = 0 \\ y = 0 \end{cases}$ 是奇点，（$ab - cd \neq 0$），即 A 为非奇异矩阵。为求解作可逆线性变换：$\begin{bmatrix} x \\ y \end{bmatrix} = P \begin{bmatrix} \xi \\ \eta \end{bmatrix} = \begin{bmatrix} k_{11} & k_{12} \\ k_{21} & k_{22} \end{bmatrix} \begin{bmatrix} \xi \\ \eta \end{bmatrix}$，则方程（3－7）可化为：

$$\frac{\mathrm{d}}{\mathrm{d}t}\begin{bmatrix}\xi\\\eta\end{bmatrix}=P^{-1}\begin{bmatrix}a&b\\c&d\end{bmatrix}P\begin{bmatrix}\xi\\\eta\end{bmatrix} \qquad(3-8)$$

可选取非奇异矩阵 P，使 $P^{-1}\begin{bmatrix}a&b\\c&d\end{bmatrix}P=B$，以上线性变换不改变奇点位置，亦不会引起相平面上方程轨线状态改变，因此，奇点的类型不变。B 为 A 的相似矩阵，是仅为求解方便对 A 作一系列相似变换后的结果，无实际意义。根据线性代数知识，A 与 B 具有相同的特征根。A 特征方程为：$\begin{vmatrix}a-\lambda&b\\c&d-\lambda\end{vmatrix}=0$，即 $\lambda^2-tr(A)\lambda+|A|=0$；微分方程理论已证明：当 A 的实特征根均大于零或复特征根的实部大于零时，奇点不稳定，此时奇点邻域内的轨线呈各种发散态势[237]；根据矩阵特征值定义：$AX=\lambda X$，即数 λ 对非零向量 X 的作用效应与矩阵 A 对 X 的作用等价，因此，特征值表征了其相应矩阵中蕴含的重要特质。制度体系在一定时期内具有相对稳态，制度可以通过流程方式规整企业资源使其运行对于管理目标的实现更为有效。管理系统具有引入并利用负熵的成套机制，在此作用过程中实现促进企业系统趋向有序化运作的功能。笔者认为，实特征根为正或有正实部的复根意味着管理系统未很好地接受并利用负熵，从而使企业管理熵增加，此种情形是制度形成早期，还不成熟，抑或企业状况堪忧未很好履行制度，此情形往往使流程运行效果不佳。与管理负熵增长对应的是负实根或负实部复根情形，制度实施有效约束了人们的各种行为曲线，对物料、信息等要素进行了有序化规整安排，使其整体运行趋向管理目标，笔者认为，管理制度对企业系统诸要素的调节规制过程类似高维动力场，管理流程行为管理制度实施从而发挥功能提供了"动力场方程"的可行解系。

上述对于管理制度与流程关系阐述各有不足，协同演化关系易使人产生管理制度与流程相互独立的印象，实际两者相互融合，在许多企业管理制度汇编中有文字和图表形态的简单流程，在管理流程中也常有相应环节的制度说明。而将管理流程类比为管理制度发挥作用的动力系统解系又过于理想化，管理流程不是制度履行的唯一方式，毕竟还有其不能涵盖的制度实施情形。微观量子物理有所谓"波粒二象性"特征，人们从不同方面对事物的认识不尽相同甚与直观相悖。在此笔者深入产业组织微观层面，仅从不同侧面阐述管理流程与制度彼此关联，针对管理制度实施在现实中遭遇困境，设想我们可否将目光聚焦于与其具有密切关联却相对易于把握的管理流程上来，依循系统科学中功能和载体间关系寻找到切实可行的缓解方案。

五、管理制度实施困境原因分析

笔者认为，管理制度实施困境主要原因有以下三点：

(1) 管理制度复杂不易掌控导致履行中系统性紊乱。管理制度具有多维性与多元化特征，当具体实施时，受企业外界各种扰动在相空间中呈高维矢量场协调企业诸要素资源。将上节动力方程稍做扩充得：

$$\frac{dX}{dt} = A(t)X \qquad (3-9)$$

字母含义不变，仅将 A 变为 $A(t)$，制度约束变成了时间的函数而非原先的常数矩阵，这更符合实际情况。其朗斯基行列式为：$W(t) = \begin{vmatrix} x_{11}(t) & \cdots & x_{n1}(t) \\ \cdots & \cdots & \cdots \\ x_{1n}(t) & \cdots & x_{nn}(t) \end{vmatrix}$，则式（3-9）有通解：$X(t) = \sum_{i=1}^{n} c_i X_i$，（$c_i$ 为任意常数，$i = 1, 2, 3, \cdots, n$）的前提是：$W \neq 0$，通解是所有解矩阵的线性组合，是无穷的，而对实际流程抽象的解矩阵须尽量简单优化。为判断朗斯基行列式方便，刘维尔定理将初始时刻 t_0 解矩阵的朗斯基行列式与其任意 t 时刻的朗斯基行列式联系起来：$W(t) = W(t_0) e^{\int_{t_0}^{t} [a_{11}(t) + a_{22}(t) + \cdots + a_{nn}(t)] dt}$ [237]；我们知道 N 阶行列式的几何意义是对应的 N 阶矩阵中行或列向量组按平行四边形法则组合成的超空间立方体的"体积"。e 的指数是被积表达式为制度矩阵"迹"的关于时间 t 的变限积分，当 t 赋值后，系统相态区域的"体积"为常数。物理学家彭罗斯结合熵理论对此作拓展：系统的相态区域在相空间中体积为常数却随时间呈弥散趋势[239]；这里指的是高维"体积"，其三维简化如图 3-9 所示：

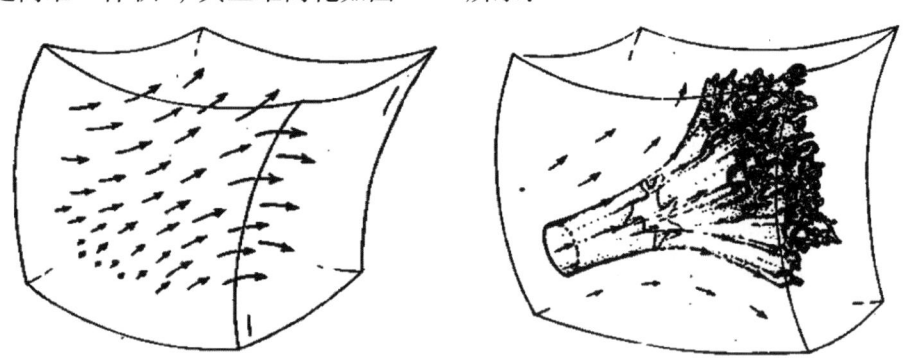

图 3-9 相空间矢量场及系统在相态区域弥散的三维简化

资料来源：罗杰·彭罗斯（1995）。

上述效应适合任何系统，弥散意味着无论我们对企业系统的初始态有多确定，制度作用引起的矢量场在时间维度中的效果会变得难以预料，由此制度修订必须越发详尽周密方能满足对不断演化而日益复杂企业系统的调控要求，这势必进一步加剧制度的复杂化。制度实施的初衷是制约、调控、整合企业系统中的各种资源与主体行为，使之有序规范，而其结果却南辕北辙，再详尽完备的管理制度不能有效实施，同样会增加系统管理熵。

（2）制度的调节方式运行不畅使员工积极性受挫。制度主要采取权威和协作方式调节。权威依托于组织结构纵向的"权力链"，而协作有赖于组织结构横向的"责任链"。然而在实际运行过程中，这两个链条体系不能有机互动，从而影响了实施效果。企业最具核心意义的权力往往控制在少数高层手中，在行使过程中具有一定的主观随意性，下层员工长期处于权力链低端，远离权力制高点，易沦为权力的附属品，从而难以激发创造性。从偏重横向协作的责任链而言，主要规章制度架构依托于行政科层制的树状结构，由组织结构的纵向维度展开，这样就相对忽视了组织部门间横向层面的沟通与协调，不少横向协作的制度缺失，或散见于文字化表述的简单隐性流程中，流程要素规定不清或辅助支撑制度不全等原因也在一定程度上限制了协作方式的运行。例如，笔者调研的几家公司，其管理制度内容按职能部门的主要业务呈树状分布，分类层级越细越易忽视相互间关联信息，或有这些信息也是遍布各细小章节，内容要么不够详细，要么互有重复且衔接点不明。这样会加深部门壁垒，分割了业务流程，部门易关注孤立活动和局部利益，而对须各部门协同完成的具体管理任务，事实上没有任何一位人员或部门对其负有明确责任。层级构造使垂直权力体系不易变形为横向分权结构，员工往往更关心上司而非协作部门人员感受，不仅不利于激励员工而且使信息迟滞，从而降低工作效率。

（3）员工对管理制度认知度不够。管理制度汇编是管理制度的主要表现形式，例如，Y公司是仅有几百人的企业，其制度汇编内容庞杂，有十五篇，一百五十四章，四十余万字，并准备进一步扩充。这样的管理制度汇编，即便是企业高管也未必有耐性和时间将其通读。员工对管理制度的关注与理解程度同样决定其履行效果，表3-1的调研结果显示了Y公司各层级员工对本公司制度中规定的与已有关岗位职责的明确程度。

表3-1 Y公司各层级员工对自身岗位职责的明确情况

	普通（%）	中层（%）	高层（%）
很不明确	3.85	0	0
不明确	7.69	8.23	33.3
比较明确	23.08	63.20	66.7
非常明确	65.38	28.57	0

情形一目了然，这还仅仅是对制度规定中自身岗位的了解程度，不包括部门或岗位间关于工作协同和衔接及其他规定。高层对岗位的了解甚至不及基层，很难想象Y公司的制度能得以有效履行。制度汇编易被束之高阁，成为企业必备的

象征而非可以随时指导实际管理工作的手册，其本身也易出现内容缺失或某一时期内相对固化不能与时俱进的情形。

此外，管理整体效用发挥很少通过单一制度实施予以实现，须依靠一系列相互支持、依赖并按一定结构联结成的各种管理制度共同发挥作用。若从单一方面进行制度设计与实施，而忽视与之相关联其他制度的制约协同作用，最终实施效果要么流于形式，要么差之毫厘，谬以千里。传统管理制度往往装饰定性文字多，员工认知周期长，对管理行为执行细节与结果缺乏结构化时空设计，管理业务的横向协作与衔接也不够准确。多制度协同履行更需管理主体、客体、资源、信息、活动方式、业务内容等诸元素于时空序列中协调一致，精益配合，一种因素一个环节发生偏差皆可能引发管理系统整体性功能紊乱。对制度条文的解读还会引起各行为主体多意性歧解或出于部门本位主义而刻意曲解，上述因素使制度执行过程易引起部门或岗位间在具体管理过程的权力效力与责任履行中的不协调甚至冲突。管理制度实施困境归根结底是管理系统运行层面出现问题。

第二节　管理流程对管理功能实现的作用与特征

一、管理流程与价值链及其对管理功能的实现作用

1. 企业"光合作用"与价值产生

生物学认为，叶绿体吸收的阳光是自由能量，具有负熵流性质，大量负熵流的引入降低了植物体内的正熵，使植物得以有序生长、繁育进化。问题在于对负熵流的引入是否一定意味系统可对此擅加利用？例如，太阳能热水器，尽管同样吸收了阳光，但却未见其产生新的有机质，水箱中的水被加热，反而增加了水分子的无序度（正熵）。负熵流的引入只是耗散系统得以生存的必要条件，须有一整套机制对其妥善运用，并且这套机制本身也具有可以产生内部负熵的能力。马克思、普利高津、霍金等社会与自然科学巨匠认为，"无生命物质领域与生命物质领域相衔接，生物和社会文化进化同无生命物质系统共同遵循宇宙间的一些基本规律"[240]；企业与生命体都具备产生和利用负熵的内部机制。进化价值理论认为，负熵与价值内涵有相似之处，控制论创始人维纳、系统哲学家拉兹洛及生物学家米勒等将价值视作系统的负熵，是系统整合资源、调整行为、降低熵增产生的成果[204]；本书认为，企业价值产生有赖于负熵的产生、导入与利用，可以认为 $\Delta H = H(t+1) - H(t)$、$H(t+1)$ 为企业系统 t 时段的末态熵，$H(t)$ 为 t 时段的初态熵，ΔH 为 t 时段系统熵变。显然当 $\Delta H < 0$ 时，系统总熵减小，企业内

部趋向有序，资源利用与环境互动等方面运行态势良好，企业价值增加。实现减熵有赖于企业价值链的动态协同运行，价值链即是企业有机体内部最具活力的动态减熵机制，通过价值链各环节有效运行以创造价值。价值链是企业参与引进、产生并利用系统负熵流的协调机制，这一机制的有效运行为客户输送有价值的产品或服务，其运行原理类似光合作用。价值链具有鲜明的流向与进程，确定流向增强了企业内部在动态运行时的有序性，价值链中基本与辅助活动相互影响、合作共进，体现了价值链精益协调的功效，这些皆是对系统无序性的挑战。价值链系列活动涵盖从采购、生产、物流与销售等各业务领域全过程，体现了价值链对各种资源的整合增值作用，任一部分缺失都无法最终实现企业利润成果。

2. 价值链中的管理流程

企业各种生产经营活动构成了流程，流程创造价值，形成价值链[85]；王璞等指出，价值链即企业的主业务流程，各主要流程进一步衍生细化出各级子流程[132]；流程即价值链的细化形式，是价值链实现的具体过程。价值链以具体化为各级众多流程方式在企业内部流转，最大限度减少企业系统信息、人员、物流等运行中的阻力、紊乱与沉淀，充分发挥并提高企业管理整体效率，促使企业系统向减熵、有序、高效方向发展，从而为客户创造价值。芮明杰认为，企业投入产出过程和管理的投入产出过程是两类最基本的流程[79]；一般认为，价值链的基本增值部分往往衍生出直接创造价值的流程，例如，生产流程、营销流程、仓储流程、服务流程等，其辅助部分派生的程流称为支持流程，支持流程与管理流程易被模糊等同。笔者认为，有待修正：其一，价值链辅助部分并非不创造价值，例如，企业基础设施通过固定资产折旧方式逐步将价值转移到产品或服务中去，技术部若开发出适销对路产品，也为企业创造了价值，所以支持流程与管理流程不能简单等同；其二，价值链基本增值部分进行的各种活动同样需要管理渗透其中辅助、协调、监控、配合，例如，针对生产作业有生产管理，对于经营销售有客户管理、营销管理、售后服务管理等。管理流程虽不直接创造价值，但在价值链基础和辅助部分皆通过计划、组织、领导、控制等职能发挥反馈、调节、支撑、监督、辅助等作用，其本身即是价值链各级流程的一部分，是价值链各运行环节有机结合的黏合剂、价值链基础与辅助部分动态磨合的润滑剂、管理系统整体功能效用实现的整合剂、企业价值增值得以稳固形成的催化剂。管理流程从动态运行层面对管理工作中可能重复出现行为的某些方面预先或自然形成规定，是完成管理工作的重要手段。不少管理流程不直接面对客户而更多涉及企业内部各种事务和各级人员，这一点与生产流程相似。而论及管理流程产出的隐性、不易储存等特点则类似于服务流程，对其他流程具有辅助、调节作用。可将管理流程看作面向企业内各部门或人员的服务流程，通过明确任务程序、降低管理成本、提高管理质量、增加管理柔性等方面来支撑管理功能实现。

3. 管理流程对管理功能的实现作用机理

市场方式显著特征在于使信息和计算需要得以减少及局部化功能,从而避免了计划机制在计算上的重负[241];哈耶克的程序合理性措施无须对最优化做出承诺。随着企业系统日臻完善,规模日益扩大,其内部信息亦会出现某种程度不对称,以行政指令方式控制企业生产经营各方面具体细节日趋困难,例如,企业高层很难把握基层员工日常工作的每一细节。企业系统可喻为一台巨型分布式计算机,各种有形资源如同企业的硬件,管理系统即操作系统,是各种软硬件的交互平台,管理流程是支持、实现"操作系统"的软件运行模式,为各软硬件提供沟通渠道和交互接口。

企业是典型的多输入—输出开放系统,假设 $U(t)$ 表示企业系统各输入变量的集成,$Y(t)$ 表示企业输出的各种产品、服务及其他物质及信息元素集合,B、C 表示系统内部非管理流程转化机制的总和,也是直接产生价值的作用机制,A 表示管理流程的调节机制,$X(t)$ 表示各种资源在价值创生过程中的中间状态,t 表示时间。由此可以得到企业系统输入输出各变量示意图,如图 3 – 10 所示:

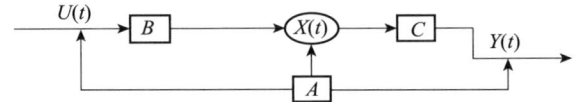

图 3 – 10　企业多输入—多输出开放系统变量

各变量关系如下:

$$\begin{cases} \dfrac{dX}{dt} = AU(t) + AX(t) + BU(t) \\ \dfrac{dY}{dt} = CX(t) + AX(t) + AY(t) \end{cases} \quad (3-10)$$

管理流程对输入变量和中间状态施加了影响和调节,并与转化机制 B 共同决定了中间状态的转化。例如,企业质检部门,采购的原材料在入库前须进行质量检验,任由质量不合格原料进入生产线,轻则在原料筛选过程中增加时间和成本,从而影响生产进度,重则直接对企业最终产品造成不良影响,在生产过程中的部分在产品,同样须进行抽样检验,以持续跟踪产品在制造过程中的转化形态是否符合生产进度的阶段性要求。企业输出产品或服务也受到质量管理流程控制,任何企业质检部门都不会听任未经检测的产品出厂,劣质产品流入市场对企业商誉的负面影响有时是致命的,例如,"毒奶粉事件"。无论针对原材料、在产品还是产成品的质量管理流程都在企业系统协调控制中发挥重要作用。

若记上式中:$A = (a_{ij})_{m \times n}$;$B = (b_{ij})_{m \times n}$;$C = (c_{ij})_{m \times n}$;$X(t) =$

$[x_1(t), \cdots, x_n(t)]^T$ $U(t) = (u_1(t), \cdots, u_n(t))^T$; $\dfrac{\mathrm{d}X}{\mathrm{d}t} = [v_1(t), \cdots, v_m(t)]^T$; $\dfrac{\mathrm{d}Y}{\mathrm{d}t} = [w_1(t), \cdots, w_m(t)]^T$

A 是管理流程体系，每一行表示一个管理流程，共有 m 个管理流程，各分量表示特定管理流程从不同方面对变量产生的效应，共有 n 种效应，为简化分析，假设每一流程皆对变量产生 n 种影响效应，且非管理流程体系 B 和 C 也是 $m \times n$ 阶矩阵，一般而言，$m \neq n$，需要指出的是，当第 m 个管理流程对某变量产生作用的同时，未必意味着第 m 个非管理流程正好也对同一变量产生相应作用，因此，这里做了模糊化处理，认为这是某一时段内发生的总体效应。则式（3-11）的矩阵形式为：

$$\begin{cases} \begin{bmatrix} v_1(t) \\ v_2(t) \\ \cdots \\ v_m(t) \end{bmatrix} = \begin{pmatrix} a_{11} & \cdots & a_{1n} \\ \vdots & \ddots & \vdots \\ a_{m1} & \cdots & a_{mn} \end{pmatrix} \begin{bmatrix} u_1(t) \\ u_2(t) \\ \cdots \\ u_n(t) \end{bmatrix} + \begin{pmatrix} a_{11} & \cdots & a_{1n} \\ \vdots & \ddots & \vdots \\ a_{m1} & \cdots & a_{mn} \end{pmatrix} \begin{bmatrix} x_1(t) \\ x_2(t) \\ \cdots \\ x_n(t) \end{bmatrix} + \begin{pmatrix} b_{11} & \cdots & b_{1n} \\ \vdots & \ddots & \vdots \\ b_{m1} & \cdots & b_{mn} \end{pmatrix} \begin{bmatrix} u_1(t) \\ u_2(t) \\ \cdots \\ u_n(t) \end{bmatrix} \\ \begin{bmatrix} w_1(t) \\ w_2(t) \\ \cdots \\ w_m(t) \end{bmatrix} = \begin{pmatrix} c_{11} & \cdots & c_{1n} \\ \vdots & \ddots & \vdots \\ c_{m1} & \cdots & c_{mn} \end{pmatrix} \begin{bmatrix} x_1(t) \\ x_2(t) \\ \cdots \\ x_n(t) \end{bmatrix} + \begin{pmatrix} a_{11} & \cdots & a_{1n} \\ \vdots & \ddots & \vdots \\ a_{m1} & \cdots & a_{mn} \end{pmatrix} \begin{bmatrix} x_1(t) \\ x_2(t) \\ \cdots \\ x_n(t) \end{bmatrix} + \begin{pmatrix} a_{11} & \cdots & a_{1n} \\ \vdots & \ddots & \vdots \\ a_{m1} & \cdots & a_{mn} \end{pmatrix} \begin{bmatrix} y_1(t) \\ y_2(t) \\ \cdots \\ y_n(t) \end{bmatrix} \end{cases} \quad (3-11)$$

由此可得第 m 个管理和非管理流程对中间状态转化率及最终输出变量速率的影响：

$$\begin{cases} v_m = [a_{m1}\mu_1(t) + \cdots + a_{mn}\mu_n(t)] + [a_{m1}x_1(t) + \cdots + a_{mn}x_n(t)] + \\ \qquad [b_{m1}\mu_1(t) + \cdots + b_{mn}\mu_n(t)] \\ w_m = [c_{m1}x_1(t) + \cdots + c_{mn}x_n(t)] + [a_{m1}x_1(t) + \cdots + a_{mn}x_n(t)] + \\ \qquad [a_{m1}y_1(t) + \cdots + a_{mn}y_n(t)] \end{cases} \quad (3-12)$$

若记 H_v 和 H_w 分别为系统内部的管理和其他流程通过各种机制对中间和输出变量作用而导致负熵的增加值，则根据式（3-12）可得系统内这一系列机制于这两阶段产生负熵值增加的速率：

$$\begin{cases} \dfrac{dH_v}{dt} = \begin{pmatrix} H_{v1}^{a1} & \cdots & H_{v1}^{an} \\ \vdots & \ddots & \vdots \\ H_{vm}^{a1} & \cdots & H_{vm}^{an} \end{pmatrix} \begin{bmatrix} u_1(t) \\ u_2(t) \\ \cdots \\ u_n(t) \end{bmatrix} + \begin{pmatrix} H_{v1}^{a1} & \cdots & H_{v1}^{an} \\ \vdots & \ddots & \vdots \\ H_{vm}^{a1} & \cdots & H_{vm}^{an} \end{pmatrix} \begin{bmatrix} x_1(t) \\ x_2(t) \\ \cdots \\ x_n(t) \end{bmatrix} + \begin{pmatrix} H_{v1}^{b1} & \cdots & H_{v1}^{bn} \\ \vdots & \ddots & \vdots \\ H_{vm}^{b1} & \cdots & H_{vm}^{bn} \end{pmatrix} \begin{bmatrix} u_1(t) \\ u_2(t) \\ \cdots \\ u_n(t) \end{bmatrix} \\ \dfrac{dH_w}{dt} = \begin{pmatrix} H_{v1}^{c1} & \cdots & H_{v1}^{cn} \\ \vdots & \ddots & \vdots \\ H_{vm}^{c1} & \cdots & H_{vm}^{cn} \end{pmatrix} \begin{bmatrix} x_1(t) \\ x_2(t) \\ \cdots \\ x_n(t) \end{bmatrix} + \begin{pmatrix} H_{v1}^{a1} & \cdots & H_{v1}^{an} \\ \vdots & \ddots & \vdots \\ H_{vm}^{a1} & \cdots & H_{vm}^{an} \end{pmatrix} \begin{bmatrix} x_1(t) \\ x_2(t) \\ \cdots \\ x_n(t) \end{bmatrix} + \begin{pmatrix} H_{v1}^{a1} & \cdots & H_{v1}^{an} \\ \vdots & \ddots & \vdots \\ H_{vm}^{a1} & \cdots & H_{vm}^{an} \end{pmatrix} \begin{bmatrix} y_1(t) \\ y_2(t) \\ \cdots \\ y_n(t) \end{bmatrix} \end{cases} \quad (3-13)$$

式（3-13）中 H_{vm}^{an} 表示第 m 个管理流程对变量作用增加的负熵，H_{vm}^{bn} 和 H_{vm}^{cn} 表示非管理流程作用于变量产生的负熵。其中：

$$H_{vm}^{an} = - S_{Mm}^{an} K_{Mm}^{an} P_{Mm}^{an} \ln P_{Mm}^{an} \tag{3-14}$$

式（3-14）中上标"a、n"表示来自管理流程体系 A 的某一流程元素 a_{ij} 产生的第 n 种效应，下标"m"依然表示 m 个管理流程，其他字母含义与本书管理熵公式（3-12）一致，H_{vm}^{bn} 和 H_{vm}^{cn} 以此类推。在管理流程与系统负熵值增加效应间存在一种映射，这以管理流程对于系统各变量的作用效应为基础。上述分析仅大略展示了（实际往往是复杂非线性过程）管理流程与其他流程在企业系统内共同促成各种资源输入，继而转化成最终输出从而增加企业运营中的系统负熵过程，这一系列作用机理蕴于管理制度实施过程中。降低管理熵是管理流程得以实现管理功能的重要机制与使命，管理流程根植于企业内环境背景，有学者称，制度因素、组织结构、人力资源、环境变化、企业文化等是影响管理熵的重要因素[233]；管理流程设计过程不能忽视这些制约条件的作用。

二、基于功能实现的管理流程特征研究

管理流程在实现管理功能中具有基于内稳态与反馈机制显现的系统性特征；与其他流程及管理流程自身之间相互协作及对组织结构横向贯穿的关联性特征；聚焦单个管理流程的串行特质及管理事务在流程中行进和流动的过程性特征。对这些特征的认识是我们不断以更微观视角对管理流程群体与个案循序审视而渐次得到的。

1. 管理流程系统性特征

管理流程系统性特征包含两方面含义：整体性与层次性。流程体现了企业内稳态的动态性，图 3-10 显示管理流程负反馈功能，$Y(t)$ 和 $X(t)$ 处的信息会通过管理流程反馈至 B 或 C 发生作用前，以采取相应纠偏措施。例如，质量管理成品检验流程发现产成品有质量问题，立即通知仓储部门不得发货，营销部门停止销售某型号或批次产品，同时启用质量分析流程上溯至生产或采购环节，查清是原材料采购不过关还是生产工艺有漏洞，查明缘由后上报至主管领导。主管领导责成生产或采购部门问责到具体岗位，查明责任人并进行处理，生产部门汇同技术部门改进生产，采购部门严格进货审查报批流程以杜绝类似事件再次发生。责任人的月度或年度考核适用绩效考核流程，按相关规定作处理，惩前毖后。上述一系列过程的发生，不仅凸显了管理流程寻的纠偏的负反馈功能，还涉及其他管理或非管理流程和企业不同职能部门与岗位相关人员。负反馈机制使系统能在受干扰后迅速探明并不断弥合实际状态与希望状态间的差距，从而排除偏差、恢复稳定，这一机制使企业各子系统相互联系和作用，促进各业务单元有序

第三章 管理流程与制度关系及对管理功能的实现作用

运作,维护了系统的内稳态,从而产生负熵并将其传递至系统的其他部分。作为子系统的管理流程群体本身也是统一整体,各自相互影响、衔接并渗透至企业各种管理事务的细微层面,与其他流程、职能部门有机互动,实现管理功能。因此整体性不仅表现在某一层次的协调稳定,亦牵涉多个不同层次的耦合互动。

管理流程层次性特征在其流程体系中展现,发端于管理目标的分解实现和管理功能的分级达成,流程是价值链的细化形式和具体过程,流程的层次化体现了对价值链的进一步解析。图3-11反映了价值链不断分层细化并逐级派生的过程,呈现了价值链不断解析细化基础上的管理流程层次性。

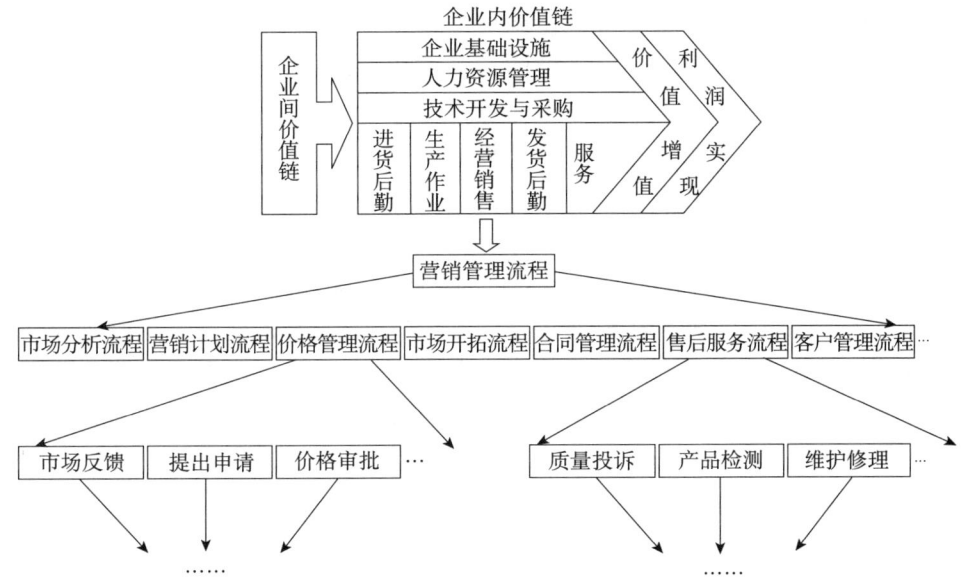

图3-11 管理流程层次性

例如,企业战略管理设定了年度利润率、销售额、市场占有率等目标,为此向生产部门下达了生产计划,销售部门拟定了销售目标,采购部门设定了原辅材料采购的数量与质量标准、财务部门核定各部门预算指标并控制成本,人力资源部针对新的组织目标拟定招聘、培训和考核计划,技术部门做出了新品开发和技术支持规划等。各部门的目标计划还要进一步分解并责任到人,如销售部门为实现目标要进行客户管理、市场调研、售后服务、新市场开发、货款回收等方面的细化,每一层级、每一步功能的实现都离不开管理流程介入。

管理流程层次性的深层背景源于管理目标和功能的层次性。人工系统设计依循"目的—功能—因素—方法—结构(载体形式)"的逻辑关系,根据价值工程原理[242];一个目的可能需要两个或更多手段功能相互配合才能实现,这样会在功能系统图形成一个由目的到功能手段逐步向后延伸同时又逐步向外拓展的树状

·69·

图形，其中上一级是下一级的目的，下一级是上一级的手段功能。企业整体目标通过目标管理逐层分解下达至各部门，进而具体化为相应的管理事务。管理目标的层次性决定了管理功能的层次性，从而决定了管理流程的层次性，而其层次性本身又更好地体现了系统的整体性。

2. 管理流程关联性特征

图 3-10 显示管理流程与其他流程共同影响、整合、作用、协调、控制企业系统中输入、中间与输出变量中诸多元素。因此，不仅管理流程与企业各种资源要素间存在诸多关联，管理流程与其他流程间也在对诸元素共同作用中相互关联。但这些关联并非完全处于共同协调与支撑状态，有些会与各自目标相左甚至相互冲突。任何系统都是矛盾统一整体，矛盾也是系统内部各要素竞争合作，达到内部动态均衡，从而不断发展的重要诱因。例如，有些厂家绩效管理流程中对生产部门考核的重要指标是产量，车间奖金福利等直接与产量挂钩，而设备管理禁止机器长期超负荷工作并定期维护保养。这样一来，车间倾向于开足马力投料生产而忽略机器超限消耗与磨损，从而与设备管理部门巡检工作目标矛盾。有时这种矛盾是有益的，因为每台设备在任何时刻的运转状况不可能准确测定并预知，所以不可能通过一系列强制指令计划协调全部设备有效运行，为此企业这台巨大的分布式计算机，通过分散化抉择，完成整体自动协调机制，这些分散化过程通过支持、辅助、合作或竞争、协同、矛盾等关联达成。当然，矛盾关联也有一定阈值，超过限度未必有好的管理效果。依上例，若绩效考核流程将每次大修的成本与设备部门人员收入挂钩，则设备与生产部门间矛盾会愈加尖锐。如同养生，任何一台设备若平时注意维护保养，年度大修花费的成本和精力就少。过度使用，大修时的情形可想而知。这样巡视人员势必在平时加强检查力度，设备有不大异动即会要求停车检修，此时车间的反应不言而喻。只有关注管理流程关联性特征，才能于运行中张弛有度，进退自如。

管理流程的关联性特征也表现在管理流程之间的相互关系，这些关联有些是间接的，不具有设计接口，这些间接关联的流程运行主要由企业不同管理职能部门起主导作用，例如，企业的招聘、培训等流程一般由人力资源部负责，并与采购、营销、财务等职能部门保持关联。不同部门需要培训、输送各类人员，录用并培训的员工在财务、营销、生产管理等流程中的工作表现与当初招聘与培训的效果是间接相关的。又如，战略制定流程主要由企业高层负责，战略事关企业财务、营销、技术、质量、人力资源等各层面运营规划，因此，与各层面的管理流程间接关联。还有一些管理流程直接相关，具有技术接口，再如，营销管理中销售、合同、开票、发货、运输、售后等流程在时序上有先后关系，因而当一个流程结束后将自然开始下一流程，从而形成前后衔接关系；有些时间序列关系看似不明显的流程也会产生接口,如质量管理流程与售后管理中的客户投诉流程。一般而言,客户会直接向销售部门投诉,由销售部门通知质检部门,质检部门派出专人会同销售人员共同面对客户处理问题。也有厂家专门设立"400 -"投诉电话,建立全国范围的信息交互平台,方便客户投诉、咨询,由信息平台向总部反馈客户信息,总部责成各地分公司销售、技术、售后部门联合协作处理,此类模式为不少大型家电厂家使用。

管理流程关联性特征还体现在管理流程与组织结构的关联。企业各类组织结构尤其是直线职能结构类似逐层分解的纲要等级架构,企业各部门各类管理信息也囿于此种结构而诸存、传递。然而西蒙认为,此种结构包括有关主要部分之间关系的信息、每一层级中各部分内在关系以及属于不同层级子部分之间的关联好像被扔掉一样[13];法约尔桥强调,组织执行权力和信息传递的路线及部门、岗位间连接[95];笔者认为,管理流程正是通过一座座纵向和横向沟通了整个组织结构的法约尔桥得以顺畅运行,如果说组织结构是企业机体的骨骼框架与内脏分布,那么管理流程则是协调整个机体的血脉流动并与其他元素共同构成了企业躯体。坎农称系统内部稳态运行架构为"躯体的智慧"[226];此种"智慧"的形成有赖于系统内部不同层面及组分在时间序列中基于相互作用不断发生着的负反馈机制,管理流程的关联性促进了组织结构各组分间既竞争又协同并相互依存与转化,成为企业系统整体运行的保障。

3. 管理流程过程性特征

管理流程的过程性刻画诸多管理事务在时间维度中行进,于流程中按次序流动的特征。管理流程体系是管理系统功能实现的动态运行方式集,而单个管理流程以明确各管理事务时空流转序列方式实现管理系统局部和阶段功能。任何管理功能的实现都不是一蹴而就的,须通过管理载体的一系列阶段性活动完成,过程性体现管理施以作用的具体方式,提供产生趋向希望特征状态的方法。管理流程体系中各种关系错综复杂,而单个流程却始终在明确行进走向基础上将各种管理事务以串行方式连接在一起。具体管理业务目标的实现为单个管理流程明确了时间箭头,流程的走向及流程中按先后次序串行排列的各种管理事务所形成的有序性是降低系统熵的具体机制之一。对管理流程串行原则的强调并非排斥并行方式,而在于其更符合各种管理流程中实际操作者——"人"的生理心理特点。刘建一等经过脑科学在管理实践运用的研究意识到,在单位时间里,人的中枢神经系统只能处理几个组块;在更长时间里,人脑总是按照这样的单位顺次处理信息并解决问题,这里的单位时间约为1/10秒。人们在一定时间内注意力是有限的,有些现象初看起来与串行原则相矛盾,例如,汽车司机边开车边谈话,但这类现象并非并行,而是所谓的"分时"现象,即相对而言,较快地交替轮换注意力的指向。显然，在复杂交通环境下开车的司机，其谈话速度较之专事交谈的情形要慢得多。诚然，企业某一职能部门作为各管理流程通过不同法约尔桥的中转站点，一般情形下不会仅有一名员工，虽然同一职能部门内的数名员工可并行处理不同管理事务，但针对某一特定员工在特定时段内处理的具体管理事务必然处于某一管理流程业务序列的具体串行环节中。管理流程的过程性根植于管理业务在时空维度中的串行原则，而串行原则有其人类自身生理和心理学根源。管理流程的过程性特征有其循环和传递两个方面。

在图 3-12 中：Ⅰ——表示待处理的管理业务；

Ⅱ——表示在处理的管理业务；

Ⅲ——表示已处理的管理业务；

A、B——表示管理流程中的管理业务由状态 Ⅰ~Ⅱ，状态 Ⅱ~Ⅲ 的传递转化效应；

b_1——表示状态 Ⅰ 中新生管理业务比例；

b_3——表示已完成管理业务引发同一或不同流程中下一步业务所占比例，显然，这些新引发的管理业务又成了待处理管理业务，从而回到状态 Ⅰ；

d_1——表示企业偶尔发生不经过管理流程而可随机处理的管理业务所占比例。据 Wallace 与 Alfred 等学者认为，大部分管理业务可通过管理流程处理[48]；即 $b_1 >> d_1$，所以 $(b_1 - d_1) >> 0$；

d_2——表示由于某些原因，例如，本身处理周期长、处理难度大、处理手段复杂或等待上级批复而暂时搁置等，较长时间仍滞留在状态 Ⅱ 的管理业务所占比例，显然此部分管理业务不可能完全游离于管理流程从而最终仍须在状态 Ⅱ 中继续处理；

d_3——表示已处理完成且不再引发其他管理流程运行的最终业务状态所占比例，可以认为 b_3 与 d_3 不具有明显大小关系；

令：$p_i(t)$——表示 t 时刻 i 种管理业务的规模；

$\triangle p_i(t)$——表示 $\triangle t$ 时间间隔中 i 种管理业务规模的变化。

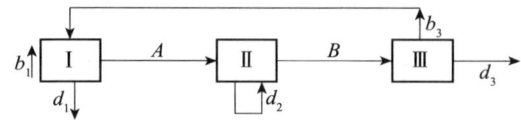

图 3-12 管理业务在管理流程中的处理过程

分析认为，一方面，在流程中发生作用 A 时，与"在处理管理业务"和"待处理管理业务"皆有正向关系，作用 A 会针对状态 Ⅰ 中各管理业务在不同情形下的轻重缓急有所甄别，"待处理管理业务"越多必然要求作用 A 快速进行，从而使状态 Ⅱ 的规模增加，这是作用 A 的正向效应；另一方面，"在处理管理业务"规模增加时，也会导致作用 A 加强，尽管此种状况并不总是发生，也代表了 $p_2(t)$ 对作用 A 的逆向增强效应，对应于管理中的"鞭打快牛"现象。综合上述两种效应，本书构造，$A p_1(t) p_2(t)$ 作为由状态 I 向状态 II 行进的整体机制；状态 III 表示已处理完毕的管理业务，可以认为其已处于定态，因此，具有无后效性，即不会对"在处理业务"产生影响。至于已处理妥业务引发的新管理业务重新变成待处理业务，本模型通过 b_3 反映，为此构造 $B p_2(t)$ 为状态 II 至状态 III 的作用机制，由此：

$$\Delta p_1(t) = p_1(t + \Delta t) - p_1(t) = [b_1 p_1(t) + b_3 p_3(t) - A p_1(t) p_2(t) - d_1 p_1(t)] \Delta t$$

则：
$$\frac{\mathrm{d} p_1(t)}{\mathrm{d} t} = (b_1 - d_1) p_1(t) + b_3 p_3(t) - A p_1(t) p_2(t) \tag{3-15}$$

同理可得：
$$\frac{\mathrm{d} p_2(t)}{\mathrm{d} t} = A p_1(t) p_2(t) - (B + d_2) p_2(t) \tag{3-16}$$

$$\frac{\mathrm{d} p_3(t)}{\mathrm{d} t} = B p_2(t) - d_3 p_3(t) \tag{3-17}$$

并认为任何一种状态中的管理业务在初始时刻不为 0，即：
$$p_1(t_0), p_2(t_0), p_3(t_0) > 0，且 p_i(t_0) = p_i(0) \tag{3-18}$$

由此可得 Anderson 方程组为：

$$\begin{cases} \dfrac{\mathrm{d} p_1(t)}{\mathrm{d} t} = (b_1 - d_1) p_1(t) + b_3 p_3(t) - A p_1(t) p_2(t) \\ \dfrac{\mathrm{d} p_2(t)}{\mathrm{d} t} = A p_1(t) p_2(t) - (B + d_2) p_2(t) \\ \dfrac{\mathrm{d} p_3(t)}{\mathrm{d} t} = B p_2(t) - d_3 p_3(t) \\ p_i(t_0) = p_i(0) \end{cases} \tag{3-19}$$

在式（3-15）中，"$b_3 p_3(t)$"项表示流程中处理完毕的管理业务引发新的待处理管理业务，从而促使管理流程进入下一阶段运行或直接加入到其他管理流程运行中去，"$(b_1 - d_1) p_1(t)$"项表示待处理管理业务中须由管理流程运行的业务增量。企业在现实运营中须重复循环处理的同类管理业务很多，例如，生产部门的巡检、销售部门的应收账款回收、人力资源部门的培训等，而且有些管理事务不仅循环往复还与上述业务都具有逻辑上的关联，如绩效考核。事实上管理流程一项重要作用即是在一段时期将企业管理过程中经常重复出现结构化程度较高的管理事务的处理方式和次序在时空中相对固定下来，一方面，降低管理熵，使各项资源有序化运营从而增强企业实力；另一方面，也使高层管理可将大量时间、精力和资源用于结构化程度较低却影响企业未来命运的事务中去，例如，战略规划、新品研发、海外投资等。

然而仅有各种重复出现的活动事务还不足以使处于不同状态下的管理业务于管理流程中进行传递和运行，$\dfrac{dp_i(t)}{dt}$ 表示 i 种状态的管理业务规模随时间变化的速率，要使管理流程顺畅运行须保证：$\dfrac{dp_i(t)}{dt} > 0$，因此由：

$$\begin{cases} \dfrac{dp_1(t)}{dt} = (b_1 - d_1)p_1(t) + b_3 p_3(t) - A p_1(t) p_2(t) > 0 \\ \dfrac{dp_2(t)}{dt} = A p_1(t) p_2(t) - (B + d_2) p_2(t) > 0 \\ \dfrac{dp_3(t)}{dt} = B p_2(t) - d_3 p_3(t) > 0 \end{cases} \quad (3-20)$$

可得：

$$\begin{cases} (b_1 - d_1)p_1(t) + b_3 p_3(t) > A p_1(t) p_2(t) \\ A p_1(t) p_2(t) > (B + d_2) p_2(t) \\ B p_2(t) > d_3 p_3(t) \end{cases} \quad (3-21)$$

由式（3-21）可知，要使 $\dfrac{dp_i(t)}{dt} > 0$，须管理流程中"待处理业务"增量的变化大于其向"在处理管理业务"状态传递转化的业务量变化，同时状态 I 向状态 II 的传递业务量变化又大于状态 II 向状态 III 传递及滞留于状态 II 的业务量总和的变化，且状态 II 向状态 III 传递的业务量变化大于已完成的业务量变化。由此可见，管理流程中各管理业务状态间的传递是逐步推进的，其动力源于上游业务堆积产生的压力，此种压力形成了管理流程于循环传递、迭代行进过程中不断前行的势能。

由于式（3-16）不仅反映了管理流程中处于三种状态管理事务的传递承接状况，亦涉及 A 和 B 两种作用机制而备受关注。

首先，对式"$A p_1(t) p_2(t) > (B + d_2) p_2(t)$"做进一步分析，在 t_0 时有：$A p_1(t_0) p_2(t_0) > (B + d_2) p_2(t_0)$，因 $p_1(t_0), p_2(t_0), p_3(t_0) > 0$，所以 $p_1(t_0) > \dfrac{(B + d_2)}{A}$，令：

$$p_1(t_0) > \dfrac{(B + d_2)}{A} = K \quad (3-22)$$

称 K 为 $p_1(t)$ 的阈值，即 $\dfrac{dp_2(t)}{dt} > 0$ 的前提是 $p_1(t_0) > K$。阈值 K 在一定程度

上可刻画流程运行效率，显然 K 值越高越不利于管理业务在流程中传递，为提高效率加速业务流转，根据式（3-13），降低 K 的途径是：$p_1(t_0) > \dfrac{(B+d_2)\downarrow}{A\uparrow} = K\downarrow$。同时可得：

$$B + d_2 = AK \tag{3-23}$$

和

$$\dfrac{B+d_2}{K} = A \tag{3-24}$$

分析：$A\uparrow$ 意味着加强状态 Ⅰ 向状态 Ⅱ 的转化作用，B 是状态 Ⅱ 向状态 Ⅲ 转化的作用，$B\downarrow$ 会影响管理流程运行中的势能传递，因此，要使 $(B+d_2)\downarrow$ 只能减少 d_2，即减少滞留在状态 Ⅱ 中的管理业务所占比例。事实上为维持流程运行过程的一贯性，B 是增加或至少不减少的，为推进流程运行过程，降低阈值，A 增强的幅度须超过 B。

进一步由式（3-16）：$\dfrac{dp_2(t)}{dt} = Ap_1(t)p_2(t) - (B+d_2)p_2(t) = p_2(t)[Ap_1(t) - (B+d_2)]$，将式（3-23）与式（3-24）代入式（3-16），分别得：

$$\begin{cases} \dfrac{dp_2(t)}{dt} = p_2(t)[Ap_1(t) - AK] = Ap_2(t)[p_1(t) - K] & (3-25) \\ \dfrac{dp_2(t)}{dt} = p_2(t)\left[\dfrac{B+d_2}{K}p_1(t) - (B+d_2)\right] & (3-26) \\ \qquad = (B+d_2)p_2(t)\left[\dfrac{1}{K}p_1(t) - 1\right] & \end{cases}$$

由式（3-25）可知，若暂不考虑 $(B+d_2)\downarrow$，则 A 作用过程加强可导致 K 值下降，从而因子 $[p_1(t) - K]\uparrow$，A 与因子 $[p_1(t) - K]$ 共同上升使 $\dfrac{dp_2(t)}{dt}\uparrow$，即 $p_2(t)$ 规模随时间增大，由于 $p_2(t)$ 也是等式右边一个因子，$p_2(t)\uparrow$ 会导致 $\dfrac{dp_2(t)}{dt}$ 继续上升，可见式（3-25）动力学方程演绎了管理业务在流程中不断加速推进运行的过程，即人们勤勉工作的结果是得到更多的工作任务，这与"人"的心理和生理特征是相悖的。可见单纯加强 A 作用以促进流程运转是不足取的。式（3-26）揭示了流程运行过程的另一侧面，$(B+d_2)\downarrow$ 导致 K 值 $\downarrow$，从而因子 $\left[\dfrac{1}{K}p_1(t) - 1\right]\uparrow$，使 $\dfrac{dp_2(t)}{dt}\uparrow$，从而 $p_2(t)$ 规模随时间增大。但由于 $(B+d_2)$ 与 K 值变化方向相反，即使下降为 $d_2 = 0$，由于业务压力产生的传递势能，$B\neq 0$ 即因子 $\left[\dfrac{1}{K}p_1(t) - 1\right]\uparrow$ 有上限 $\left[\dfrac{A}{B}p_1(t) - 1\right]$，因此 $\dfrac{dp_2(t)}{dt}\uparrow$ 也

存在上限，即 $\lim_{d_2 \to 0} \dfrac{\mathrm{d}p_2(t)}{\mathrm{d}t} = Ap_1(t)p_2(t) - Bp_2(t)$，所以 $p_2(t)$ 规模不会无限制膨胀。较为极端的情况是现实中当人们经过努力亦不能于工作中拥有间隙短暂的闲暇，持续疲劳会使人工作效率降低，同时滋生心理上的抵触情绪而倾向于消极怠工，并且根据霍桑实验，此种现象会于非正式组织中逐步蔓延，蔓延结果会使 d_2 不降反升，导致 K 值提升从而影响流程运行效率。因此，管理流程设计须考虑人的心理变化及生理承受限制这些因素，确保合理的"度"。相应的物质奖励固然有助于提高人们对于紧张工作承受的阈值，而工作中拥有间隙短暂闲暇不仅是对人们生理和心理的适度调节从而避免工作量超负荷，也可看作对于人们勤奋工作的非物质奖励，好的工作状态同样会在非正式组织中传播，有利于提高管理流程运行效率。

对式（3-25）、式（3-26）等式两边取积分可以考察管理流程运行过程在时间维度中的累积效应，假设 $t_0 = 0$，$t' = T$，$T \to +\infty$；则：

$$\begin{cases} \int_{t_0}^{t'} \mathrm{d}p_2(t) = \int_{t_0}^{t'} [Ap_1(t)p_2(t) - AKp_2(t)] \mathrm{d}t & (3-27) \\ \int_{t_0}^{t'} \mathrm{d}p_2(t) = \int_{t_0}^{t'} \left[\dfrac{1}{K}p_1(t) - 1\right](B + d_2)p_2(t) \mathrm{d}t & (3-28) \end{cases}$$

即

$$\begin{cases} p_2(t)\big|_0^{+\infty} = \lim_{T \to +\infty} \int_0^T [p_1(t) - K]Ap_2(t) \mathrm{d}t & (3-29) \\ p_2(t)\big|_0^{+\infty} = \lim_{T \to +\infty} \int_0^T \left[\dfrac{1}{K}p_1(t) - 1\right](B + d_2)p_2(t) \mathrm{d}t & (3-30) \end{cases}$$

由式（3-29）、式（3-30）可知，随着时间流逝若 K 值↓，将有助于管理流程中状态 II 的规模 $p_2(t)$ ↑，即累积处理更多的管理事务。而 K↓有赖于 A↑和 $(B+d_2)$↓。同时看到作为转化作用机制的 A 和 B 于其中发挥了重要作用，而 A 和 B 实质上是流程对于相应管理制度在履行过程中的动态实现机制。基于管理功能实现的管理流程特征启发我们获得流程设计理念的标杆。

三、科学设计管理流程对摆脱制度实施困境的作用

管理制度实施困境原因分析提示我们管理系统运行层面出现问题，为此我们自然将目光聚焦于管理载体对管理制度履行实施并发挥效用的运行方式——管理流程。BPR 理论认为，制度实施是企业再造进入实质阶段的重要标志，其意义在于使设计制定的内容发挥功效。尽管流程不能触及企业管理活动的每一根末梢，科学的管理流程设计对制度予以解读、表达和实现是一种普遍而行之有效的方法。

流程设计的重点是如何合理安排其构建要素，活动、活动的逻辑关系，活

动方式与活动承担者是构建流程的要素[5,79,86,91]，则管理流程相应四要素为，管理活动、管理活动间的逻辑关系、管理活动方式与管理活动承者。管理制度在实施困境中的一些问题可以归结到运行层面对管理流程要素安排有影响，例如，某些管理制度任务导向不强，业务安排不详细，在整体框架下有制度缺失或过时现象，部门相互协同关联不够，使流程中的管理活动不清晰，活动间关系混乱，业务链易断裂；又如，有些制度对部门职能与岗位职责不明确，权责不对等，造成相应流程环节不知具体由谁负责，并且由于对自身在组织架构中所扮演角色不甚明了，权力配置不合理，流程承担者往往不能明确以何种方式采取管理活动。上述负面作用使管理流程要素安排出现问题，以致管理载体不能很好通过管理流程运行实现各项管理功能。为此，我们期待通过管理流程设计打破管理制度多维框架的樊篱，将各种制度内容有机融合，贯穿对企业各管理主体诸多行为的调节。

管理制度实施对企业系统形成日趋弥散的高维矢量场，我们须不断寻找尽可能简单的解矩阵使各种调控细节变得相对简单。这同时也是一个"降维"逐步将制度矩阵简化并尽可能维持其原有功能的过程。动力系统中解的稳定"降维"在目标邻域将对企业资源形成吸引域，其现实意义在于：流程有效地反映了管理制度中关于业务安排、职能职责、权责结构等方面的重要信息，通过自身四要素整合，在二维平面中将某项管理功能实现的全过程展开。而为得到同样的过程全貌，我们可能要搜寻制度汇编中各章节角落，然后将其拼凑汇合。尽管没有明确证据表明流程相较制度在调控企业资源要素中显得优越，但至少维度的降低减少了系统在弥散过程中的逃逸"方向"，也由于管理流程自身的简约明晰、任务目标导向强而提高了我们在管理实践中对其运用的可操作性。

管理流程设计须遵循人工系统功能、结构与运行逻辑关系。目前，管理流程设计中存在一些问题，例如，对于管理制度中有关业务事项的逻辑分解不完善与详细，甚而存在缺失；部门间横向协作事项设计不完整、不合理；缺少对各环节完成工作任务的合理时间要求；对各环节工作的承担部门、人员、完成方式与质量要求的规定还不够具体化；相应权责体系设置不合理或不全面；缺乏进一步将职能、职责、权力、责任、考核等制度内容进行有机融合等。科学合理的管理流程设计将管理职能与事务逻辑分解成为可执行的若干管理事项，可提高管理制度可执行性、务实性和定量化；是管理岗位工作的设计基础，可实现岗位工作的规范化与标准化；有效提高各部门之间、岗位之间业务自动化协作水平，实现绩效考核与管理岗位工作的有机对接，使绩效考核更具有效性与客观性。

第三节　本章小结

本章由管理制度内涵与制定入手，从实际出发对企业管理制度现状与实施困境进行分析。基于系统科学功能与载体关系，认为管理制度主要是管理功能的细化表现形式，是管理系统重要组成部分，管理流程是管理载体实施管理制度的运行方式，管理制度实施困境原因在于管理系统运行层面出现问题。为此通过阐述管理流程对管理功能实现的作用及其表现的系统性、关联性和过程性特征，指出科学的管理流程设计可以缓解管理制度实施困境。

第四章 管理流程形成与设计思路研究

第一节 管理流程形成分析

管理流程设计是管理系统设计的重要组成部分与设计阶段，在设计中应充分考虑组织环境与制约条件，遵循"人工系统"构建的基本逻辑顺序。管理流程形成是管理流程设计分析的基本面与设计过程的出发点。

一、流程形成的实践基础

人类社会各历史阶段与层面的管理活动不会待"管理科学丛林"完全形成并枝繁叶茂后方始进行，不同社会形态下国家政权的建立、万里长城、奇琴伊察、阿尔忒弥斯神庙等古代工程在科技水平逊于今天历史条件下得以竣工即是明证。流程形成最早可溯源至社会分工，至资本主义初期，为在一定期限内完成大批量产品，原先由单人独立完成的整体工作被分解成由不同人按序完成，各种活动的有序集合即是流程的雏形。19世纪初，美国铁路公司制定了规范的管理过程及实现这些过程所需的组织结构与机制，这可能是最早且较成熟的管理流程体系。20世纪初，汽车行业两位先驱发起当代企业管理过程的二次变革。福特认为，公司产品若不能像"别针或火柴"那样统一规格，大规模生产将遥遥无期[243]；福特完善生产组装过程连续性，众多具有运动组装功能的传送带与装配线形成较为流畅的生产流程。工业组织发展速度超越个人控制范围，针对各种任务的协调工作复杂起来。斯隆将劳动分工原理运用到管理工作中，规定企业中央组织地位，以协调与整个公司关系，明确专业化分工，合理规划各层级管理幅度，使公司整体运行机能有效合理发挥作用。斯隆认为，公司管理人员可不必精通工程制造学，技术专家会对这些部门予以监督，在"全面统驭的分权经营"模式下，管理人员与体力劳动者内部分工日渐明朗。

二、管理流程形成的理论基础

亚当·斯密提出，一经采用分工制便相应提高劳动生产率[27]；"科学管理之祖"查尔斯·巴贝奇认为,分工节省了耗材、时间、工序间转换和改变工具所用时间[244];主张分工理论同样适用于脑力劳动。分工固然提高了工作效率,节省了工作时间,然而分工增大了交易费用,同时使员工技能单一化。因此,分工仅是流程形成的必要条件,基于分工基础上的协作与配合方能使科斯定理在企业形态中更好发挥作用。19世纪后半叶,技术进步与资金积累带来劳动日趋高度专业化,而对工作整体统筹协调不受重视,标准化生产与程序尚未制定,这些成为制约企业进一步发展的"瓶颈"。泰罗在工时实验分析基础上制定标准的操作方法并辅以相应设备工具,主张划分计划与执行职能,将管理工作从生产中分离出来[245];法约尔将劳动分工推广至管理工作,提出管理职能专业化与权限划分[178];管理史学家林德尔评论,法约尔将管理作为一种独立职能并加以分析,这为通过职能分析研究管理的现代方法铺平道路[246];从计划到控制的"管理流程"基于管理工作本身并明确合理分工得以形成。演化经济学融入自然选择思想认为,"惯例"是企业在长期生产经营活动中累积形成的具有规律性、程序化、可预测的行为模式[247];认为"惯例"具有技巧性、记忆性与可复制性[247];企业各项管理活动与管理环境长期相互作用,在互动反馈中逐渐形成一些习以为常并广受认可的操作习惯、程序、方法等行为模式,某些"惯例"具有相对稳定性,从而在长期管理实践中被固化下来。

三、 管理流程形成过程与推动作用研究

1. 管理流程形成过程

流程形成过程分阶段进行,有学者将其起源形成过程分为实践、经验知识积累、形成工作惯例、知识明晰化、代码化、流程形成六个阶段[133];对于管理流程形成而言,首先,人们在各种管理实践活动中获取了相应的知识与信息,这些知识与信息在人们不断交流与协作中得以扩散并积累,企业间尤其是同行业中各企业有关知识、技能、惯常做法等会通过各种正规或非正规途径相互交融;当部分工作内容与方式于长时期内反复出现时,相应经验便会在组织群体中形成,这些经验不断被各管理主体学习、领会,并在此基础上得以总结、提炼,形成程序化和条理化"惯例"以应对管理实践中反复出现须重复执行的工作。这些"惯例"是组织成员在长期相互工作交往中产生,是一种带有自发性、继承性并依赖人类理性而固化形成的"习惯性规则"[211];基于管理主体经验累积形成的各种程式化管理"惯例"往往在逻辑上具有某种因果模糊性,明晰化过程要求组织群体可共同有效理解管理"惯例"中的合理成分,不仅对管理主体长期经验知识进行重新领会并予以确认,更须明确某些管理"惯例"之所以具有程序化特征还有赖于管理对象的客观性基础。例如,在营销管理中客户投诉必然发生在产

品售出以后，各种计划制订必然在采取相应具体工作前，对于员工的考核一般而言是在其完成某项工作之后等，以上仅是时间序列中带有客观必然性的例子。又如，设备管理离不开机器运行的固有属性，顾客到达可能符合某种随机函数分布。带有各种管理对象客观性的信息在管理主体意识中的无偏映射是正确的管理经验知识得以形成的关键；继之许多管理"惯例"以及衡量某些管理事务执行状况的指标得以通过文字和图表等方式在较长时期内固定下来，通过组织行政认可并糅合各种科学管理理念以及具有软约束特性的企业文化将于企业的日常管理中予以体现和执行。这一阶段也是管理制度形成并制定的一个方面，管理"惯例"文件化形式的固定是企业日常管理制度的发端。不同企业根据各自管理环境中特有的约束条件对管理流程持续改善，使其不断合理化并具可操作性。企业各部门在流程运行中的传递界面将被明确化以利于提高流程效率，随着企业经营状况及内外部环境的不断演化，管理流程将在不断改进设计中提升。

然而上述管理流程形成过程过多令组织演化理论中的"惯例"充当主角而不够全面。佩帕德指出，组织也会发现许多惯例与所需要的输出根本没有关系，有时甚至难以找到某些惯例为何设立[248]；员工有时并不了解自己工作产出有多少有用，甚至不知为何要做这些事。"惯例"得以固化的隐性前提假设是其对组织管理的有效和有益性，但现实中往往并非总是如此。例如，在企业非正式组织中的成员间也会形成一些管理"惯例"，尽管这些"惯例"可能由于维护非正式组织小团体内部利益而对企业整体利益形成潜在威胁，但生命力顽强在一次次组织变革中得以保留并继承。合作、竞争甚至冲突皆是管理主体于管理活动中关系的体现，管理制度对管理主体行为权力的界定与配置明确而强制，在某些情形下企业内部仅依靠协作方式，效率不高，须将权威方式引入日常管理实践。笔者认为，企业发展初期管理流程更多源自组织"惯例"。随着企业发展，为对管理活动中各种日趋复杂关系进行规制，尽快减少管理熵以取得成效，企业根据自身实际状况运用各种科学管理理念与方法使管理制度权威化制定发挥作用，此时管理流程形成更多地成为对相应管理制度的解析与实施。鉴于"惯例"文件化阶段也是管理制度形成的一个方面，因此，"制度形成说"与"惯例形成说"不仅并行不悖且相辅相成。管理制度与流程形成进入日臻成熟时期未必就没有有效的"惯例"得以固化，恰恰相反，由于管理环境的变化、企业管理水平的提升，新的"惯例"将在与管理环境适应性反馈的互动中涌现，在不断创新、调整、复制中得以优化并进入下一轮制度化过程，管理流程的运行成效也将为此不断提升，将企业的竞争优势纳入良性发展的演化轨迹。管理流程的制度性形成并不完全是内生的，国家制度层面政策法律来自企业外部，例如，相关法律对于产品质量标准的界定及违规处罚措施，必然使企业对于质量控制及违规后果进行理性审视，从而在质量管理操作细节中留下烙印。

2. 管理流程形成与运行中的推动作用

企业管理功能发挥乃至整体竞争优势孕育更多源自组织内部各要素动态协调的稳态机制，管理流程即是具有此动态稳定性的重要运行方式，其动态运行状况与流程形成与实施密不可分，没有动态运行就没有流程本身。管理主体的经验、管理对象的客观属性、管理科学理论与方法的应用在管理流程形成及运行过程中共同发挥了推动促进作用。管理主体经验来自以各种方式进行管理活动过程中逐步提炼与积累；管理对象的客观属性规定了管理流程内在固有的一部分逻辑关系。主体经验与对象客观性在早期基于"惯例"的流程形成阶段作用更加明显，管理流程的"制度化起源"是其较为成熟形成阶段，历代管理学者及实业界人士通过实践与思考，总结凝练的管理学精华渗透其中，企业引入吸取许多科学管理理论与方法，结合自身特点对各项管理活动的内容、关系、方式进行系统、明确、条理化规定。

结合上章常系数动力系统，零解奇点是企业管理目标的抽象，认为抽象化了的制度矩阵（系数矩阵）A 特征根大于零时，系统熵增，方程解的轨线在奇点附近呈发散态势，对应情形是：企业各要素与活动不能得以协调和控制，逐步陷入系统熵增的混乱之中。我们关注存在负特征根的以下三种情形：

（1）A 有两个异号实特征根：即 $\lambda_1 \lambda_2 < 0$，此时，$B = \begin{bmatrix} \lambda_1 & 0 \\ 0 & \lambda_2 \end{bmatrix}$，则相应方程可具体为：

$$\begin{cases} \dfrac{d\xi}{dt} = \lambda_1 \xi \\ \dfrac{d\eta}{dt} = \lambda_2 \eta \end{cases} \quad (4-1)$$

其解为 $\begin{cases} \xi(t) = ae^{\lambda_1 t} \\ \eta(t) = be^{\lambda_2 t} \end{cases}$，$a$、$b$ 为任意实常数，这是简单平面常系数线性微分方程，众所周知，在此种情形下奇点为鞍点，鞍点邻域内的轨线示意如图 4-1 所示。

特征根异号显示系统管理熵并非总减少，这对应管理制度与流程形成初期或制度中融入过多主观性情形。形成初期人们对管理对象客观属性的认识尚不全面和深入，也没有太多管理科学理论方法可供借鉴，可以说这一时期管理主体经验不全面、不系统、不尽科学。主观性强的情形有时表现为制度中融入企业领导个人的主观色彩，鞍点附近的轨线形貌提示我们，在此种情形下的管理流程运行不能时时处处为企业系统带来管理负熵，有时管理主体自认为某些规定有利于管理目标实现，却导致熵增。企业诸要素资源整体运行有时会处于不稳定、不和谐、

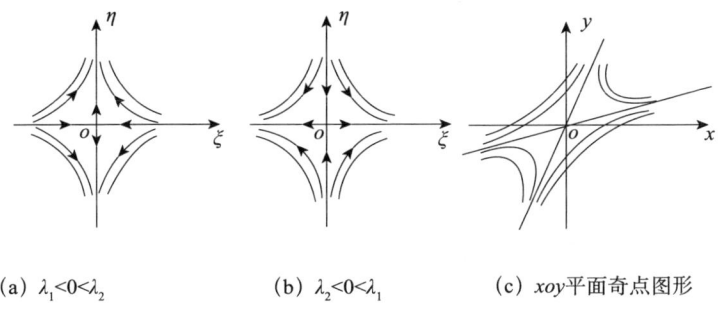

(a) $\lambda_1 < 0 < \lambda_2$ (b) $\lambda_2 < 0 < \lambda_1$ (c) xoy 平面奇点图形

图 4-1　奇点为鞍点的情形

不规范状态，对管理目标的趋近不明显，企业管理水平有待提升。

（2）A 的特征根为共轭复根：$\alpha \pm \beta i$，根据约当定理[249]；A 至少可以相似于一个主对角线上是 A 特征根的约当型矩阵 $J = \begin{bmatrix} \alpha + \beta i & 1 \\ 0 & \alpha - \beta i \end{bmatrix}$，令 $B = \begin{bmatrix} \alpha & \beta \\ -\beta & \alpha \end{bmatrix}$，发现 B 与约当阵 J 相似，根据矩阵相似的传递性：A~J~B，相应方程具体为：

$$\begin{cases} \dfrac{d\xi}{dt} = \alpha\xi + \beta\eta \\ \dfrac{d\eta}{dx} = -\beta\xi + \alpha\eta \end{cases} \quad (4-2)$$

引入极坐标令：$\begin{cases} \xi = r\cos\theta \\ \eta = r\sin\theta \end{cases}$，将式（4-2）化为：

$$\begin{cases} \dfrac{dr}{dt} = \alpha r \\ \dfrac{d\theta}{dt} = -\beta \end{cases} \quad (4-3)$$

极坐标形式解为：$\begin{cases} r = ae^{\alpha t} \\ \theta = -\beta t + b \end{cases}$，（a>0），$a$、$b$ 为任意常数。

1）当 $\alpha = 0$ 时，$r \equiv ae$，ae 为常数，即 r 不随时间变化，互为相似矩阵的 A、J、B 具有相同的纯虚特征根 $\pm \beta i$，此时轨线是以原点（本例中的奇点）为中心的一族圆。奇点称为中心，零解稳定但非渐近稳定。如图 4-2 所示。

轨线以原点为中心周而复始旋转却不向原点（管理目标在相平面上的投影）趋近，β 的符号只决定旋转方向。借用虚数的几何意义认为，此时制度矩阵对企业系统的作用以某种方式完全映射到复平面的虚轴上，与实轴无关，意味着管理制度未在现实空间对企业系统产生实际影响。我们可以虚拟现实中没有的某些极

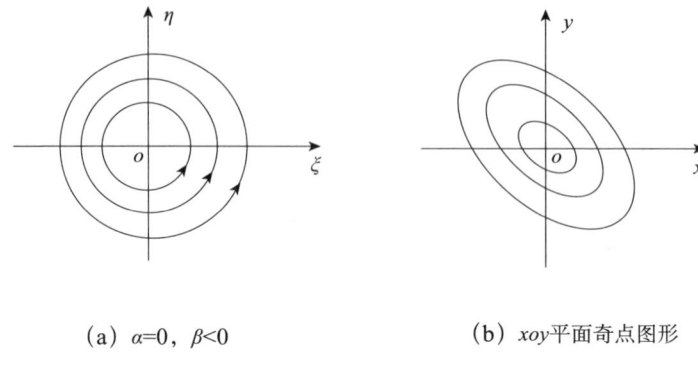

(a) $\alpha=0$，$\beta<0$ (b) xoy 平面奇点图形

图 4-2 奇点为中心的情形

端情况作类比，这些极端情况不会发生却可在进一步分析中作假想参照系。纪录片《人类消失以后》突发奇想，假设所有人类从地球上突然消失世界会怎样。提到由于胡佛大坝水力发电系统的设计精度及自动化水平高、抗自然灾害能力强，依然会独立运行数年方停止。对其可信度不得而知，不过另一虚拟情形或许稍有说服力。试想一家自动化水平较高的水泥生产企业在正常运营，突然在某一瞬间企业所有员工全部消失，此时很多工作会立即停止，然而自动化生产过程不会立即终止：自动采矿机自行采矿—矿石经皮带传送至原料堆场—原料经立磨研磨—细料自动送入旋风预热器—旋窑烧制熟料—篦冷机冷却—自动添加混合料—辊压机粉碎—球磨研磨—自动包装入库。若非原材料或燃料用尽，电力等动力供给终止或某一生产环节出现故障而断链，可以谨慎预见此生产工艺流程将在很短时间内保持运行。奇点中心情形向我们暗示了某些管理对象的客观性，没有管理制度规制的客体不会失去其固有属性，只要条件许可仍会运行一段时间，例如，纯生产工艺流程。诚然，即便是全自动化的生产工艺流程也是人们在科学原理指导下运用各种技术手段经有效管理运作得以设计实现并有效运行。虚拟案例中设定的条件割裂了虚拟时空与现实的联系，至少现实世界中今后的制度变革不会对在虚拟时空（映射在虚轴）中的生产流程有任何新的影响，然而设计此工艺流程时的管理理念依然会在平行的虚拟时空发生作用，因此，虚拟案例中的轨线并没有发散开，而是围绕原先的管理目标短期运行。如果我们假设现实与虚拟世界有相同的物理规律，熵增加如果没有持续的管理体系予以缓解，高度自动化的生产流程会最终解体。

2）当 $\alpha<0$ 时，负的 α 使轨线呈一族螺旋线盘旋趋近原点，此时奇点称稳定焦点。如图 4-3 所示，与中心情形相似，β 的符号只决定旋转方向。这事实上是中心情形在实部不为零时的演变，$\alpha<0$ 可看作是特征根的实部为系统引入了负熵，虚部与中心情形一样，体现了管理对象的客观属性。随着管理实践的

持续，管理主体对管理对象客观性的认识不断深入，管理制度的制定与实施也更趋理性化，由此管理流程的形成与运行也渐趋合理有效。对焦点的盘旋渐进模拟了这一过程的曲折性，这不仅体现了管理主体对管理对象客观性认识积累的螺旋式上升，也是管理系统在实现管理目标过程中与管理环境持续反馈互动的结果。

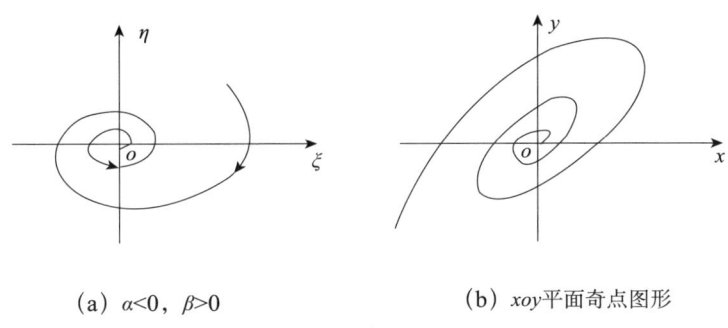

(a) $\alpha<0$，$\beta>0$　　　　(b) xoy 平面奇点图形

图 4-3　奇点为焦点的情形

(3) A 有两个负的实特征根：即 $\lambda_1\lambda_2>0$ 且 λ_1、$\lambda_2<0$；此时 $B = \begin{bmatrix} \lambda_1 & 0 \\ 0 & \lambda_2 \end{bmatrix}$，相应方程为：

$$\begin{cases} \dfrac{\mathrm{d}\xi}{\mathrm{d}t} = \lambda_1\xi \\ \dfrac{\mathrm{d}\eta}{\mathrm{d}t} = \lambda_2\eta \end{cases} \quad (4-4)$$

其解为 $\begin{cases} \xi(t) = ae^{\lambda_1 t} \\ \eta(t) = be^{\lambda_2 t} \end{cases}$，$a$、$b$ 为任意实常数。此时的奇点为稳定交点，如图 4-4 所示。特征根皆为负，系统负熵增加明显，轨线与坐标轴相切于原点。相较焦点情形，轨线对原点的趋近更为直接。这是管理理论与方法的指导发挥作用，管理理论与方法是历代管理学者基于管理实践总结和凝练的结晶，对管理制度的指导作用直接而有效，从而使流程运行对管理目标的达成方式与手段更为科学、合理、快捷。然而管理理论丛林中还没有一种管理方法手段或其某种方式的组合可以适用当今所有企业的全部管理情形，而且人们在对各种管理理论与方法使用过程中会不可避免地经历甄别、遴选、试错、评估等过程，因之图中的轨线流形依然是渐近稳定的。

在此笔者仅以平面常系数齐次线性微分方程动力系统作简单分析，实际情形会复杂很多，系统的反馈作用机制往往是非线性的，如以下一般非线性系统：

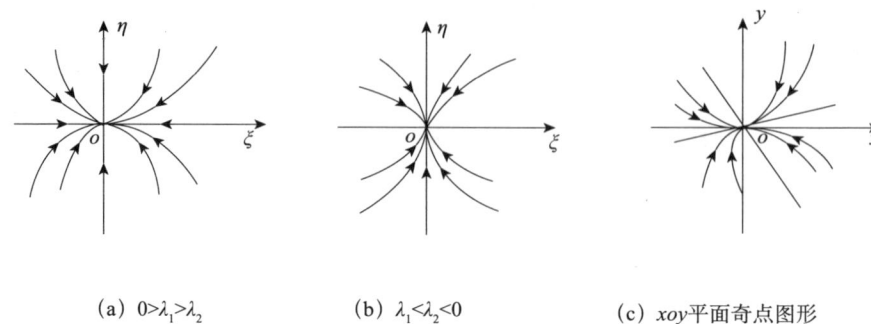

(a) $0>\lambda_1>\lambda_2$ (b) $\lambda_1<\lambda_2<0$ (c) xoy平面奇点图形

图 4-4 奇点为结点的情形

$$\begin{cases} \dfrac{dx}{dt} = f(x,y) \\ \dfrac{dy}{dt} = g(x,y) \end{cases} \quad (4-5)$$

假设 (0, 0) 是奇点，为此可将方程右端分解成线性部分与高次项之和的形式，有：

$$\begin{cases} \dfrac{dx}{dt} = ax + by + \varphi(x,y) \\ \dfrac{dy}{dt} = cx + dy + \psi(x,y) \end{cases} \quad (4-6)$$

动力学理论业已证明：当 $\begin{cases} \lim\limits_{\substack{x\to 0 \\ y\to 0}} \dfrac{\varphi(x,y)}{\sqrt{x^2+y^2}} = 0 \\ \lim\limits_{\substack{x\to 0 \\ y\to 0}} \dfrac{\psi(x,y)}{\sqrt{x^2+y^2}} = 0 \end{cases}$ 时，非线性系统与其对应的线性系统具有相同的轨线结构，只是与相应的线性系统相比轨线有些"扭曲"[237]；因此，可以认为，上述分析在逼近现实的非线性系统中，在一定程度上也有效。问题在于若高阶函数对 x 的范数不收敛，非线性系统将复杂，甚而出现混沌现象，笔者认为，这可能是诱发管理制度变革和管理流程改进的契机和征兆。综上笔者认为，管理主体经验与管理对象客观性是管理流程形成与运行的重要推动。

第二节　流程形成与设计要素关系

一、管理流程设计要素

优化设计大师罗素·艾科夫认为，梳理谜团和制定宗旨是设计工作中两个重要环节[250]；就管理流程设计而言，安排流程构建要素是梳理谜团应关注的重点，而制定宗旨则由设计思路与理念体现。企业流程差异源于流程要素差异[86]；科学的管理流程设计即对其构建要素予以合理安排的过程。

在管理流程四要素中，管理活动体现具体业务内容，管理流程中的活动内容是各种管理事务，集成、系统、明晰化的管理事务即管理业务的细致规定；管理活动关系在很大程度上取决于具体的管理业务内容以及企业组织架构，关乎管理流程展开走向与进程的具体形态。刘飚等认为，流程活动间主要有上下游、控制、任务、资源、组织等关系[104]；本书基于此针对管理流程补充四点：①上下游关系，是指某一管理流程中的各环节管理活动在时间维度行进中相互衔接关系，各种管理对象及其涉及业务的客观性决定了管理活动间基本执行顺序；②组织关系，体现了管理流程各环节活动在企业组织结构层级中的分布状况，与企业的权力与责任体系紧密相关；③管控关系，此种关系依托于组织关系，体现了组织中上层对其下层管理人员从事管理活动的把握与掌控；④任务关系，主要指管理流程运行中平级之间基于工作任务导向的承接关系。可以认为，上下游与组织关系是管理流程各环节管理活动的主要关系，管控与任务关系分别是"组织"和"上下游"活动关系的具体化。管理活动间关系分散于管理制度汇编各处，管理流程设计要对制度规定中管理事项诸多关系进行细致梳理与遴选并予以表达。

管理活动的承担者解决了管理流程中各环节具体活动由"谁来做"的问题，是活动的主体。活动承担者为达成目标在环境各种制约条件下开展活动，与组织架构中相应管理部门的主要职能紧密关联，各部门的主要职能于管理制度汇编中细致规定，具体执行者归结至部门相应岗位的工作人员。各类工作人员在管理流程日常运作中既是管理者又是被管理者，因此，须兼顾不同企业管理人员的既有综合状况，结合管理对象的客观性、主观经验等，运用合理的管理科学方法进行设计。时间、空间、企业掌握的各种资源具有的专门属性及人自身的生理及心理特征等固有规律，使各种活动方式不能与这些固有规律相悖，同时管理主体的知识、技能与主观经验也对管理活动方式存有影响。管理流程中活动的方式主要由组织架构中的各管理主体于管理流程运行中所扮演角色设定，相应的角色被赋予不同权力与责任，管理活动的方式基于管理活动间的关系，是部门间业务活动配合的重要依据，并在很大程度上体现了企业整体权力责任体系的动态模式，是管理流程支撑管理功能实现的重要方式。一般流程中管理活动的方式包括在某一管理业务中承担组织与牵头工作；参与和协作主要职能部门完成既定管理任务；作为中高级领导层的审查与批准；提供信息或其他支持服务等。

管理流程形成与管理流程要素关系通过两大推动作用体现。管理流程构建要素是在流程形成时期即存在的，其后在管理流程被不断设计改进并运行过程中，管理主体经验和管理对象客观性依然起作用，如图4-5所示。

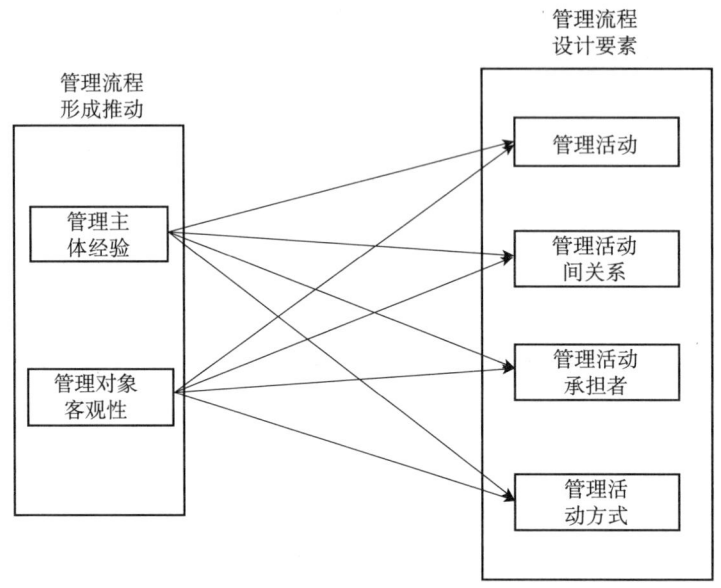

图4-5　管理主体经验与对象客观性与管理流程设计要素关系

二、管理主体经验与设计要素关系分析

"主体"是与"客体"相对的概念，指实践和认识活动的承担者，"客体"是主体认识和实践的对象[166]；辩证唯物主义认为，"经验"是一切认识的起点[166]；只有将经验上升为理性认识，主体才能把握事物本质，从而更正确地认识并改造世界。西蒙认为，人脑中的"长时记忆"是可通过感观认知的真实世界的平行环境，设计过程中的方案搜索在两种环境中交替进行。例如，医生面对的患者症状是真实环境，此时他调动长时记忆中有关病例的治疗经验和医学典籍，用于指导在真实环境中的治疗方案形成，这一过程持续反复并循序渐进。由此"带来手段对环境的适应方法和途径——而且以此为中心也就是设计过程本身"[13]；这里的"长时记忆"一部分，即是人们长期工作中形成的管理经验。这些经验是在客观环境中的对象属性、条件及诸多关系不断映射于人脑而积累、改进、总结形成的，人们以惯例或制度形式将其固化，在流程形成过程中渗透到活动、活动关系、活动方式等流程要素中去。参看以下几个简化管理流程：

案例4.1

X公司设备管理事故分析流程：①出现设备运行事故—②设备中心组织人员现场检查—③设备中心将检查初步结果发至各相关部门—④设备中心组织召开事

故分析会—⑤设备中心撰写详细事故分析报告—⑥各级负责人审阅报告—⑦设备中心公示事故原因及处理结果—⑧设备中心将设备事故相关资料归档。

本案主体经验与管理活动关系渗透至现场检查、事故分析等管理流程运行各环节，生产线上哪些设备发生事故频率较高？某一生产环节的设备事故可能对整个生产线造成怎样损失？事故征兆如何？设备经常发生何种事故？以前发生类似事故的原因？事故处理的既往做法等，以上都有赖于人们对过去生产过程出现类似问题的总结而形成的经验。有些经验令人惊叹，笔者在调研期间遇一位年长工程师，他有时独自在离厂区较远处聆听整个生产区各种机器运行时混合的"交响乐"，外行只能听到各种机器的嘈杂轰鸣，他却认为此种混合声响有一种自洽节律，可以凭借"交响乐"某个变奏或颤音等轻微异响判断可能是哪个工段的哪台设备出现运行异常，并立即通知生产调度或设备中心巡检，一般而言实情与他判断相符。此"特异功能"有赖于他在这一行业数十年的摸爬滚打对整套生产工艺及设备的谙熟形成的经验。

设备中心掌握了企业绝大部分设备的功能、运行、维保等资料，组织现场检查，在向各部门通报设备运行状况等方面具优势，是本流程各环节主要的管理活动承担者，车间、调度、总工办等部门也在本例检查、事故分析等环节发挥作用。主体经验对管理活动关系的影响在于对既往类似事务处理所形成的惯例被证明行之有效，从而延用下来。主体经验对活动方式影响表现在对许多生产线上的大型设备，不到现场一线实地检查很难发现设备事故的真正原因，再如召开事故分析会，设备中心、调度室、生产车间、各部门工程师、车间主任等悉数到场，集思广益，类似会诊，汇合了来自不同角度和层面的意见和建议，防止了分析事故问题的片面性。事故处理及最终资料存档也是不断总结经验，提升并传承的方式。

案例 4.2

X 公司营销管理价格重大调整流程：①营销人员发现市场价格大幅波动—②营销人员向本部门提出价格调整建议—③营销部门向上级提出价格调整方案—④主管领导审核—⑤提交价格委员会商讨—⑥委员会形成价格调整意见—⑦总经理审批—⑧营销部门执行价格调整方案。

本例中发现价格波动第一时间，一线营销人员即要根据经验判断市场行情，眼下价格波动的幅度、持续时间、覆盖范围，初步分析背后的原因是，由于竞争对手策略、经济出现低迷、产品质量下降、顾客偏好改变还是销售渠道不畅所致。上报后营销经理及各级领导作进一步分析时依然需要各自工作中积累的经验。价格委员会成员不仅有本企业人员，也有外聘专家，他们做出分析也离不开经验的积累。这些经验既包括对外部市场动态变化的认识，又有来自对企业内部各种资源及管理对象的全方位了解，例如，公司生产成本是否能承受，有时要求降价未必是市场出现什么非常不利的状况，可能是销售人员出于为己开脱而夸大其词甚至与客户串谋。总经理审批更离不开基于工作积累对市场和企业内部综合情况的敏锐动察，有时一些经营管理者会依赖直觉做出判断，这与上例设备"交响乐"的情形相仿，直觉升华建立在多年经验积累与凝练基础上。

案例 4.3

Y 公司月度销售计划制定流程：①业务人员提交各自估算的月度计划—②销售部门汇总后报主管领导—③各级领导审阅并批示—④销售部门根据片区实际情况重新分解销售任务—⑤业务人员具体执行销售计划。

本例业务人员提交个人计划估算需结合市场动态和以往月份销售业绩的个人经验量力而行，各级领导审批时须结合经验，对内部营销人员的工作能力、态度、方式、习惯、性格、各责任片区的市场容量、价格行情、销售渠道、本公司产品的质量水准、竞争对手实力等进行综合考虑，从而对月销售任务作出调整。主体经验对活动间关系及活动承担者影响依循既往对于某项工作层层审批的惯例确定活动相互间关系，并根据某一部门主要职能确定其在相应管理流程环节中承担者身份。

案例 4.4

K 公司 HR 管理新员工培训流程：①企管部制订员工培训计划—②企管部明确培训内容编制教材—③企管部组织初步培训（让员工知晓公司概况、企业文化、规章制度）—④各部门结合新员工拟任岗位组织专业培训—⑤企管部组织考核（成绩作为拟任参考）。

"人"既是管理主体又是管理对象，新录用员工具有不同年龄、专业、性格、技能、行为理念、价值导向、家庭背景等特质并带有社会潮流印迹，各部门配合的专业培训和岗位任职等环节蕴含了企管及各部门工作人员基于以往培训的工作经验对各人的性格特征、综合素质、发展空间、职业规划、专业技能等所做的基本分析判断。有些 HR 管理人员可在与新人接触的第一时间即于脑海中描摹出大致涵盖其综合特质的总体图景，HR 经验越丰富，图景越清晰且预见性越强，此种"识人"的经验直觉有时可与"相面"匹敌，这是本例主体经验对管理活动及其方式的影响。初步培训是将人们不同价值观和行为倾向初步规整定向化到企业组织目标导向的过程，在一定程度上统一了具有不同行为曲线人群的目标、价值观，方能更好地发挥各人专长，为此将初步培训放在专业培训之前，这是本例主体经验对活动间关系的影响。

案例 4.5

Z 公司职能部门考核流程：①员工季度末做工作自评—②部门领导与员工沟通—③部门领导对本部员工作出评价—④评价结果提交主管领导审核—⑤主管领

导了解各方面情况后将审核结果反馈各部门—⑥审核结果由综合管理部存档。

考核中的评价主要基于对自己或他人工作能力、成果、态度的平均水平与个体差异的认识。Z公司是一家研究型企业，员工业务知识丰富、学历层次较高，其工作成果以行业内企业投资项目的可行性研究报告、商业计划书、行业经济态势分析、管理咨询项目、企业能效评估等形态出现。有些员工按部就班，业绩未必突出，而有些员工白天工作效率低，夜晚却思如泉涌。有时员工在调研结束后几周甚至更长时间，由于考虑不成熟可能一个字也写不了，而最终报告却一挥而就受到领导及客户好评。这样的工作特性是员工和领导每天都经历的，无论"自评"还是"他评"不能单纯仅以出勤率及报告字数衡量。这事实上对考评者提出了更高要求，因为没有实物产品，也就没有诸如长宽高等物理标准。只有对此工作有多年经验的管理人员才能深谙其中规则，结合每位员工的专业技能、业务成果、工作态度、项目难度等做出尽量理性、公正和客观的评价，这些经验会潜移默化至管理流程各要素。

上述案例远不能总结出带有普适性和一般意义的管理主体经验与管理流程构建要素关系，但可觉察主体经验在流程运行中对于管理流程要素的作用。

三、 管理对象客观性与设计要素关系分析

对象即观察、思考或作用的客体，"客观"的意义在于不带主体认识偏见，按事物本来面目去考察，与主观相对[169]；企业资源包括企业员工、各种物质和非物质资源，例如，资金、设备、技术、信息等。此外企业与外界各种关系的总和（包括作用范围、维系手段和程度等）也是企业的资源形式。所有企业资源都是管理的收受者，它们在组织管理作用下经特定转换化为企业有形或无形的组织输出。管理对象皆有其固有的客观属性，这些客观属性在被管理主体不断认识、提炼与总结基础上被加以利用，于流程形成与运行中发挥不可或缺的作用。

案例4.1是有关设备管理中事故分析流程，在设备运行过程中由于摩擦、应力、化学反应、自然力作用等原因发生有型磨损，如图4-6所示。

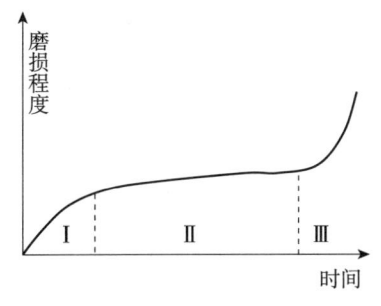

图4-6 设备磨损示意

设备故障状态分为三个时期[251]；形成所谓"浴盆曲线"，如图 4-7 所示。

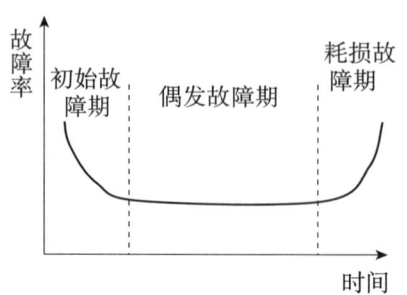

图 4-7 设备故障率曲线（浴盆曲线）

在图 4-7 中，①初始故障期。故障率由高而低，由材料缺陷、设计制造质量差、装配调试失误、操作不熟练等原因造成。②偶发故障期。故障率低且稳定，由于维护不好或操作失误造成。这往往是设备运行的最佳工作期。③耗损故障期。由于老化、磨损严重，设备有效寿命趋向终结。设备这些固有客观属性对于案例 4.1 中流程要素至关重要。就活动与活动的方式而言，设备事故现场检修与分析不能脱离设备运行所遵循的基本规律，从每台设备安装调试伊始，设备中心须建立有关设备功能、效率、已使用年限、运行状况、大修记录、更换零部件等全面系统档案，这样可在事故发生时迅速基于设备磨损阶段分析原因，寻找解决方案。平时针对不同设备磨损阶段可按不同频率进行维护保养、例行巡察。操作人员培训也顺应设备运行基本规律，保证设备精度和满负荷运转，将事故尽量控制在萌芽状态。对于事故原因最终分析处理及资料归档是设备管理档案的延续。各环节活动都离不开对于设备客观属性的准确理解与把握。由于设备中心平时积累了有关设备运行、维护等方面的大量信息数据，成为这一流程的主体承担者。

案例 4.2、案例 4.3 是关于营销管理方面的流程，须遵循基本市场价值规律，商品价值量决定于生产该产品的社会必要劳动时间[252]，若企业生产某产品所需平均劳动时间高于社会必要劳动时间，必然会在价格制定中处于被动地位。营销人员处于企业市场最前沿，必须结合市场固有规律不断洞悉价格波动，各级主管、价格委员会、业务人员在制定计划、具体分析决策时更不能游离于市场规律之外，须运用客观规律综合考虑社会经济宏观动向、客户偏好、渠道变化、竞争对手态势、销售片区供求现状等市场经济中的重要变量以做出利于企业的有效计划和反应对策。这些是客观规律对这两个流程有关活动与活动方式的最基本影响。由于营销部门密切关注市场动态，因此，掌握销售渠道成为此类流程中的主要承担者。

案例 4.4、案例 4.5 是 HR 管理中有关培训和考核流程，"人"不仅作为管理活动中的管理主体同时也是最重要的管理对象具有非常复杂的行为特征。"人"的需求具有层次性,其个性有组合、稳定与可变、一般与独特、自然与社会制约共存性等特点[253];"人"的气质与性格具有较强稳定性并与人的兴趣、能力共同决定人的行为导向,同时群体压力会令个体产生"从众心理"[254];这一心理往往与社会助长或抑制、群体规范、"社会懒惰行为"等糅合在一起,使个体于不同情境下呈现相异的行为特征。具体管理工作中往往利用这些规律调动人的主观能动性。

在案例4.4中,当新员工初入企业时可视为一个群体,价值观念各异。新员工在企业中的行为导向悬殊,为此在培训伊始阶段须令他们对企业概况、文化、规章做初步了解,从而对各人的行为导向能有初步规制,使其与企业整体目标渐行拟合。专业培训环节必定要求将新人的专业背景与企业拟任岗位结合,兼顾各人兴趣、性格、气质等,尽量取得企业目标与个人职业规划双赢预期。案例4.5自评阶段出于"人"的利己本质,结果向来都不会过低。案例4.5没有360度考核环节,根据调研其他具有这一环节企业的考核结果显示,出于从众心理及群体规范,除非群体中的某些个体存在较大矛盾,或某人业绩、能力、态度确有较大待提升空间这一事实已达成群体共识,否则这一环节的结果差别也不大。其后各级主管须充分考虑"人"和群体的诸多客观属性做出相对公正、公平、合理的评价,作为后续决定不仅对不同员工进行不同激励措施的素材依据,恰如其分的理性评价还有利于对群体中相对后进分子形成潜在压力并给予相应帮助,促其业绩提升。流程最终是由"人"运行的,"人"的自身属性几乎在每个流程中都发挥作用,在案例4.1事故分析会上,某些部门人员可能会出于自身利益考虑而推诿责任,在案例4.2、案例4.3中,一线销售人员也可能出于某种目的而在价格汇报和自报计划中掺入水分,这些行为导向背后的作用均源自"人"这一特殊管理对象的客观本性。

信息是能够用来消除不确定性的东西[255],在后工业化时代,IT产业方兴未艾,信息作为管理对象的作用日益突现,对管理流程的形成与运行不可或缺。在案例4.1中,设备中心组织人员现场检查为获取事故信息的第一手资料,将检查初步结果发至各相关部门体现了信息传输、携带与共享性,组织召开事故分析会体现了事故信息的可扩散与扩充性,人们运用信息的可压缩与存储性可将设备事故相关资料归档。在案例4.2中,营销人员发现,市场价格大幅波动是信息的普遍存在性与可度量性,及时汇报并层层申报价格调整方案体现了市场信息的传输、携带与时效性。在案例4.3中,当销售计划重新调整并准备执行时,显然已不完全是业务人员自估或营销经理上交汇总表中的内容,因为信息具有可替代性。在案例4.4中,培训计划、培训教材、专业培训的内容安排事实上皆体现了信息的可存储与共享性。在案例4.5中，考核结果是对员工过去而非未来工作成效的描述与评判，当年底的奖惩措施不可能以上年的考核结果作为依据，这也体现了信息的时效性特征。管理流程运行过程离不开各种信息传递，其传递方向大多与流程走向一致，以工作文件、各种图表或电子文档作为载体，并且流程的上一环节的信宿可能即是下一环节的信源。

作为又一管理对象，技术泛指根据生产实践经验和自然科学原理而发展成的各种工艺操作方法与技能，是生存与生产的工具、设施、装备、语言、数字数据、信息记录等的总和[256]；管理设计本身即是一系列基于管理实践和管理科学原理的工程技术。技术的自然属性往往具有明确的功能导向，基于IT产业建立的企业管理信息系统及建模技术，例如，MRP、ERP、Petri网等即是技术在流程领域发挥作用的具体体现。虽然企业中多数技术是直接面向生产工艺的，但这并不妨碍我们针对技术创新自身的管理，技术管理与研发、生产、设备紧密联系。信息由于其可感知需求、产生新思路、提高研发效率、减少创新失败从而在技术管理中发挥重要作用[257]。

除了管理对象各自的客观属性以外，所有事物的运行都在一定时空背景下进行，事物发展的时空规律性适用于任何场合。在案例4.1中的事故分析会、事故原因公示和处理不可能在某项具体事故尚未发生时进行；案例4.2也不会不待市场异动而无缘无故做出价格的重大调整；案例4.3对于销售计划执行可以不必等到调整后的计划正式下达，因为企业不可能由于计划尚未下达就停止销售。但对销售计划的调整则必然在个人提交计划以后；案例4.4岗前培训过程不可能在招聘前，培训计划及教材制定后方能实施初步与专业培训；案例4.5的考核是针对员工既往一段时间的工作表现进行的。任何管理对象在流程中的运行都不可能突破事物发展的最本质时空架构，这决定了绝大多数管理流程各活动间最基本的先后次序。

管理主体经验、管理对象客观性与管理流程构建要素间关系可促进我们对于管理系统目的、功能、载体和运行间关系产生进一步认识。管理主体经验偏重于管理活动与管理活动方式上，而管理对象客观性更多体现在对管理活动间关系、活动方式等方面的影响。随着经济发展、科技提升，管理对象形态、相互联系、管理对象与主体间持续互动、对管理活动的作用范围与程度将日益呈多元化、复杂化趋势，这些溯及各种管理对象固有特性所属的不同学科背景及其相互交叉，而且管理对象间及管理对象在与其他管理要素的互动过程中也会有新的规律被发现，所有这些对于管理流程的展开与运行作用必然更加深入细致，限于笔者能力水平，本书在此仅列举很少案例分析，旨在阐明主体经验与对象客观性在流程形成运行中确实发挥了推动作用，是我们在管理流程构建要素设计中须予以关注的，这些研究有很多拓展空间。

四、科学合理展开管理流程

"科学"是运用范畴、定理、定律等思维形式反映现实世界各种现象本质与规律的知识体系，是社会意识形态之一，其发展和作用受社会条件制约[166]；管理科学是百多年来人们在管理实践中对于经验和客观规律的总结、凝练与升华，是历代管理大师提供给人类共享的智慧结晶。流程的图形表达是简约的，而其背后作用机制与内容是丰富的。流程的"惯例起源"阶段，主体经验与对象客观性的作用更加明显；此后制度的权威化制定渐成主流，这一过程融入了先进的管理学成果，管理流程形成也随之步入了成熟的"制度起源"阶段，这一阶段并不脱离上述管理主体经验与管理对象客观属性两种作用的推动，目前这一过程仍在延续。

管理流程为管理制度调控企业诸要素形成的高维系统提供了运行方案，"解系"往往具有"低维"特征，"降维"的代价是在将系统中一部分相对次要信息过滤掉的同时保持其主要功能。管理流程简约明了的原因在于运用了"奥卡姆剃刀"原则，"如无必要，勿增实体"。管理制度中相对不重要的成分在流程展开过程中被剔除，我们更关注制度中有关企业战略导向、业务规定、组织结构、责权体系与部门职能方面的内容。笔者认为，管理制度中蕴含的这些相关内容正是在管理流程设计中须予以关注的，有必要对与此紧密联系的影响因素做进一步剖析。流程设计激进派强调流程先行原则，认为部门职能、岗位职责甚而组织结构本身都后于流程派生，这与人工系统功能先于载体的设计理念相合，管理经验主义大师彼得·德鲁克也有类似观点[179]；但现实中很多流程设计基于企业现有架构与制度进行，笔者在参与咨询项目中，就有些企业总经理坚持组织结构和企业基本制度不能变更的要求。

尽管管理流程展开是流程设计的基本方式和呈现形态，但"展开"只是手段而非目的，首先，我们须明确管理系统目标，管理系统功能分析是承接其目的与载体的重点，将各项管理功能分解为若干管理工作任务，将管理工作逐级派生成具体细化至具有相应阶段或环节的管理事项。其次，管理事项以管理业务形态存在，管理业务中的各项活动关系决定了管理流程呈现的整体时空序列。再次，确定相应管理环节承担者，明确各职能部门参与管理流程具体环节的方式，设立部门的初衷即在于加强各部门业务倾向性。最后，赋予流程相应环节权责，这与制度中的权责内容关联。核定工作量及其完成的时限以确定相应岗位工作细节，并设立衡量流程运作效率的监控考核方案。

第三节 管理流程设计思路与理念

天然系统演化是系统与环境的相互作用通过自然选择实现的,人工系统优化则是人们基于对自然系统优化机制的认识对系统结构与运行方式进行设计,使其也具有一定的组织功能[226];设计的目标为功能明确了导向,设计思路须清晰、科学、简明并遵循相应原则,管理系统设计主要有系统分析、系统设计和系统评价三个阶段。管理流程设计是管理系统设计的重要组成部分,首先,应基于解释科学针对管理流程形成及相关影响因素进行分析;其次,运用广义设计科学探讨管理流程设计的过程与方法;本书对于管理流程设计研究集中在前两阶段,针对管理流程运行效率与设计成本等进行的评价阶段未涉及。

一、管理流程设计目标与原则

1. 管理流程设计目标

现代设计大师蒙荷里·纳基指出,"设计并非对制品表面装饰,而是以某一目的为基础将人类、社会、经济、心理、技术、艺术等多种因素综合起来,使其能纳入工业生产轨道,对制品的这种计划和构思技术即设计"[23];设计不局限于对物象外形美化,更关注明确目的与功能。设计的过程在于将这种功能目的转化到具体对象上去。根据设计对象的管理环境与条件分析并确认必要的管理功能是设计任何管理方案的根本出发点,它直接影响到设计内容安排。设计的目的在于对系统特定功能的实现,设计的过程是基于分析、综合与创造的一系列活动。管理流程设计的目标是对管理系统功能的实现。

管理功能是管理行为活动期望获得管理效果的本质作用,须解析为具体管理业务方具可操作性。管理流程设计应按科学管理规律,结合企业实际条件,将各项管理业务自始至终的处理过程逐一进行事项的分解描述,以其和谐简约形式于组织中构建一系列相对稳定的时空联系方式和行动秩序,提高部门或岗位间的自动化协作水平。这些动态结构表现的特性和能力是对管理功能很好的表达、诠释与实现支撑,针对管理流程的设计不仅要更好地表达与实现管理系统运行中的基本功能,还须渗透到企业系统各层级,建立与各级管理目标紧密相连的拟合体系,关注组织战略规划及各层级绩效指标以更好地促进企业资源规范化、集成化运营,从而提升组织整体管理绩效。管理流程设计具体操作层面的目标可归结为,使部门与岗位间的合作事项更具可操作性;增强对企业价值链中增值活动的支持;保证部门与岗位间协作有序;节约流程运行时间保证工作质量;完善考核，激励员工；降低成本，鼓励创新并能进行连续的改善循环等。

2. 管理流程设计原则

原则是我们观察、处理问题的准则[169]；关于流程设计原则已有诸多学者提出过见解，例如，Krajewski 与 Ritzman 称"进行适合情况和有意义的选择，不形成相互冲突的目标，关注流程间的界面"为设计三原则；蒋志清认为，流程设计原则以"环境要求、资源约束、客户满意为中心"；彭东辉建议"以流程为中心，以人为本，顾问导向"；周妮等强调"设计须有效、完整、清晰；严格贯彻公司的方针和政策；注重流程设计的持续性与关联性"；李宝山、王莲水重视流程结口的设计原则，"一是直达简化，提高效率；二是职责清晰，界限明确；三是适时调整，富有弹性"。以上文献综述部分有所提及，管理流程设计在偏重管理业务，充分引入管理元素基础上对上述原则皆可借鉴。

在此，笔者运用刘建一教授的管理设计原则进行补充：

（1）适应性原则。人们要控制流程设计以组织现有的"惯例"性流程为出发点遵循主体经验、管理对象客观性和管理科学方法对于流程形成的推动。适应性原则含义在于企业所处行业、市场环境、战略导向、人力资源现状、组织结构、所有权构成、文化氛围等大相径庭，不可能拥有统一的管理流程模式，因此，我们须结合企业各自综合状况，有所区别设计适应特定企业发展的管理流程。

（2）满意性原则。满意性原则提供了设计终止判据，即一旦找到足够好的方案，便告一段落。管理流程涉及的管理业务、流程相互间及管理流程与组织结构等具有很深关联性，然而相较"制度"而言，流程务求简约实用，对企业系统资源调控的细枝末节有时不能面面俱到，即便最优方案可觅却须付出相当代价。满意性原则避免了为比较"优劣相当"的备选方案而做出不切实际的边际主义假定。

（3）串行原则。这一原则与单个管理流程的过程性特征相应，流程中业务活动的最终承担者是"人"，其心理活动及对信息处理的串行特征不可避免地融入流程在时空中的固有属性，从而在很大程度上决定了管理流程中活动间的一部分逻辑关系以及活动的方式。串行原则并不排斥不同流程间及单个流程中出现的并行现象。

（4）集体协作原则。管理流程是企业内部日常管理活动的主轴，不仅需要对管理主体心理及组织行为的准确把握，也涉及不同管理对象的客观属性。随着管理学自身及与诸多学科的横向联合，就人的知识结构与能力而言，每位设计人员的知识都有限并有所侧重。现代设计科学认为，设计师将不再是单一个体而是一支队伍[23]；这一跨学科队伍，包括许多各行各业专家，将从其现有动荡不定的外围高处径直走向该领域核心位置,管理流程设计必须作为一项核心的集体工作,而非一项关于个别产品研制的过时活动。

二、管理流程设计思路

相较自然系统,人工系统功能先于载体形式存在,其载体形式须服从功能要求而设计。以此为发端,人工构造系统设计依循"目的—功能—因素—方法—结构(载体形式)"的逻辑关系进行。这一逻辑关系并非单纯直线顺序关系,其中蕴含不同环节的调整反馈过程,例如,有些目标,结合环境制约因素与组织掌控的资源经分析是根本无法实现的,这就需对目标进行调整;又如,实现某一功能可用不同的资源要素组合实现,需进行设计分析以寻求合适的设计方案。因素分析与实现方法是获得支撑人工系统相应功能之载体运行方式的关键环节,因素分析不仅关注设计客体中的管理元素(如流程四要素),还有管理环境中的各种制约条件对管理载体通过某些运行方式实现管理功能的综合影响,实现方法须遵循设计的原则与理念并体现设计的技巧与步骤。如图4-8所示:

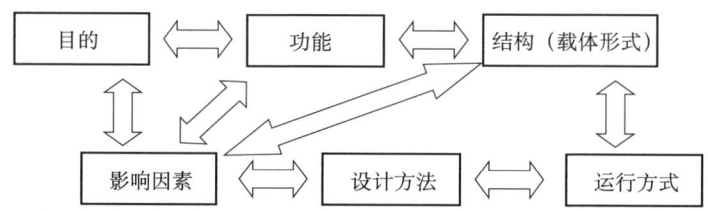

图4-8 人工系统设计目的、功能、结构、因素、方法间关系

建筑是典型的人工系统设计工程,例如,房屋建造中要于某处立一根柱子(目标:盖房,功能:支撑与美观),由于各地自然条件、技术水平、风俗习惯、经济状况不尽一致(影响因素),因此,柱子的形状、材质、重量、风格等(设计元素)的制作方法与工艺有所不同(方法)。基此根据建筑学与美学等原理结合不同资源条件,使立柱在房屋的某具体部位建成,并与房屋整体架构有机融合从而发挥作用(结构安排)。需要指出的是,由于建筑物是静态的,所以上述设计不涉及运行设计范畴,而管理系统是非物质要素组成的人工"软系统",管理载体通过管理流程运行方式实现管理功能,管理流程设计应遵循人工系统设计的相应逻辑关系。图4-9展示了管理流程设计的总体思路。

四点说明:①企业形态形成初期,管理流程已然为实现某些初级管理功能而萌芽。②管理流程形成展开是逐步发展并循序推进的过程,其基本推动作用是管理主体经验、管理对象客观性与管理科学理论与方法。管理科学理论与方法是历代管理学者对各种管理活动实践的总结、凝练与升华,是逐步积累与发展的过程,其发挥作用的时间较前两种作用晚。③管理流程设计理念与管理流程特征有

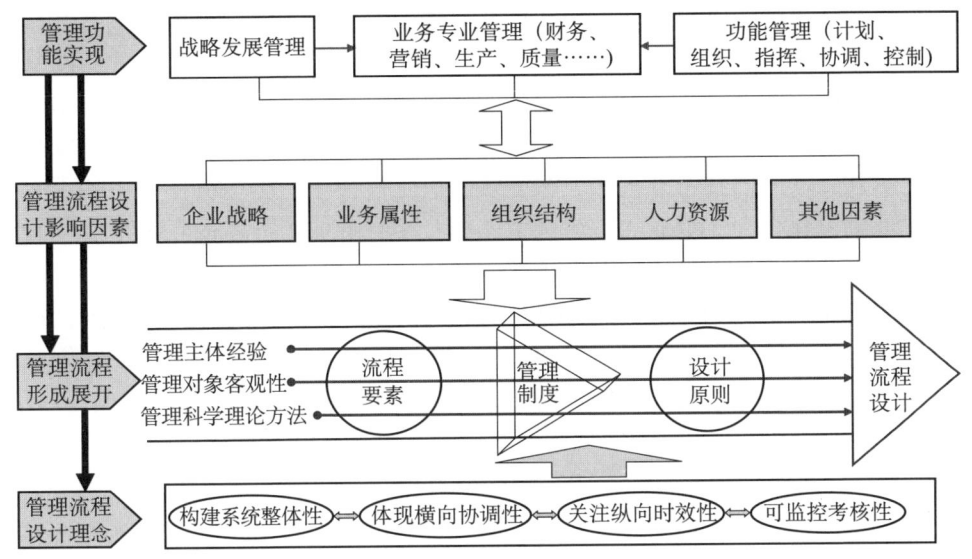

图 4-9 管理流程设计总体思路

某种对应关系,体现了管理流程设计的某些宗旨。同时各种相关因素对管理流程要素中的活动、活动的方式、活动间关系与活动承担者具有影响。④企业管理制度的协调规制范围涵盖着企业管理几乎所有业务领域,渗透到企业管理的不同层面,相较管理流程而言具有较高"维度",图中用立体效果象征性表现;管理流程设计须对管理制度中规定的相应管理事务进行解析与表达;反映管理系统目的、功能、载体的各种影响因素在管理制度内容中皆有所体现。

三、管理流程设计理念

"理念"是我们对某些事物或过程形成的系统而确切的思想或观念[169];管理流程设计理念须体现流程对管理功能实现过程中所表现的特征,梳理以管理制度为主要依据的管理流程形成展开,结合管理流程设计诸相关影响因素,对管理流程构建要素安排具有指导性作用。

1. 构建系统整体性

企业在规模、所有制结构、人力资源、组织文化、行业背景、生产技术、战略导向、组织结构等方面总存在差异,因而其管理意识与业务细节也不尽相同,这些均在很大程度上体现在企业管理制度汇编中。任何企业组织管理活动具有的功能行为与载体形式不能进行统一化的模式复制。管理流程体系是相互影响、衔接并渗透至企业各管理事务的统一整体,并与其他流程、部门有机互动,于运行中实现管理功能。源于管理目标和功能的层次性,管理流程层次性不仅关心某一层次的协调稳定,亦牵涉多个不同层次的耦合互动。

实现管理流程系统整体性，总的构建意图是不仅要构造管理流程与各部门和具体业务的贯穿与衔接，更要通过某种方式完成企业中"人"与"事"的规范化结合，组织中的群体行为须通过流程的形式予以规制。群体行为方式是组织行为学中的重要范畴，组织表面相对简单并稳态的结构隐藏着群体各种复杂动机与行为，对其处理的内容与方式是组织绩效的决定性力量。组织群体是由若干具有不同管理意识存在个体组成的，这些个体相互结合形成了群体的意识形态与行为导向。然而此种结合不可能自发机械形成，须通过设计予以达成，通过设计的管理系统使个体与群体得以于某种体制中共存。刘云柏认为，为实现整体管理目标，群体中的个体将密切联系，不可分割、相互作用、相互贯通[258]；群体意识与行为导向对于组织目标与愿景实现的不同情状如图4－10所示。

群体配合不良的企业　　群体未完全配合的企业　　群体配合较好的企业

图4－10　组织中群体配合的不同情形

将群体配合对企业愿景的实现调整到较佳状况可采取多种方式，例如，企业文化全面、深入、和谐并具有相对软约束机制，然而其构建时间及发挥效用周期较长，在培养过程中的发育形态与效果随企业各管理层级的行为理念与各种外部影响因素变化呈某种不确定变动态势。管理流程在企业运营中的内稳态特性克服了企业文化对于群体观念调整及群体行为引导的缓释效果。换言之，无论开始企业新老员工在思想认识与行为理念上与组织整体目标、价值观、愿景等层面是否拟合，由于管理流程明确规定了各种管理事务在时空序列中的安排顺序与处理细节，各级员工皆须在相应岗位按其组织机构赋予的角色履行自己的工作职责。如同一层具备相应刚性的管道，管理流程将有限理性下成员与组织的博弈细节在一定程度上屏蔽了，在不同"管道"中管理活动的承担者间建立起相对稳定的活动协作与制约关系，以流程规定的方式实现管理功能，达成管理目标。管理流程对群体配合的调整为企业管理熵的降低提供了较为确定、硬性并相对可预期的方式，因此，管理流程设计中对于系统整体性的构建不仅体现在管理流程及其与其他流程间关系及自身的层次性上，也须提供员工与具体管理事务恰当组合的方案。

本书尝试运用演化博弈方法诠释在管理流程运行中，由于管理流程体系自身构建了内在约束，即便企业组织不监督或很少监督，员工群体也会倾向于努力工作。演化博弈论研究的对象是"种群",而非单个参与者,问题焦点是"演化稳定策略(ESS)"。复制动态是描述某一特定策略在一个群体中被采用的频数或频度的动态微分方程,当一种策略的适应度比群体平均适应度高,此种策略就会在群体中发展,即适者生存体现为这种策略的增长率大于零。

假设博弈双方分别为企业组织与员工群体,其战略集分别为企业组织(监督,不监督)与员工群体(努力,偷懒)。假定 a 表示员工群体为企业组织创造的价值,d 表示付出劳动,得到薪酬为 b,C 表示在企业组织监督成本,且 $b>c$,$b>d$;e 表示企业组织虽未监督并在正常发放薪酬情况下,来自流程上下游环节或其他流程接口员工由于流程某环节人员偷懒而引起不满,使员工蒙受的损失。此种损失未必全是经济上的,例如,不信任,不愿意合作、交往等。则该博弈的支付矩阵如表4-1所示,为计算简便,假设当 $b=e$ 时,$b-e=0$。则上述博弈可简化为如表4-2所示。

表4-1 企业组织与员工群体博弈支付矩阵

企业组织 \ 员工群体	努力(y)	偷懒($1-y$)
监督(x)	$a-b-c$, $b-d$	$-c$, 0
不监督($1-x$)	$a-b$, $b-d$	$-b$, $b-e$

表4-2 企业组织与员工群体博弈简化支付矩阵

企业组织 \ 员工群体	努力(y)	偷懒($1-y$)
监督(x)	$a-b-c$, $b-d$	$-c$, 0
不监督($1-x$)	$a-b$, $b-d$	$-b$, 0

设企业组织选择 x 表示"监督"战略的比例,员工群体选择 y 表示"努力"战略的比例,则企业组织选择为 U_1 和 U_2 分别表示"监督"和"不监督"的期望收益,$\overline{U}$ 表示平均收益。

则
$$\begin{cases} U_1 = y(a-b-c) + (1-y)(-c) = ay - by - c \\ U_2 = y(a-b) + (1-y)(-b) = ay - b \end{cases}$$

$$\overline{U} = x \times U_1 + (1-x) \times U_2$$

同理,员工群体选择 V_1 和 V_2 分别表示"努力"和"偷懒"的期望收益,$\overline{V}$ 表示平均收益。

则
$$\begin{cases} V_1 = x(b-d) + (1-x)(b-d) = b-d \\ V_2 = x \cdot 0 + (1-x) \cdot 0 = 0 \end{cases}$$

$$\overline{V} = y \times V_1 + (1-y) \times V_2$$

根据 Malthusian 动态方程,即策略的增长率等于它的相对适应度,只要采取这个策略的个体适应度比群体的平均适应度高,那么这个策略就会增长。由此可得复制动态方程为:

$$F(x) = \frac{dx}{dt} = x \times (U_1 - \overline{U}) = x(1-x)(U_1 - U_2) = x(1-x)(-by - c + b) \tag{4-7}$$

$$F(y) = \frac{dy}{dt} = y \times (V_1 - \overline{V}) = y(1-y)(V_1 - V_2) = y(1-y)(b-d) \tag{4-8}$$

对于一个由微分方程描述的群体动态,其均衡点的稳定性可由该系统的雅可比矩阵结构分析得出。该系统雅可比矩阵为:

$$JE = \begin{bmatrix} \dfrac{dF(x)}{dx} & \dfrac{dF(x)}{dy} \\ \dfrac{dF(y)}{dx} & \dfrac{dF(y)}{dy} \end{bmatrix}$$

$$= \begin{bmatrix} (1-2x)(-by-c+b) & x(1-x)(-b) \\ 0 & (1-2y)(b-d) \end{bmatrix}$$

可得表 4 – 3:

表 4 – 3 各均衡点雅可比矩阵行列式与迹的符号分析

均衡点	detJ		trJ		结果
$x = 0, y = 0$	$(b-c)(b-d)$	+	$2b-c-d$	+	不稳定
$x = 0, y = 1$	$c(b-d)$	+	$-c-b+d$	−	ESS
$x = 1, y = 0$	$-(b-c)(b-d)$	−	$c-d$		鞍点
$x = 1, y = 1$	$-c(b-d)$	−	$c-b+d$		鞍点

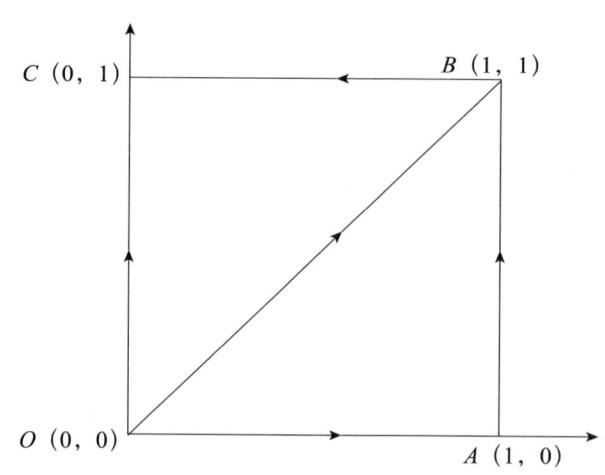

图 4 – 11 员工群体与企业组织演化博弈相位图

由表 4-3 及图 4-11 可以看出，在平面 $M = \{(x, y); 0 \leq x, y \leq 1\}$ 上，仅有四个平衡点，分别为不稳定点 O（0，0）、稳定点 C（0，1）以及鞍点 A（1，0）和 B（1，1），由此可见，企业管理流程体系越健全，$b-e=0$ 的可能性越大，从而更易最终演化至 C 点（0，1），即 $x=0$，$y=1$ 时的情形。这对应于双方分别采用"不监督"和"努力"的策略。

2. 体现横向协调性

企业在组织运行过程中具有自我完善和调整功能，管理流程体系好比企业这台分布式计算机的软件操作系统，是顺应组织整体战略导向，通过影响、整合、协调、控制等，使管理载体发挥运行功效。在上述系列过程中，企业各子系统也由此形成相互支持、辅助、竞合、协同的反馈整体。为此，管理流程设计须体现在对企业整体各部分间以及自身的横向协调性上。

常见的企业直线职能结构构筑了企业纲要等级骨架，然而如同我们很难期待一具完美的骨架标本可以具备一系列生理功能一样，西蒙指出，此种结构包括有关主要部分之间关系的信息、每一层级中各部分的有关内在关系以及属于不同层级子部分之间的关联好像被扔掉一样[13]；管理流程设计即是要梳理或重建人为事物中子成分间相互关联的经络，使企业管理系统整体具有类似生理的生命适应活力。从某种意义上来说，将企业管理制度中规定的各种管理业务细节有机纳入企业组织结构中，使其具备运行活力并表现出各种动态功能是管理流程设计的本质。业务与结构的有机融合离不开企业各职能部门有效沟通、制约与合作，体现管理流程设计横向协调性的要点在于通过对管理制度中各种相互交错管理业务的解析。首先，确定相应管理部门的重点职能；其次，厘清管理业务各环节相互关系及各自主办部门，各种管理业务的行进程序与控制手段等。将具体业务细节纳入组织结构体系的管理流程设计过程有赖于我们对于企业架构中法约尔桥与权力责任体系的谙熟与把握。这一系列构建的结果是以管理流程中管理活动、活动承担者、活动间关系和活动方式的具体安排形态体现的。设计管理流程的横向协调性不仅体现在运用管理流程构建企业组织各部门间的合作、协同、控制、约束等关系上，建立管理流程相互间的配合与衔接也是横向协调性在过程关联中的体现。某一管理流程由一组相互关联的管理活动序列构成，这些序列的不同环节往往由不同部门参与执行，用以解决一类特定的管理事务。拥有处理某类特定管理事务的职能部门是流程运行中的重要节点，并于相应管理流程中处于主导地位。在整个管理流程体系中，诸多流程间以串行或并行方式发生衔接或关联，其实质是管理制度中不同管理事项组合间的功能关联，有利于所谓企业"躯体智慧"的形成，进一步强化了企业组织内部不同层面及部分在时间序列中基于相互作用不断发生着的反馈机制，促进了各组分间既竞争又协同并相互依存与转化,成为企业系统发展的推动力。对于此类过程间关系的有效整合是各种管理功能得以实现的重要保证,同样应体现在管理流程设计的横向协调性中。

3. 关注纵向时效性

对于单个流程而言,在明确行进走向基础上将各种管理活动以串行方式连接在一起。管理流程过程性特征根植于管理业务在时空维度中的串行原则,串行原则有其人类自身生理和心理学根源,企业某一管理职能部门是各管理流程从不同方向经过,进行相应管理业务处理的集成处所。如图 4-12 所示:

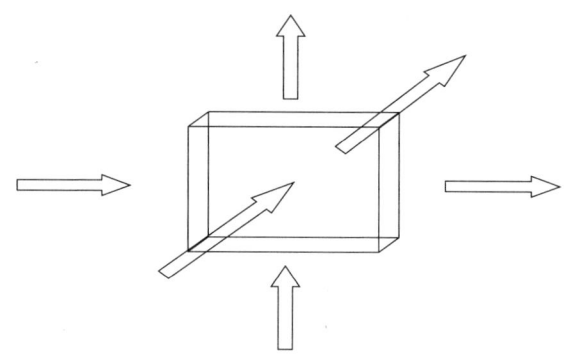

图 4-12 不同管理流程从各方向经由某管理部门的三维简化

本书将 Ω 表示管理部门抽象成体积,S 表示面积空间,$\vec{n}$ 表示此空间的外向,考虑到随着企业存续,各项管理流程将持续不断运行。因此,对于此空间而言,各项管理流程的经过是"无源"且"无汇"的。设 (x,y,z) 为空间位置,将管理流程中各项管理活动抽象成连续流。设 $\rho(x,y,z,t)$ 表示管理流程中各管理活动的密度,$\vec{v}(x,y,z,t)$ 表示管理流程各种管理活动行进速度。则在 $(t, t+\Delta t)$ 时间内,Ω 内管理活动的增量 = 通过 S 流入流出的增量。有:

$$\iiint_\Omega \rho(t+\Delta t,x,y,z)\mathrm{d}\Omega - \iiint_\Omega \rho(t,x,y,z)\mathrm{d}\Omega = -\int_t^{t+\Delta t}\oiint_s \rho\vec{v}\vec{n}\mathrm{d}s \quad (4-9)$$

等式左边可看成 ρ 关于时间 t 的连续偏导数,逆用牛顿—莱布尼兹公式有:

$$\iiint_\Omega \rho(t+\Delta t,x,y,z)\mathrm{d}\Omega - \iiint_\Omega \rho(t,x,y,z)\mathrm{d}\Omega = \iiint_\Omega \int_t^{t+\Delta t}\frac{\partial \rho}{\partial t}\mathrm{d}t\mathrm{d}\Omega \quad (4-10)$$

等式右边可写成:

$$-\int_t^{t+\Delta t}\oiint_s \rho\vec{v}\vec{n}\mathrm{d}s = -\int_t^{t+\Delta t}\iiint_\Omega \nabla(\rho\vec{v})\mathrm{d}t\mathrm{d}\Omega \quad (4-11)$$

其中,$\nabla = \frac{\partial}{\partial x}\vec{i} + \frac{\partial}{\partial y}\vec{j} + \frac{\partial}{\partial z}\vec{k}$ 为梯度算子,则根据式(4-9)、式(4-10)、式

(4-11) 可得：

$$\iiint_\Omega \int_t^{t+\Delta t} \frac{\partial \rho}{\partial t} dt d\Omega = -\int_t^{t+\Delta t} \iiint_\Omega \nabla(\rho \vec{v}) dt d\Omega \qquad (4-12)$$

即：
$$\frac{\partial \rho}{\partial t} + \nabla(\rho \vec{v}) = 0 \qquad (4-13)$$

退化成一维形式，即单个管理流程的运行，此时令 $\vec{v} = u(t,x)$，可得欧拉方程：

$$\begin{cases} \frac{\partial \rho(t,x)}{\partial t} + \frac{\partial}{\partial x}(\rho u) = 0 \\ \rho(t_0,x) = g(x) \end{cases} \qquad (4-14)$$

式（4-14）中 $g(x)$ 为管理活动在管理流程中的初始密度函数，在此情形下确定的 $\rho(x,t)$ 可以刻画任一时刻某一管理流程中各项管理业务活动的分布状况。可看出应有 $v = v(\rho)$，不难想象，某一具体环节中的管理业务活动在流程中的行进速度随着业务活动在整个流程中分布密度的增加而减少。有两种极端情况：一是流程中管理业务活动的密度极其稀少，此时管理活动在流程中的行进可达到最大速度 v_m；二是当管理活动密度在流程中的分布密度达到最大 ρ_m 时，管理流程行进会受阻；具体可以概括为：$v'(\rho) \leq 0, v(0) = v_m, v(\rho_m) = 0$，设 q 为某一管理流程中业务活动流量，有：

$$\begin{cases} q(0) = q(\rho_m) = 0 \\ q(\rho) = 0, [0 < \rho < \rho_m] \end{cases} \qquad (4-15)$$

其中，最大流量 q_m 可称为管理流程业务容量。若设：

$$v(\rho) = v_m(1 - \frac{\rho}{\rho_m}) \qquad (4-16)$$

显然，式（4-17）满足上述有关条件，可进一步得：

$$q(\rho) = v_m \rho(1 - \frac{\rho}{\rho_m}) \qquad (4-17)$$

当 $\rho_0 = \frac{\rho_m}{2}$ 时，取得流量最大值：$q_m = \frac{v_m \rho_m}{4}$。由此可见，在管理流程设计中须适时关注管理业务活动分布在管理流程分布中的时效性，分布太密会阻碍管理流程顺畅运行，分布稀疏易导致各种资源闲置，两种情况均会对管理流程运行产生不利影响，因此，管理流程各环节事项的设计须规定合理的时间要求。

4. 可监控与考核性

管理流程设计不仅要为企业各种管理事项的履行提供具体解决方案，还需兼顾对于人们在具体管理流程中的表现与流程运行的结果给予监控与考核。管理流程在战略导向下解析了管理制度中各项管理业务的关键步骤与程序,将组织群体中的个体行为曲线规整化,于展开过程中顺应了主体经验、管理对象客观性的推动作用,依托组织架构中职能部门与权责体系动态行进以实现各种细化的管理功能,促进组织机体有机协调运作与发展。可以认为,流程的走向及流程中按先后次序串行排列的各种管理业务活动所形成的有序性是降低系统熵的具体机制之一。然而在组织系统整体运行过程中,由于管理环境的变化、管理活动的复杂性、管理失误在所难免。管理熵依然源源不断产生,管理流程自身也可能由于某个小的涨落而导致局部不均衡,此种不均衡有可能引起大范围的涌动性涨落,从而为管理系统运行带来不利影响。监控与考核的目的在于运用反馈原理进行纠偏与调整,及时发现各项管理工作是否按既定计划执行,确保管理目标达成。图4-13显示了对管理流程的控制过程。

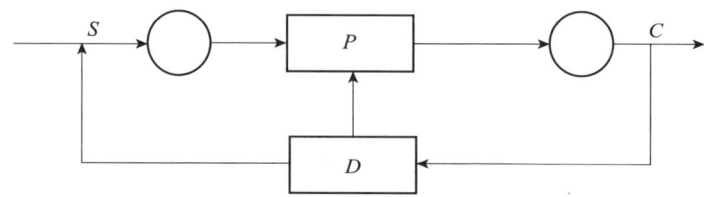

图4-13 对管理流程的控制

图4-13中S表示输入,C表示输出,P表示处理,D表示反馈控制因子,控制因子对于管理流程的监控点可设计在流程运行诸环节,并可采取不同方式。控制过程的首要环节是确立标准,继之衡量工作成效并与检验标准进行比对,再者找出偏差的原因进行纠正。管理流程提供了企业内部各种管理事项上下游间的服务,其输入与输出不如生产流程明显。笔者认为,管理流程的输入是特定环节所应采取的针对下游的服务活动,此时的控制因子D在管理流程设计中表现为具体管理岗位的工作说明书,岗位说明书根据相应的管理制度事先规定了某一具体岗位应具备的基本技能,操作方法、行为准则和注意事项,提供了管理流程中各环节岗位责任人工作内容与质量的规定性范本,属于前馈控制范畴,同时也是事后评估的重要标杆;管理流程设计中适时控制的实现体现在相关文件的采用、填制与管理流程相互衔接中;以上皆是管理流程辅助设计的重要内容。当然,无论是岗位说明书、还是运行中相关文件抑或是流程衔接设计得如何完备,控制不了的依然是"人心中的不满",员工在具体管理流程中的表现直接影响着流程的运行绩效,控制因子D又可以是有关考核的管理流程,专门针对管理流程的输出内部服务的状态与质量,此时D属于事后控制的范畴。由此可见,设计管理流程的可考核性是其可监控性的一部分与一个阶段。

第四节　本章小结

本章进行了管理流程形成分析，认为管理主体经验、管理对象客观性与管理科学理论与方法在管理流程形成与运行中具有推动作用。明确了管理流程设计要素分别为管理活动、管理活动间关系、管理活动承担者与管理活动方式；分析了推动作用与管理流程构建要素间关系。认为基于管理制度解读与表达的管理流程形成展开是其设计分析的基本面和设计过程的出发点。继而运用广义设计理念，由构建"人工系统"逻辑关系探讨了管理流程设计的目标、原则、设计思路和理念。

第五章　管理流程影响因素与设计要素实证分析

西蒙认为，设计是通过主观对客观的适应而创造人为事物的科学[13]；将其比喻为一只蚂蚁为达到目的在崎岖表面行进，称其行为随时间变化的复杂性是其所处环境复杂性的体现，并认为对适应性能的限制往往为数不多。设计具有强目标导向，是以事物形成为出发点，考虑环境条件将各种资源有机整合使人工事物具备一定功能的过程，在此过程中各种环境条件的影响须予以重视，这不仅有助于提高设计事物的适应性能，其本身也是设计分析的重要组成部分。管理流程为管理制度实施提供解决方案，设计分析的过程也即寻求问题解法的过程，有时解法就蕴于问题自身的结构之中[13]，许多相关影响因素在管理制度中有所体现。

第一节　相关影响因素分析与构建要素设计要求

"设计作为一种有目的的活动对客观世界的超越具有可容性范围，这是一个适应于环境的问题，否则将是不成功的设计[13]"；与德鲁克比肩的管理大师罗素·艾科夫非常重视设计中的限制条件，强调"优化设计必须在技术上可行，能适应现实环境便于实施，并且设计过程能随时间改进[258]"；刘建一先生在强调设计管理方案时，对于制约性因素的分析必须充分，否则设计方案难以执行。Stoddard 和 Jarrenpaa 发现，哈默所描述的彻底再造方法在实践中并不具代表性[20]；认为 BPR 激进派常致力于革命性变化，但由于组织结构、企业资源及外部条件影响，BPR 常以改良态势出现。国内学者也发现，"很多文章和论著宣称支持彻底全新流程设计，而所举案例却体现局部改进的方式"[5]；我们的设计视角不能陷入局限封闭的桎梏，须与企业既有实际情形相适，管理环境具有较强的内部性特征，我们更多地从组织内部关注管理流程设计中的相关影响因素，这些因素在很大程度上反映了企业系统与外界的各种联系，是设计过程中必须予以重视的。选择因素主要参考了各位学者研究流程设计相关影响因素或 BPR 失败与成功原因方面的成果，本书文献综述部分有所涉及，包括企业战略、信息技术、业务属性、组织结构、企业文化、"人"的因素、组织创新与学习能力、情景因素（如企业规模与所有权）、管理思想与技术等。此方面很多研究较为成熟，所选主要因素差异不大，仅对各因素分类的具体方式有所区别。上述因素未从人工系统设计有关"目的—功能—载体"的逻辑顺序做进一步梳理。管理制度在自身发展过程中不断汲取管理科学理论与方法，逐步完善形成了较为完备的体系架构，涵盖企业管理诸多层面，其制定具有多维性，内容庞杂繁复而多元。而作为管理制度实施运行而设计的管理流程，却务求简约明了。因此，我们需参考这些研究成果，解析出管理流程设计相关影响因素，用简明方式体现于设计过程中，使管理系统运行层面发挥应有功能。

一、企业战略对管理流程的影响

学界对企业战略研究已经历半个世纪，尽管定义有别，但其内涵基本一致。企业战略是指企业组织为自身生存、稳定和发展据其外部环境变化与内部资源条件对组织发展目标及实现目标途径的总体规划，在组织内部分公司级、职能级等层次[259]；何光远认为，"首先，解决人类社会各项复杂问题的一般程序是先有战略决策；其次，进行设计与管理；最后，战术决策"[23]；企业战略不仅明确了企业使命、远景目标、经营范围与方式等方向性问题，也设定了企业经营方针和行动指南，是企业于竞争态势下的自身定位，反映企业高层价值观念，是全体员工活动的行动纲领。为使流程设计取得更佳效果有必要从企业战略高度审视，以战略总体目标指导流程设计。

1. 企业战略目标选择定位

战略目标选择定位对企业战略制定具有重要意义，战略制定的出发点是确立组织使命与目标。首先，企业须运用如 PEST 与 SWOT 等战略分析工具对企业组织所面临的政策、经济、社会、技术等环境做出全方位分析，识别环境中各种机会与威胁，分析组织自身拥有的资源与能力以及企业文化特点，以确定组织具有的优劣势，据此进行战略选择与定位。战略制定展示了组织发展的整体目标，进而给出了不同时期和部门的目标分解，这为企业各层级与部门的整体运营提供了明确导向。为实现各级目标，企业各部门须通力合作使各种人、财、物等资源有效合理运作，从而为创造价值与利润提供整体性指南。企业价值链在战略导向下整体运行，各级流程是价值链的分解与细化，某一层级上的单个流程即指向了某一级分目标。企业管理流程通过发挥计划、组织、领导、控制等职能对价值链基础和辅助部分皆产生反馈、调节、支撑、监督、辅助等作用，其本身即是价值链各派生流程的重要组成部分。可以说企业战略不仅在很大程度上提供了流程设计的动机，同时也影响了设计企业诸执行层面流程的导向。企业战略已在大方向上回答了"为何做"及大框架下"做什么"的问题,这从事实上决定了流程行进的总体方向,目标管理体系中的各层级目标也决定各具体流程的运行方向。流程设计往往是跨部门的重组工程,时常会随着责权利重新分配,战略制定具有较强的高层倾向,流程设计中对战略导向的遵循事实上也是对企业高层价值观的认同,因此,战略对流程设计构成有力支持。

2. 企业战略实施与控制

Edwards 和 Peppard 认为,战略实施比战略制定更加重要,实施是关于理解战略目标,确保组织运作、人力和技术资源支撑所制定的战略[260];无论战略制定如何完美,不能很好实施则无法发挥效用,战略实施是将战略思想转化为战略行动的过程。哈佛学派 SCP 范式是产业经济学中被公认较正统的产业组织分析方式,这一范式分析在行业或企业受到冲击时可能的战略调整及行为变化。认为产业结构决定了产业内的竞争状态,由此决定了企业的行为及其战略,从而最终影响企业绩效[261];笔者认为,SCP 范式经适当变换可应用于企业微观组织内部,企业内部结构(Structure)不仅指相对静态的组织结构,流程的动态运行向我们昭示了皮亚杰发生学结构意义下的结构动态;行为(Conduct)是企业内部各种生产经营管理业务,其中很多业务可以以流程运行方式予以实现,这一系列活动的最终目标即企业战略规划。流程运行状况(Performance)在很大范围内影响了对企业战略目标体系的实现程度,因此,作为实现企业结构的动态运行层面,流程的行为结果决定着企业战略绩效。诸多企业构成行业生态群落,是行业竞争态势形成的基础。企业个体要在行业群落中生存并发展,须结合自身现状在其内部建立起与行业竞争态势相适应的行动纲领与活动方式,组织内部具有与产业经济背景下 SCP 范式某种类似的相应状态本身即是其建立与外界和谐适应机制的基础。战略实施往往不是一帆风顺的,企业为不断适应日益复杂而变动的经营环境也需对战略制定进行适时调整,为确保经营绩效要在战略实施过程中引入纠偏机制,即进行战略控制。流程的优化设计是企业战略得以实施的重要保障,流程的有效运行有利于促进战略目标整体实现,流程体系中各级不同种类流程的运行流转即是企业战略得以精细化实施与控制本身,是各层级战略目标得以有效达成的保障。企业流程运行状况在很大程度上反映了企业战略的实施情况,流程缺失将难以形成对战略的有效支撑,流程阻碍与拖延会因此降低企业绩效。

3. 职能层战略的战术化分解

就企业战略层次而言有公司层战略、经营层战略与职能层战略,公司层战略决定企业整体发展方向,考虑进入哪些产业、经营哪些业务,规定了公司全局性的总体战略框架;经营层战略考虑公司有哪些业务经营单位,具有何种竞争优势,可以采取哪些战略行动;而职能层战略体现了企业实现经营目标的具体路径与手段,是企业用以指导某一方面特定经营活动的行动纲领。前两个层级的企业战略其表达有时过于笼统,不够精确,不同部门与层级人员往往可以做出不同理解,这不利于企业战略的有效实施。职能层战略的制定事实上是高层战略进行战术化的过程,这一过程也是管理制度明晰化的过程,在此过程中各项管理功能得以细化。运用精心拟定的策略途径和政策加以具体化、精确化和明朗化,以指导企业各方面经营活动,促成各项战略分目标实现。其重要表现在于明确划分了企业各项业务职能领域,包括生产制造、技术研发、营销、财务、人力资源等方面。企业所处环境与发展阶段不同,当前面临的核心任务也各异。因此,即便是同一行业中不同业务领域,在各自企业的地位与作用也有所差别。职能层战略的战术分解使公司总体战略思想与目标得以具体化,并自然引出各职能领域一系列具体政策与措施等战术层面问题,为公司整体战略得以有效贯彻与落实提供战术保障。管理目标是企业战略目标体系的组成部分,管理流程在与其他流程相互交融与渗透过程中发挥着各种管理功能,是对相应管理目标实现的有力支撑。企业职能层战略在细化分解过程中明确了业务职能领域,对于管理流程设计具有重要意义,各项业务领域也正是各类管理流程得以发挥管理功能的领域,例如,针对生产制造有各种生产管理流程,研发领域有技术管理流程,营销、财务、人力资源等方面各种管理流程的业务倾向性则愈加明显。我们在设计管理流程伊始,明确所设计管理流程的业务领域至关重要,因为不同业务领域有不同的管理对象和管理主体,因此,其各自的对象客观属性与管理主体经验也不尽相同,这是设计分析中必须予以关注的。

4. 战略导向下各职能部门相互关系与配合

职能层战略分解的重要结果之一是明确了企业职能业务领域,在职能层战略导向下,相应业务领域往往由一至两个对某一领域有所侧重的职能部门发挥主导作用,职能部门的具体工作以及相互间配合协作与企业战略实施有密切关系。基于企业战略导向,企业各职能部门间须相互影响并促进,各自以本部门为本位,强调部门内的各种规定与政策,势必造成各部间工作配合不力,自行其是。因此,当企业制订战略计划时,必须设计相应流程以便审核企业中各部门间及其活动和计划间相互关联、影响和依存性[259]。在战略导向下理顺各部门间的关系与相互配合,不仅对于单个管理流程的设计与运行至关重要,也涉及不同管理领域中流程的相容与配合。各职能部门若不能很好配合,往往会对相应管理流程有负面影响,从而造成企业整体战略实施遇到困难。例如,某企业发觉老产品前景堪忧,想致力于新产品研发,为此在研发部门投入了许多人力、财力、物力,然而营销部门却依然热衷于推销销售渠道相对畅通、顾客比较熟悉的老产品,为此技术管理流程与营销管理流程不能有机配合,新产品未能及时得到市场检验,公司前景变得不容乐观。企业战略往往随外部宏观环境中 PEST、企业自身资源禀赋及面临行业竞争态势变化而时时调整，而流程自身在一段时期内具有相对稳态，这不仅要求流程设计也须相继优化升级，设计出的流程本身亦需基于战略导向具备一定调节适应能力。管理流程设计须将各部门策略有机融合与贯穿，使某一时期各职能部门能相互协调一致，默契配合，这样战略思想得以在各部门有效沟通，为各部门及其主要负责人在具体工作中提供具有全局意义的指导准则和全时空背景下的行动纲领，以确保管理目标实现与战略实施。在各职能部门中执行具体工作任务的是企业各级员工，应在设计过程中充分考虑管理主体经验和管理对象客观性，运用广义设计理念和管理科学方法将各种管理工作与"人"有机融合成相互联系和自我管理的任务群体，形成管理流程以约束组织中众多个体行为曲线，促使各部门趋近组织战略目标。为此笔者做如下假设：

假设 1：企业战略因素主要影响指标分别为企业战略目标选择定位 X1、企业战略实施与控制 X2、职能层战略战术化分解 X3、战略导向下各职能部门相互关系与配合 X4 四个方面。

二、 业务属性对管理流程的影响

Krajewski 与 Ritzman 认为，每个流程都是最终产生整个企业价值链的基本组成单元[53]；蒋志清探讨了营销特性和生产模式与核心流程设计的关系[86]；方锦城、卢辛沛关注产品/服务功能与技术特性、服务模式及生产方式对流程设计的影响[88]；周妮等提出，产品线结构在一定程度上决定流程模式[89]；流程与具体业务休戚相关，体现各种业务活动有机规范组合，可以说没有业务就没有流程。Dvenport 和 Short 认为，流程是由一系列过程集合而形成的一套业务系统，在这个业务系统中，包含了业务单元或业务单元的集合[35]；管理流程体系是一系列管理业务的集合系统，随着战略目标分解，企业价值链细化为各种流程，这是对企业战略实施的具体执行。

1. 相应管理业务规定的工作事项与任务细节

管理流程是按照科学管理规律，结合企业实际条件，将各项管理业务自始至终的处理过程，逐一按顺序进行事项的过程化描述。职能层战略的细化分解明确了相关职能业务领域以及相应业务领域内主要承载部门，各职能部门间相互配合厘清了彼此间在某一业务领域中的合作关系，然而对于管理功能的终极支撑是不同业务领域实际发生的具体工作事项与任务，流程具体运行过程贯穿于组织结构中相关部门及相应岗位，进而形成有序规整的工作任务链。

设计中我们往往将管理功能解析为具体的专业管理业务事项，这些事项对相应业务领域的倾向决定了流程的任务主题，这事实上完成了对特定管理流程的业务定位。此后是厘清管理业务规定中描述的具体内容，相应的业务细节一般蕴含在管理制度规定的各项行为规程与行动细则中，业务的具体内容与规定通过主体经验、管理对象客观性与管理科学方法深刻影响着流程中活动的方式及活动间的相互关系。不同业务领域的工作事项与任务细节纷繁复杂，很多散落在制度汇编具有树状框架结构的不同章节中。例如，在 A 公司的管理中不仅有生产管理总则，还详细规定了调度、作业、半成品、再检品、批次管理、车间现场管理、班组管理、定置管理等，这其中每一项又做了更详细规定，例如，生产调度管理用文字化表述了相应术语、管理依据、管理目标原则、管理要求与方法、管理组织及相应岗位的工作细则；又如，S 公司的设备动力管理，有关机械加工、设备防腐与检修、设备润滑与维保、压力容器管理、设备技术基础、设备事故、设备动力、能源、电气、环保等方面的管理业务细则；再如，X 公司对于计划管理有详细的中长期、年度、季度、综合统计、专项基金、经济活动分析、信息与决策管理乃至原始记录、台账和统计报表编制等方面的各项管理业务规定；此外，J、Y、Z 公司针对物资供应、运输、销售、劳动人事、办公室管理、财务等方面都有很多相应细致的管理业务规定。我们不仅要从管理制度的不同角落将相应业务领域运行细则解析出来，也要遵循各业务领域具有的不同管理对象客观属性与主体经验，将各环节工作事项按其相关承载部门有机串联起来并形成管理流程，这对于把握相应业务细节并于动态运行中实现管理功能是至关重要的。

2. 管理业务相应环节履行与时间要求

职能战略的分解明确了各自业务领域的主导部门，然而许多管理业务的全程履行不会仅涉及一个部门与岗位。例如，Y 公司重大生产经营决策业务涉及董事会、顾问委员会、总经理、企管部和生产承包方；又如，X 公司销售策略调整涉及总经理、分管副总经理与销售部；X 公司设备管理大修业务涉及生产副总经理、生产部、动力车间、工艺工程师、设备中心；而事业改制后的 Z 企业员工考核事关院务会、主管领导、综合部、业务部门主任与普通员工。不同环节的履行工作往往与相应环节工作事项的时间要求紧密关联，最能体现时间要求的是计划管理。例如，A 公司的计划管理业务明确规定了企业 5~10 年中长期发展规划，对于制定中长期发展规划的资料收集、初步方案拟订、办公会讨论、规划草案、扩大会议讨论、总会计师与计划处长审核、总经理审定、董事会最终批准等步骤都有明确的时间要求。根据管理主体经验及人们对于企业经营环境与经济形势认识须有一个过程这一客观性，各环节时间不能过短，否则调研与讨论不充分，容易造成最终计划的偏差；但也不宜过长，否则会贻误战机。又如，为确保次年年度计划的制订与实施，A 公司管理制度汇编有关年度计划安排中明确规定，在每年 9 月 20 日前，计划处与市场部必须根据公司总的方针目标，结合当年生产经营完成、技改与新增产能、订货与市场预测等情况拟订初步方案，经总会计师与总经理审批后于10月1日以后交送市场、资材、质保、人事、设备、动力、技术、各车间、总工办、基建处、培训中心、财务处等部门，各部门主要领导经详细审阅后举行联席会议，会议结果于当年11月底报总经理办公会议审议通过，于12月10日前报董事会批准，并于年底前上报并下达有关各部门遵照执行。X公司为确保对重点客户的管理，在营销管理制度中，规定与重点客户合同起草后5日内，必须经财务和企管等部门审查并由总经理审批后交由综合部备案。为保证考核公平、公正与公开，奖勤罚懒具有相应的时效性，Z企业在管理制度中规定每季度末26日前员工完成季度工作的自评，于下季度初第三个工作日前由部门领导与员工完成沟通并由主管领导审核，每年12月28日前由部门领导对本部门员工年度工作做出综合评价。有些管理事务具有突发性，例如，设备事故，不同设备处于不同运行阶段其发生事故的概率不尽相同，为节约维修成本，尽量降低维修频率，确保设备长期有效运行，许多企业在管理制度中有设备管理大修方面的规定，例如，J公司规定每年10月上旬对所有重要设备进行检查保养，X公司将这一工作放在每年8月。在管理业务中相应环节具体工作的履行与完成相应工作任务对这些管理者提出的时间要求是相辅相成的，管理者所从事的管理活动不同，面对的管理对象各异，时间要求有别，会采取不同的活动方式。

3. 管理业务的类别与涉及范围

管理流程与企业各类生产经营活动中的诸多业务领域建立起广泛联系与互动，例如，有对生产过程维系的设备管理流程、与技术研发有关的合理化建议流程、质量管理及客户质量投诉中必不可少的质检流程、营销管理中的价格调整流程、人力资源管理中的考核流程、财务预算流程、战略管理中的重大经营策略流程等。与企业相应业务领域的密切关联决定了管理流程中业务的具体类型，无论是针对价值链各环节还是企业组织结构诸层级，各种管理业务在企业系统中的渗透范围非常深广，这里的"范围"有两方面含义，其一是具体管理业务所涉及的职能部门及其在企业架构中所处地位，其二是渗透至特定部门乃至岗位在相应管理业务中所担负的工作任务。例如，A企业的生产调度管理制度，相关工作细节不仅涉及企业总调度室，并且一直渗透至相关生产车间的具体班组的工作任务。又如，J企业的物资供应管理制度，涉及计划处的计划安排，采购部门的合同管理，财务部门的特种物资储备资金管理，生产车间的物资请领管理，仓储部门限额发料、废旧物资、低值易耗品管理等，甚至有些物资采购来源于国外，这又事关公司进出口、采购、财务、仓储等部门的通力合作。针对管理业务属性因素，笔者作如下假设：

假设2：业务属性因素主要影响指标：相应管理业务规定的工作事项与任务

细节 X5、管理业务相应环节履行与时间要求 X6、管理业务类别与涉及范围 X7 三方面。

三、信息技术对管理流程的影响

IT 作为 BPR 的"使能器",在 BPR 过程中扮演了重要角色[262];Mohsen Attaran 认为,IT 对 BPR 的作用主要表现在三个方面,在 BPR 之前,IT 是 BPR 的促成者;在流程设计过程中,IT 是流程设计的推动者;在流程设计完成后,IT 是流程的实施者[263]。

1. 企业 IT 基础设施建设

首先,企业在 IT 方面的基础设施建设为流程设计提供了技术支持条件,企业 IT 技术水平高低会影响对于管理流程设计的支撑力度。一般而言,信息技术水平高的企业进行彻底流程设计的条件较为充分,而信息技术水平较低的企业更倾向于进行流程的局部优化设计。笔者调研的几家企业尚未专门运用信息技术进行单纯的管理流程设计,有些运用 IT 建立了全面的 ERP 信息系统,管理流程的信息化体现融合在企业资源整合的整体化信息运作框架中,这固然与这些企业信息化建设基础有关,但也从另一个侧面展现了管理流程与其他诸多流程在调配企业各种资源过程中不可分割的紧密联系。一旦新流程的运行构筑在 IT 基础上时,就成为变革活动中的主要部分和重要支撑条件。

2. 企业管理流程设计中对 IT 技术的运用水平

流程设计分析阶段 IT 技术可以利用相关数据库及专家系统等工具进行资料收集与分析、绘制流程图、组织结构评估等;在实施阶段,采用 IT 项目管理工具、组织和评估相关流程和活动,应用软件及产品开发工具等手段识别,使重组后高效的流程结构化。信息技术在管理流程设计中的运用是科学管理方法与先进科学技术的有机结合,信息技术的应用影响了管理流程运行结果的效率。利用信息技术可将原先手工处理的业务过程规范化、信息化,从而改善业务信息的及时性,提高各业务环节的响应速度,建立网络互联适时跟踪反馈机制,可以尽可能降低企业资金、人力、物资等运营成本。管理流程设计与实施过程要求企业对于 IT 技术具有相应的运用水平,以使管理流程中的各项活动更加规范,活动间的关系得到了 IT 的有力支持从而变得更加密切,活动的方式愈加快捷、合理。对于管理流程中的活动承担者而言,减少了他们彼此间不必要的信息沟通环节及冗余,不仅节省了体力与时间,还使流程的运行效率大幅提升,也由此对流程承担者认识与驾驭信息技术的能力提出更高要求。

3. 企业实施信息化运作的能力

一旦新流程的运行构筑在 IT 基础上时,我们需关注企业对于信息化技术的把握与运用。这里指企业实施信息化运作的整体能力，是企业具备相应IT基础设施，同时拥有掌握一定技术技能并能于流程设计与实施中进行合理有效操作的人员，从而在较长期日常运营管理中所表现出的对于信息技术整体运作与驾驭的能力。IT的设计和重构、实施的好坏在一定程度上将影响BPR成效[264]；在流程设计项目运作时应用IT技术，还须考虑企业对于变革的适应能力，否则会对企业业绩造成负面影响；信息技术是管理流程设计的"使能器"，然而对于管理流程设计而言，IT是一把"双刃剑"。好的流程设计若辅以信息技术并得当运用，将得到技术的支撑强化从而如虎添翼，有利于促使流程设计成功。若管理流程本身有设计不尽合理之处，任凭技术应用如何先进也只是充当了管理流程运行快速陷入系统紊乱的帮凶。

事实上对于IT技术对管理流程设计的影响也有来自反面的声音，研究流程问题的著名学者梅绍祖认为，从理论上来说，BPR可以不涉及信息技术层面[265]；笔者认为，信息技术是管理流程设计的必要不充分条件。对于不同企业而言，IT基础设施建设，企业员工对IT技术应用水平及实施管理流程信息化运作的能力各不相同，为此提出如下假设：

假设3：信息技术因素主要影响指标：企业IT基础设施建设X8、管理流程设计中对IT技术运用水平X9、管理流程实施信息化运作能力X10三个方面。

四、 组织结构对管理流程的影响

有效开发社会资源的第一条件是有效的组织结构[13]；斯蒂芬·罗宾斯认为，组织结构是描述组织的框架体系，决定了组织的形状[188]；江积海等称组织结构是组织的空间形式，是体现组织内规则、职务权力关系的一套形式化系统，阐明各项工作如何分配、"谁向谁负责"及内部协调机制[266]；杨文士等将组织结构定义为，表现组织各部分排列顺序、空间位置、聚集状态、联系方式及各要素间相互关系的模式，是执行管理和经营任务的体制[191]；由此可以认为，组织结构是包含人们职责与权力的形式化体系并体现组织成员间分工协作关系，其存在意义在于实现组织目标。德鲁克认为，组织结构同样需要设计，这不是第一步而是最后一步[179]；要确定组织结构基本单位，即那些必须包含在最后结构之内并承担已建成大厦"结构负荷"的业务活动。德鲁克的观点更符合管理设计基本思路，然而现实中进行管理流程系统化全新设计的案例较少，往往因为某些专业管理子系统或其局部因环境条件变化不太适应组织活动要求，出现管理功能不足，需对某些局部管理流程进行改进设计，为此管理流程设计时常须基于企业既定组织结构。

1. 企业组织结构安排

许多企业管理制度汇编往往在较靠前的章节明确描述了本企业各部门在组织

架构中的相对位置与其主要职能。组织结构是实现企业管理功能的重要载体,作为运行方式的管理流程离不开组织结构。企业组织结构模式受其战略选择、生产方式及市场地位影响。德鲁克认为,组织宗旨是解放动员人的能力,而非对称和谐[179];并提醒我们关注组织结构中的各种"轴线"[179];例如,关于决策权力、任务逻辑、信息、工作指派、知识动态等。孔茨更细致地指出,正式组织从对"职务结构"设想中孕育出来[180];吴培良等认为,管理幅度与层次、决策方式、集权化程度是研究组织结构的重要指标[216];企业组织结构安排主要指管理的层次与幅度及各职能部门设置。管理层级与集权化程度为管理流程中的权力结构确立了基本形态,管理幅度与相应部门的职能及其中的细致分工(岗位职责)密切相关,同时管理幅度涉及企业内各部门岗位间的分工合作,增大了全体员工通过流程方式协作完成一系列管理业务的可能。然而企业职能部门划分基于传统分工理论,层级分解的业务流程是企业价值链细化,企业经营绩效达成、价值创造有赖于价值链顺畅运行,业务流程由于各职能部门本位主义倾向会被一定程度地分割,易对企业竞争力造成负面影响,但这并不意味着组织结构对于流程设计和运行无足轻重甚至完全冗余。即便是哈默所倡导的流程形成组织范式也要求"使人们做得最好或能够做得最好的机构"存在[216];目前国内仅有少数全球化大型企业(如海尔)成功进行了以内部市场链为纽带的流程再造,这一举措对于企业资金、技术实力以及人员素质水平都有较高要求。大多中小企业依然未能脱离直线职能式架构,这些组织的管理流程即是在此架构展开的,这类组织架构成为设计管理流程所必须面对的影响限制因素之一,组织结构中的各种特性是管理流程设计须予以关注的。另外,企业的组织结构固然可因经济环境、竞争态势、公司改组等原因不断变革,但在一段时期内具有相对静态,那么某一时期相对静态的组织结构何以承载着企业各层级不同种类的诸多管理与非管理流程?笔者认为,主要基于以下三点:其一,组织结构中的部门是各条管理流程通过法约尔桥得以贯穿的结点,各部门职能的专业倾向性和权限设置是管理流程设计中应予以关注的重点,这些节点如同诸多法约尔桥的桥头堡,各"桥"与"堡"的连接合成在逻辑上具有排列组合的多样性与兼容性。其二,组织结构是企业机体适应环境实现战略目标,具有生命活力的架构而非骨架标本,作为生命群体的组织自身蕴含惊人的学习、适应和创新能力,如果说组织结构体现了企业有机体的生命骨架,那么管理流程则是协调企业有机体运行的方式。这样看来,众多流程集于同一组织架构不仅可能而且成为必需。其三,"人"是组织结构中具体化的执行成员,是管理载体又一重要形式,而企业是重要的社会经济形态,"人"处于组织结构中的不同层级,并体现不同业务领域中相应管理幅度的大小。管理流程作为实现企业管理功能的重要运行机制最终是由"人"设计并得以有效运行的,流程中各种管理活动及其方式与关系也是由组织结构中的"人"来担纲的。企业管理业务及"人"在组织结构内部扮演角色的层级与多样性、各人主观经验、专业类别、技能素质等的差异性造成了管理流程各要素及其组合的差别，使管理流程在同一组织结构安排下呈现多样性。

2. 企业组织的权责配置

企业实现各级管理目标所需进行的业务活动归至组织结构的相应部门及岗位，同时管理制度也将监督各类活动所需的权力授予各部门主管，并规定了组织架构中上下左右间相互隶属与配合的关系。不同岗位的工作职责更多依托组织结构的科层架构，使每位员工知道该做什么及应该对哪些后果负责；这样可以排除由于混乱与委派任务不明确而给工作造成的障碍，并为决策工作提供一个整体信息沟通网络，以此反映并支持企业目标。传统组织结构具有由上而下的行政层级构造，如果将组织架构视为企业的骨架坐标，在管理流程与制度章节中我们已发现，由于管理制度汇编中的章回纲要的编撰方式而更多依托于组织架构的经线，而管理流程行进的路线偏重于这一坐标的纬线。在企业组织结构中，权力配置的偏纵向性与责任链的偏横向性需要有机融合，是我们在设计管理流程中必须面对与解决的问题。

企业目标分解至职位，把职位综合到部门，循部门层级组成垂直权力系统，横向协作体系更多由流程构建。由此组织结构为管理流程设计设置了框架条件，是管理流程得以依托和运行的载体，这在很大程度上决定着管理流程对于运行进程和业务细节等方面的实现和落实，是管理流程设计的支撑和保障。组织结构中的层级有效提供了管理流程中各层次管理者分配及使用企业资源的权力方案，设立了必要的管理控制权限，并明确企业管理人员各自职责，有利于组织内部建立起系统化的管理秩序以降低管理熵；组织结构中设置了权力与责任体系，提供了企业内部各单位、成员间的整体沟通渠道，确保各类信息在管理流程中准确、快速传递，利于提高管理流程运行效率。管理流程促使中下层管理人员可以广泛参与到企业不同层面的决策过程中去，从而在一定程度上提高了员工积极性。

3. 企业高管的业务控制范围与决策方式

企业带有总体全局性质关乎其存亡与发展的重要决策权力依然控制在组织结构上层。查尔斯·萨维奇认为，某人职位越高其重要性越大，这种重要性使企业的思考过程和权力集中在上层[267]；高层领导的决策能力与方式是企业的宝贵财富，企业高管的洞察、沟通、应变、控制等能力与意图将影响对于管理流程进程与某些细节设计，并对管理流程设计项目本身提供支持。许多公司在管理制度汇编中对企业董事长、总经理、副总经理、总经理助理、总工程师、财务总监等高管的职责、权限、主要负责的业务领域、遇公司重大问题时高管相互间的协调与决策机制有明确细致规定。企业高管的业务分工（尤其是副总级别）不仅体现了各自的专业倾向，也显示了高层权力配置的制衡方式与协调态势。不同业务领域的分管副总往往是相应管理流程某一环节具有最终审核甚至审批权力的领导，他们对于某些管理业务的审核与审批不仅带有其本人对于相应管理事务的理解与把握，也透射出企业整体战略的倾向性，某些重要环节的审核与审批权限设置不能忽视高管层的权力安排与配置，而对于事关企业命运的重大决策，其方式往往采取高管层办公会集体决策，这些是管理流程设计中应该体现的。关于组织结构因素，提出如下假设：

假设4：组织结构因素主要影响指标：企业组织结构安排 X11、企业组织的权责配置 X12、企业高管的业务控制范围与决策方式 X13 三个方面。

五、 其他对管理流程的影响因素

1. 企业文化对管理流程设计的影响

企业文化是确定并相对稳定的组织群体规范，是组织成员在长期活动过程中逐步形成的共同价值观体系、信念、思维方式及具有相应特色的行为方式总称[268]；萨维奇称相较产品/服务、工艺和组织原则，企业文化最难被模仿[268]；蒋志清认为，组织变化的实质是组织结构和文化的变化[86]；前者改变了业务流程的运行模式而后者可提升流程运行质量。梅绍祖从不同层面对中美企业文化整体差异做出比较[20]；例如，美国偏重个人主义而中国倡导集体主义；但儒家学说中的"长幼有序、自身稳定、尊重传统、礼尚往来"等观念会对流程设计及绩效考核产生一定负面影响；中国人的沟通方式较为含蓄，表达方式多以关系而非功能为导向，此类东方特性易在流程中上下级关联发生问题时导致数据丢失；此外流程中全局观、自主性、竞争意识的引入其有效性低于西方。一般而言，良好的企业文化有助于提高员工对企业组织的认同度，形成较好的沟通机制，以促进相互间合作；并且沟通合作的有效性能使组织更好地应对各种变化。管理流程设计过程中要充分运用企业文化所具有的约束、辐射、凝聚、导向及激励等作用，激发员工热情，树立员工意志，对管理流程设计积极支持并参与。组织高层是企业文化的引领者，他们的言行具有很强的示范作用，管理流程设计中须谨慎关注。同时管理流程设计的深层推进也是企业文化的再造过程，流程设计细节，流程完善与巩固以及流程实施等各项过程无形中都在重塑流程活动承担者（员工）意识深处的文化价值观念。管理流程设计不能脱离企业文化植根的土壤，笔者在调研中发现，Z企业地处一线城市，价值观念、生活方式、行为理念等已与国际接轨，Y企业地处较偏远地区，其企业文化中蕴含许多当地特有的人文理念与处事方式，X企业兼具两者特征。企业文化无高低贵贱之别，在特定企业管理流程设计工作中我们时刻不忘与当地企业文化背景相融。

2. 企业规模对管理流程设计的影响

大、中、小型是企业规模划定的基本模式，划分时须兼顾企业人数、产品技术水平、投资状况、市场覆盖率等多重因素。实证研究表明，企业员工数与基于其他标准的衡量方法密切相关[269]；企业规模越大，其专业化、标准化及相应规章制度的健全程度往往就越高，组织结构的复杂与规范化程度也将随之增强。大型企业往往业务与管理层级种类多，部门复杂并常带有历史积习形成的惰性，同时大型企业高管往往因事务繁忙而无暇过多参与流程设计团队的指导工作；中小型企业处于相对的资源劣势，危机感引发其较强的变革意识，在上述方面与大型企业相反。因此，相较而言，大型企业管理流程设计的难度与推行遇到的阻力会大些。同时也应看到中小企业资金人才方面相对欠缺，组织结构较为简单，因此，其管理流程结构没有大型企业繁复，流程跨度也小。笔者重点调研的几家企业皆属中小型企业，设计出的管理流程在一定程度上体现了上述特征。

3. 企业所有权对管理流程设计的影响

许多学者认为，企业所有权性质决定企业决策、战略与组织结构，不同层级的管理流程是对实现企业战略目标价值链各环节的协调细化，通过组织结构中的相应部门予以协同合作，不可避免地受到企业所有权性质的影响。国有与非国有是企业所有权划分的基本方式，X 与 Z 企业是国有企业，Y 是民营企业，在调研中发现，国有企业管理机制略显僵化，并且担负较重社会责任，例如，将员工推向社会难度大，自我消化冗员困难。同时国有企业所有者一直以来存在的缺位现象问题，这都会造成战略制定决策不太规范，进而对管理流程设计带来负面影响。此外，国企中高层管理者的个人偏好较易反映在管理流程设计的某些环节中，国企中管理流程的设计与实施相对困难。随着现代企业制度的日益广泛建立，企业所有权与治理结构将日趋明朗规范化，国企尤其是中小型国企与非国企之间的界限将逐渐模糊，企业所有权对管理流程设计的影响将渐趋减弱。

4. 企业员工知识能力对管理流程设计的影响

企业机器、厂房、设备、原辅材料等物质资源犹如交通工具的物质实体，员工好比在驾驶和乘坐交通工具。管理系统中的"人"具有主客体双重身份，一方面，其管理知识、经验和观念是在管理系统活动开始前就反映在管理秩序和制度设计中，是管理功能的执行主体；另一方面，在管理行为执行过程中，组织中的任何人都要服从统一设计（规定）的管理秩序（制度），此时组织中的"人"都应是被秩序管理和约束的对象，在管理活动中是客体要素。管理流程要素中真正的承担者是不同部门中占据各岗位的员工，员工是流程设计中不可忽视的因素[265]；流程中的员工不是机器中的零件而是整体流程链中具有智慧的一环[86]；缺乏相应知识与技能的员工无法在管理流程相应环节发挥作用，管理流程设计须关注企业员工的知识、能力等与流程匹配度。例如，高层员工应具备洞察、应变、管控、协调等方面的知识技能，这关系到管理流程的战略导向，管理流程中体现的权力决策架构及管理流程设计时机；中层应具备交际、业务、协调等知识技能，这有利于其在企业组织架构与管理流程中扮演上传下达的角色，与上下级及其他相关部门有效沟通，以充分应对管理流程中不断出现的事务性问题；基层员工更强调其专业技术知识和适应能力，这关系到他们能否胜任管理流程诸环节中较为琐碎与繁杂的业务细节。各企业中员工整体知识能力有一定差别，例如，Y企业地处较偏远地区，员工的知识技能总体水平相对薄弱，在管理流程设计中我们考虑到这些因素使管理流程设计得简洁明了，流程中涉及的文件和相应事务也尽量便于理解从而有利于遵循实施；Z企业大部分员工是具有较高学历和职称的知识型人才，其工作本身宜赋予创造与挑战性，设计过程中员工不仅能很好地了解设计意图并经常结合实际情况提出一些建议，这在很大程度上拓宽了我们的设计思路；而X企业员工整体状况居两者之间。

5. 企业员工的行为倾向对管理流程设计的影响

"人"具有高度情感和理智，我们可以通过各种方法手段对人们在组织中的行为进行规制，但掌控不住的是人们心中的不满。员工的知识技能只是能够胜任相应工作的必要非充分条件。"能够做"与"愿意做"产生的最终效果往往具有很大差异，流程在很大程度上改变了人们原先的工作模式，许多环节要求各部门人员参与决策、做出判断，这对人们的知识技能及其主观能动性发挥提出了更高要求。管理流程设计不可避免地涉及企业各阶层利益的重新整合，笔者联想到在参加咨询项目时，即便是企业高管也总试图通过一些渠道了解自己分管范围是否发生变化，并希望通过各种方式对设计团队施加某种影响。"人"往往具有安于现状的求稳心态，不太希望改变已熟悉并适应很长时间的工作环境、内容和方式。管理流程不再强制广大中基层员工完全按上级指令行事，而强调依循管理流程的运行，自己判断、选择与处理，因此，对员工知识技能、与流程中其他人员的协调配合、考量工作业绩的方法与手段，中高层领导充当的角色等均提出了更高要求，这些有时会造成员工对自身能力、利益、协作方式等前景的不确定性造成一定程度上的担忧，从而产生抵触情绪。组织群体理论认为，无论正式或非正式群体皆会产生内部行为准则，这些准则对群体内部成员具有吸引凝聚力成为其"从众"的标杆。有研究表明，群体凝聚力与企业管理目标间并非一一对应关系，其中关键中间变量是群体目标与其所属组织目标间的拟合程度[248]；由此不难想象管理流程设计违逆企业"民意"的后果，只有深入基层广泛听取关注员工的知识技能状况，倾听他们在实际情景下的心声，才能使我们对管理流程的设计工作更加符合企业实际情形，从而增加管理流程在特定企业的可操作性，也减少了管理流程在设计及实施过程中的阻力。

6. 企业的培训、考核政策对管理流程设计的影响

企业组织合理的激励机制与考核政策有助于提高员工对工作的关注度，促进提升管理流程效率。知识经济时代员工作为知识与技能的承载者，在企业获取竞争优势过程中的权重日益凸显，激励考核机制也愈加重要。除物质激励以外，组织赋予各级员工以相应权力并提供广阔而清晰的发展空间亦可起到激励效果。企业激励考核政策主要有：①招聘录用。组织可以吸收对于相应管理流程运行需要的人才，使各项管理工作正常有序进行。②绩效考核。是组织对员工一段时期以来工作行为及其成果的系统化测评，可及时发现员工长处与不足及在管理流程中与他人配合情况和所起作用，对考核结果不仅可以施以各种奖惩措施同时也是培训、晋升或转岗的依据。③培训开发。对人员进行长期、及时、有针对性的培训可令大多数员工了解相应管理流程的目的与意义，并尽快获得与流程有关的各岗位所需专业技能与业务知识，是保持管理流程活力的有效可行途径。培训还可将员工个人职业规划与企业长期愿景有机融合以最大限度激发员工潜力。④薪酬与福利。这既是企业根据员工所做贡献大小，向其提供以货币及非货币形式表现的相应补偿，也是满足人们生存与安全等基本需求的措施。有效的薪酬福利政策可以向员工传达激励方向性的合理信号，从根本上产生引导作用，使个体顺应流程——这一群体动态协作方式。

假设5：其他因素主要影响指标：企业文化 X_{14}、企业规模 X_{15}、企业所有权 X_{16}、企业员工知识能力 X_{17}、企业员工行为倾向 X_{18}、企业培训、考核政策 X_{19} 六个方面。

六、管理流程构建要素设计要求

管理流程设计过程即对管理流程诸构建要素进行科学合理安排的过程，管理流程构建要素为管理活动、管理活动间关系、管理活动承担者与管理活动方式，在上述相关因素影响下，各构建要素对于合理设计管理流程不可或缺。然而，管理流程诸构建要素不易量化，各构建要素中哪些方面对合理构建管理流程是重要的也鲜有文献提及。笔者认为，通过各构建要素所涵盖的内容，结合实例进行分析，可以取得对管理流程构建要素设计要求的直观认识，明确在安排构建要素过程中，应关注哪些方面以形成对科学合理设计管理流程的重要支撑。

1. 管理活动设计要求

管理活动是企业运作过程中管理人员进行管理工作时所从事的活动[5]；对流

程相应环节中各种管理活动的设计需保证流程能顺畅运行，这一点至关重要，没有了动态性能，流程也即失去了在运行中对管理功能实现的能力。不同业务领域管理事务的履行目的在于对企业各级管理分目标的实现，管理活动本身自由度不大，其体现了各业务领域按管理功能分解呈现的管理工作事项细致规定，不同企业在相近业务领域背景下的管理对象客观性相似，使管理主体经验对同类管理活动的经验积累雷同。为确保管理过程的时效和管理工作完成质量，很多管理活动规定了时间限制，否则将增加待处理管理事务，影响各种管理活动有效衔接，从而造成流程运行的阻滞，这体现了管理流程纵向时效性的设计理念。例如，X 公司规定事故分析会后五个工作日内，设备中心必须形成详尽的正式书面分析报告；Y 公司月销售计划审批必须于每月 28 日前完成；Z 企业的员工年度考评必须于当年 12 月 28 日结束等。流程各环节是管理业务中一连串管理活动实际处理的过程，需明确各种类型管理业务的细致要求与任务细节。例如，案例 4.1～案例 4.5 即分别涉及设备、营销、人力资源与绩效考核等领域的业务事项，并明确规定了各管理流程在相应环节应从事的工作任务，对完成工作任务的承担部门、人员、质量标准、持续时间等相关细节也做了规定，这些体现了构建流程系统性与协调性方面的设计理念。

假设 6：管理活动设计要求指标：各环节管理活动能保证流程顺畅运行 Y_1、管理活动能体现不同管理业务领域要求 Y_2、管理活动的完成具有时间限制 Y_3、明确流程各环节业务要求与任务细节 Y_4 个方面。

2. 管理活动间关系设计要求

管理活动间关系体现了管理业务处理过程中各种管理活动执行的逻辑顺序，在明确管理流程走向基础上逐步实现各环节管理活动的运行进程。没有管理活动间相互衔接与配合的动态关系，管理流程运行对管理功能的实现只能沦为空谈。管理活动的上下游关系明确了流程各环节管理活动在时间维度中行进的最基本执行顺序，很多是由管理对象及其涉及业务的客观属性决定的，管理业务各种任务事项的衔接是上下游关系的具体细化，体现管理流程在目标导向行进中的阶段性过程。例如，案例 4.1 的设备事故现场检查、事故分析会、撰写事故分析报告、各级领导审阅、事故原因公示及处理等环节活动的上下游任务关系；又如，案例 4.5 的员工自评、部门领导与员工沟通并评价、主管审核、审核意见反馈等环节。然而企业职能层战略的战术化分解并非一步到位细化至具体岗位，随着管理功能的逐步分解，先划定部门职能，各部门在不同管理业务流程中以各自角色相互配合。须结合管理业务处理的实际进程，由各部门的主要职能厘清某一管理流程的行进序列中各部门在何环节从事何种管理业务事项，与其他部门如何相互协作与配合。管理活动间的管控关系基于组织结构中的责权配置，体现了管理流程可监控与考核性的设计理念。案例 4.2 赋予了总经理对重大价格调整的审批权，案例 4.4 中企管部对员工培训拥有考核权等。由此我们做如下假设：

假设 7：管理活动间关系设计要求指标：在目标导向下指明管理活动间上下游任务关系 Y5、明确部门在流程运行各阶段的业务协作 Y6、重视依托组织结构各部门的管理活动间管控关系 Y7 三个方面。

3. 管理活动承担者设计要求

管理活动承担者是管理流程各环活动的实际执行者，同时也是从事各类管理事务的被监控者。对管理活动承担者的设计要求须体现"人"与"事"尽量有机结合的系统整体性理念，使人们的行为导向与企业长期愿景尽可能和谐一致。将具体的管理任务落实到各部门的相应工作岗位，令岗位工作人员进行相应管理活动。例如，在案例 4.3 中，销售部门业务人员提交个人计划、销售副总负责汇总区域计划、销售总经理上报总销售计划，公司副总与总经理层层审阅、审批后由销售总经理进行任务分解、销售副总下达由业务人员具体执行。上述过程不仅涉及销售部门的主要职能，而且将具体工作任务下达至部门内相应岗位。又如，案例 4.1 由设备中心主导与贯穿，涉及部门与岗位众多，尤其是事故分析会环节，由设备中心组织，公司生产副总主持，总工程师、技术部、调度室、生产部、各车间与工段主要负责人参与。在设计过程中须体现部门间横向协调的设计理念。流程诸环节最终执行者是员工，相应岗位工作的员工必须具备与岗位工作要求相称的知识与技能。员工工作成果与其知识技能、工作态度、工作难易程度等紧密联系，但相应岗位员工应具备的知识与技能是其能否胜任最基本的考量依据，不具备相应知识与技能，即便工作态度如何端正也无法完成工作任务。对管理活动承担者的这一要求体现了流程设计的可监控与考核性的设计理念。

假设 8：管理活动承担者设计要求指标：各部门岗位工作人员履行具体管理活动 Y8、流程各环节执行者应具备相应知识与技能 Y9 两个方面。

4. 管理活动方式设计要求

管理活动方式是部门间通过各种管理活动相互协调配合，从而实现各自管理职能的重要形式，主要包括组织牵头、参与协作、审查批准、支持服务等。例如，在案例 4.1 中，设备中心主要活动方式即组织牵头各部门参与事故分析会，各车间工段在此流程中主要是参与协作；又如，在案例 4.2、案例 4.3 中，总经理采取审查批准方式对重大价格调整与销售计划进行批示；在案例 4.4 中，各部门应企管部要求结合员工拟任岗位进行的专业培训则具有支持服务的性质。流程相应环节不同承担者的管理活动方式各异，这些活动方式往往体现了各流程环节任务履行的细节，设定了管理活动承担者在组织架构中所扮演的角色，需在不同流程运行环节中予以细致规定。具体部门与岗位执行管理任务带有很强的业务倾向性，这是不同业务领域管理业务要求及对象客观性所决定的，设备运行方面的规律即不同于财务管理、销售计划的制定遵循市场规则，而 HR 方面的管理须考虑"人"的心理和行为动因，因此，具有某些业务倾向性的职能部门在相应流程中往往具有主导作用，更多采取组织牵头等活动方式。管理活动方式还与管理活动承担者在组织结构中所处层级与地位有关，较高层领导往往以审批检查等方式在流程运行中发挥作用，基层管理者更多的是参与、支持、服务、上报等方式。在业务领域及组织层级背景下安排管理流程各环节承担者采取的活动方式体现了构建系统整体和横向协调的设计理念。管理活动方式是活动承担者在相应流程中采取行动的主要表现形式，在角色设定下对活动方式执行的效率与成果是绩效考核的重要依据，这体现了流程设计时效性与可监控考核的理念。

假设 9：管理活动方式设计要求指标：在流程相应环节规定管理活动方式 Y10、管理活动方式中应体现业务倾向性 Y11、不同层级员工管理活动方式有差别 Y12 三个方面。

第二节　管理流程设计相关影响因素与设计要素因子分析

一、分析方法简述

针对上述假设，本书拟用因子分析方法探索，这是一类相关分析技术，用以考察一组变量间协方差或相关系数结构，并解释这些变量与为数较少因子间关联[270]；其根本思想在于寻找公共因子，达到"降维"目的。因子分析技术主要包括探索性与验证性因子分析，两者皆以普通因子模型为基础[271]。影响因素假设提出基于诸学者在流程影响因素方面的研究成果，并结合调研资料进行整合与选择。管理流程设计要素部分的相关文献不多，其假设主要基于其含义结合案例进行分析。各学者研究的出发点与侧重点有些许差别，相关影响因素间存在交叉和重复情形，为避免对研究结果可能造成的误差，并通过对量表题项的设计进一步挖掘诸影响因素与管理流程设计要素的关系，首先，需根据调研数据进行探索性因子分析，以规范进一步调研的问卷题项设计。其次，探索性因子分析是从数据中提炼公共因子（潜变量），进而依据数据资料，利用统计软件得出因子。主要为找出影响观测变量的因子个数及各因子与观测变量间相关程度。笔者通过对数家企业及诸位专家问卷调查数据资料验证分析，用以探寻管理流程设计相关主要影响因素和设计要素各指标。

二、 调查问卷与假设模型

本书主要选取 A、K、S、X、Y、Z 等几家企业中各级管理人员、与企业保持长期联系的顾问专家、各咨询团队及高校中从事流程研究与设计的学者作为调研对象,发放预调查问卷 200 份,收回有效问卷 123 份,问卷有效率为 61.5%。问卷包括三部分(见附录一):第一部分是关于企业的背景情况调查,例如,企业成立时间、所有制形式、员工人数、组织结构形态、主营业务、营业额等内容;第二部分是管理流程设计相关影响因素调查,包含企业战略、管理业务属性、信息技术、组织结构与其他因素五个维度的各指标;第三部分是构建管理流程设计要素调查,从科学合理设计管理流程对各构建要素的要求出发,提出了管理活动、管理活动间关系、管理活动承担者和管理活动方式的各测量指标,分析各设计要素对管理流程设计的支撑程度;以上所有指标采用李克特 5 级量表正向计分。

根据提出的假设,表 5-1 和表 5-2 分别构建了企业管理流程设计相关影响因素和设计构建要素假设模型。

表 5-1 企业管理流程设计相关影响因素假设模型

	相关影响因素	指 标
企业管理流程设计相关影响因素	企业战略因素	企业战略目标选择定位 X1
		企业战略实施与控制 X2
		职能层战略的战术分解 X3
		战略导向下各职能部门相互关系与配合 X4
	管理业务属性因素	相应管理业务规定的工作事项与任务细节 X5
		管理业务相应环节履行与时间要求 X6
		管理业务的类别与涉及范围 X7
	信息技术因素	企业 IT 基础设施建设 X8
		管理流程设计中对 IT 技术的运用水平 X9
		管理流程实施信息化运作能力 X10
	组织结构因素	企业组织结构安排 X11
		企业组织的权责配置 X12
		企业高管的业务控制范围与决策方式 X13
	其他影响因素	企业文化因素 X14
		企业规模大小 X15
		企业所有权因素 X16
		企业员工的知识与能力水平 X17
		企业员工行为倾向 X18
		企业培训、考核政策 X19

表5-2 企业管理流程设计构建要素假设模型

	设计构建要素	指 标
管理流程设计构建要素	管理活动	各环节管理活动能保证流程顺畅运行 Y1
		管理活动能体现不同管理业务领域要求 Y2
		管理活动的完成具有时间限制 Y3
		明确流程各环节业务要求与任务细节 Y4
	管理活动间关系	指明管理活动间任务上下游关系 Y5
		明确部门在流程运行各阶段的业务协作 Y6
		重视组织结构各部门的管理活动间管控关系 Y7
	管理活动承担者	各部门岗位履行具体管理活动 Y8
		流程各环节执行者应具备相应知识与技能 Y9
	管理活动方式	在流程相应环节规定管理活动方式 Y10
		管理活动方式中应体现业务倾向性 Y11
		不同层级员工管理活动方式有差别 Y12

三、模型效度检验

首先，检验假设指标间相关性，主要方法有KMO样本测度和Bartlett检验。样本测度KMO用以检验变量间偏相关是否足够小，值越接近1表明越适合进行因子分析。通常KMO值大于0.6即适合做因子分析，最低不小于0.5。通过SPSS软件得出管理流程相关影响因素19个指标构成的体系KMO值仅为0.389，不适宜因子分析。但发现剔除信息技术三项指标后，剩余指标重新计算可得结果：KMO的值为0.656，大于0.6，此时观测变量适合因子分析。Bartlett检验值在$P=0.000$的水平上显著亦符合要求。经剔除信息技术三因素后，其余因素适合做因子分析。发现管理业务属性三指标Cronbach's α系数仅为0.326，而删除因素X7后，管理业务属性剩下因素Cronbach's α系数提高0.635，调整后信度有较大提高，认为删除X7合适。在设计要素指标方面，显示KMO测度值为0.753（大于0.6），Bartlett检验统计值显著性概率为0.000（小于0.001），适合做分析。

四、模型因子分析

继而笔者对相关影响因素部分调整后剩下的指标变量用SPSS16.0做因子分析，前五个特征值显示因子方差累积贡献率达72.993%，取前五个特征值所对应的特征向量，运用最大方差法对因子进行旋转后，表5-3为旋转后的因子载荷矩阵。

表5-3 旋转后的因子载荷矩阵（相关影响因素部分）

指标	指标描述	因子载荷				
		1	2	3	4	5
X1	企业战略目标选择定位	-0.124	**0.822**	0.086	0.042	-0.030
X2	企业战略实施与控制	-0.042	**0.659**	0.183	-0.347	0.491
X3	职能层战略的战术分解	0.362	**0.714**	-0.135	-0.222	-0.292
X4	战略导向下各部门关系与配合	0.327	-0.201	**0.752**	0.283	-0.072
X5	管理业务工作任务细节	**0.735**	0.064	-0.092	0.122	-0.395
X6	业务环节履行与时间要求	**0.762**	0.385	0.301	0.315	-0.278
X11	企业组织结构安排	-0.445	0.497	**0.828**	0.068	0.458
X12	企业组织的权责配置	0.164	0.371	**0.761**	0.012	0.115
X13	企业高层管控范围与决策方式	0.181	**0.632**	-0.003	0.005	-0.065
X14	企业文化因素	0.168	0.155	0.111	-0.030	**0.656**
X15	企业规模大小	0.192	0.011	0.371	-0.256	**0.618**
X16	企业所有权因素	-0.039	-0.018	0.126	-0.074	**0.686**
X17	企业员工的知识与能力水平	0.027	0.042	0.193	**0.736**	0.108
X18	企业员工行为倾向	0.145	0.165	-0.034	**0.716**	-0.168
X19	企业培训、考核政策	0.461	0.458	0.165	**0.681**	-0.172

管理流程设计构建要素部分的测度指标萃取为四大因子，能解释变量75.593%，运用最大方差法对因子进行旋转后，表5-4为其旋转后的因子载荷矩阵。

表5-4 旋转后的因子载荷矩阵（设计构建要素部分）

指标	指标描述	因子载荷			
		1	2	3	4
Y1	合理设计各环节管理活动能确保流程顺畅运行	0.068	-0.445	0.183	**0.625**
Y2	管理活动能体现不同管理业务领域要求	-0.122	0.011	0.193	**0.715**
Y3	管理活动的完成需规定具体的时间限制	0.164	**0.843**	0.326	0.115
Y4	管理活动需明确流程各环节业务要求与任务细节	0.086	-0.039	0.177	**0.658**
Y5	在目标导向下指明管理活动间上下游任务关系	0.301	**0.871**	0.275	0.458
Y6	活动间关系明确部门在流程运行各阶段的业务协作	**0.812**	0.131	0.160	-0.135
Y7	重视基于组织结构的各部门管理活动间管控关系	0.246	**0.833**	0.428	-0.065
Y8	各部门中相应岗位履行流程环节上的具体管理活动	**0.745**	0.155	0.226	-0.201
Y9	流程具体环节执行者应具备相应知识与技能	**0.637**	-0.256	0.213	0.064
Y10	应在流程相应环节规定完成管理活动的方式	0.362	0.042	**0.781**	0.385
Y11	管理活动方式中体现了不同业务领域倾向性	0.327	-0.347	**0.833**	0.371
Y12	不同层级员工处理管理活动的方式有差别	-0.395	-0.222	**0.783**	0.193

五、假设模型修正

相关影响因素部分表 5-3 显示：X17、X18、X19 在公因子 4 上有较高载荷且均与人力资源有关，而 X14、X15、X16 在公因子 5 上载荷较高，因此，需对假设 5 做修正，将假设 5 中的 X17、X18 和 X19 三个因素划分为单独的人力资源因素，其他三因素依旧称为其他影响因素；公因子 3 对战略导向下各职能部门相互关系与配合 X4、企业组织结构安排 X11、企业组织权责配置 X12 有较高载荷，但假设 4 中企业高层管控范围与决策方式 X13 在公因子 3 上无较大载荷系数，而在公因子 2 上却有着较大载荷，同时发现，公因子 2 对企业战略目标选择定位 X1、企业战略实施 X2、职能层战略分解 X3、企业高管控制范围与决策方式 X13 四因素有着较高载荷，因而在企业战略因素中减少 X4 并增加 X13。公因子 1 对管理业务工作任务细节 X5、业务环节履行与时间要求 X6 有高载荷，因而业务属性中包括 X5、X6。修正后模型如表 5-5 所示：

表 5-5 修正后的管理流程设计相关影响因素模型

	影响因素	子因素	
企业管理流程设计相关影响因素假设模型修正	企业战略因素	企业战略目标选择定位	X1
		企业战略实施与控制	X2
		职能层战略的战术分解	X3
		企业高管的业务控制范围与决策方式	X13
	管理业务属性因素	管理业务规定的工作事项与任务细节	X5
		管理业务相应环节履行与时间要求	X6
	组织结构因素	战略导向下各职能部门相互关系与配合	X4
		企业组织结构安排	X11
		企业组织的权责配置	X12
	人力资源因素	企业员工的知识与能力水平	X17
		企业员工行为倾向	X18
		企业培训、考核政策	X19
	其他影响因素	企业文化因素	X14
		企业规模大小	X15
		企业所有权因素	X16

设计构建要素部分如表 5-4 所示，Y1、Y2、Y4 在公因子 4 上；Y3、Y5、Y7 在公因子 2 上；Y6、Y8、Y9 在公因子 1 上；Y10、Y11、Y12 在公因子 3 上有较大载荷。因此，需对原假设模型做出修正，如表 5-6 所示。

表 5-6　修正后的管理流程设计构建要素模型

设计构建要素		指　标	
管理流程设计构建要素	管理活动	管理活动能体现不同管理业务领域要求	Y2
		明确流程各环节业务要求与任务细节	Y4
		各环节管理活动能保证流程顺畅运行	Y1
	管理活动间关系	指明管理活动间任务上下游关系	Y5
		管理活动的完成具有时间限制	Y3
		重视组织结构各部门的管理活动间管控关系	Y7
	管理活动承担者	明确部门在流程运行各阶段的业务协作	Y6
		各部门岗位履行具体管理活动	Y8
		流程各环节执行者应具备相应知识与技能	Y9
	管理活动方式	在流程相应环节规定管理活动方式	Y10
		管理活动方式中应体现业务倾向性	Y11
		不同层级员工管理活动方式有差别	Y12

六、模型信度检验

信度指测量数据的可靠程度，体现测量方法在时间上的稳定性与态度上的一致性。为衡量调研的可靠性与有效性，因子分析之后需进行信度检验，常用信度检验方法是考察"Cronbach's α"系数值大小。一般情形下，要求总量表的信度系数在 0.8 以上，若在 0.7~0.8，也在可接受范围；分量表信度系数在 0.7 以上，0.6~0.7 也可接受。用 SPSS 对量表做信度分析得出表 5-7 与表 5-8：

表 5-7　模型信度检验结果（相关影响因素部分）

	Cronbach's α 系数
企业战略因素	0.661
管理业务属性因素	0.635
人力资源因素	0.736
组织结构因素	0.739
其他影响因素	0.628
总量表信度	0.712

表 5-7 显示各相关影响因素 Cronbach's α 系数值均在可接受范围内。

表 5-8　模型信度检验结果（流程设计要素部分）

	Cronbach's α 系数
管理活动要素	0.682
管理活动间关系要素	0.738
管理活动承担者要素	0.796
管理活动方式要素	0.785
总量表信度	0.823

表 5-8 显示管理流程各设计要素 Cronbach's α 系数值均在可接受范围内。

七、因子分析结果讨论

1. 相关影响因素假设模型修正前后对比发现

（1）信息技术作为管理流程设计相关影响因素其作用不明显，这多少有些出乎意料。有学者认为，作为流程再造的使能器，信息技术发挥重要作用，企业的 IT 设施建设是 BPR 的重要条件，对 IT 技术的运用水平与企业信息化运作能力在 BPR 中不可或缺。但通过对企业及专家学者的实地调研来看，信息技术未成为管理流程设计重要影响因素。笔者分析主要有两方面的原因：一是信息技术固然可以提高流程的运行效率和操作水平，但根基还是流程自身的设计水平及其合理性，否则再如何先进的 IT 技术也不能使糟糕的流程设计发挥应有的管理功能；二是与样本数据采集有关，调研数据大部分取自位于我国中西部省份中较偏远地区的中小企业，这些企业信息化水平不高，人们对于 IT 技术的重视程度有待加强，此外笔者能有幸请教并回收问卷的专家学者数量也不多，使因子分析呈现如此结果。这在一定程度上使结论带有一定的片面性。

（2）根据因子分析结果，将原假设 5 其他影响因素中的三项指标：企业员工的知识能力与水平 X17、企业员工行为倾向 X18 和企业培训、考核政策 X19 划分为一类单独影响因素，称为人力资源因素。在设置调研问卷时，我们有意弱化了有关人力资源方面的因素，将其放在了其他影响因素中，为的是看这些因素在分析结果中是否会凸显出来。事实证明，除专家学者以外，企业各级管理人员也没有忽略"人"作为流程中任务承担者这一重要元素的存在价值。

（3）将组织结构因素中的一个指标"公司高管控制业务范围与决策方式" X13 调整到企业战略因素中去，笔者认为，这一因素反映企业高管对组织战略的把握与掌控，高层管理人员须具备更多的概念技能，适时关注外部社会经济环境变化与市场和行业竞争态势，结合所在企业具体资源从根本上于全局中采取相应的战略定位，并将其贯彻到分管的日常运营领域与集体决策方式中去。这对管理流程设计中所蕴含的政策倾向和组织支持是至关重要的。而企业在战略因素中"战略导向下将各职能部门相互关系与配合"X4 调整至组织结构因素中去,反映了战略对组织结构的影响最终体现在各部门的协同配合。至于管理业务属性中的"管理业务的类别与涉及范围"X7 的剔除,笔者认为,可能由于这一指标太过明显,并且与涉及部门与业务细节方面的因素相重复,从而显得不必要。

2. 管理流程设计要素假设模型修正前后对比发现

(1)完成管理活动时间限制的要求 Y3,进入了管理活动间关系要素中,笔者认为,对管理活动时间限制的要求是确保流程中各种管理活动间有机衔接的重要保障。从纵向时效性的设计理念而言,各项管理活动在规定时间中完成,更能有效稳固管理活动间相互关系,从而促进管理流程的运行效率。

(2)而 Y6 明确部门在流程运行各阶段的业务协作,事实上更加侧重不同部门基于自身职能对于流程各环节管理事务的承担,应归在管理活动承担者要素中。

管理流程为管理制度的实施提供了解决方案,我们探索对问题求解(管理流程设计)的方法往往蕴于问题表达(管理制度对企业系统的综合作用)本身,各种因素体现了管理过程对企业管理环境与条件限制的适应。尊重各种管理对象的客观性,采纳诸多管理科学方法,经过管理主体长期积累,在管理制度中逐步积淀下来,有些因素,例如,企业战略、组织结构、业务细则等,本身即是构成管理制度的组成部分。在管理流程设计过程中须关注这些因素的影响方式与作用,提取信息,遵循人工系统"目的—功能—载体结构"设计整体思路,探索企业管理流程设计方法。管理流程设计相关各种因素与人工系统设计思路具有紧密关联,企业战略为管理流程设计明确了方向,事实上指明了管理流程设计须达到的管理目标,各种管理业务事项是职能层战略分解与价值链细化,有很多以管理制度的形式表现,是管理功能的明确具体化,组织结构与人力资源方面的因素体现了管理载体的重要内容,管理流程设计即基于组织架构,设置某种运行机制赋予管理载体以动态活力,在相对稳定的管理环境中实现各种管理功能,达成管理目标。而影响因素模型中的其他因素体现了企业个体差异,在设计过程中不能忽视对于不同企业的适应性问题。各影响因素、设计要素与人工系统逻辑关系如图 5-1 所示。

仅此还不足以梳理出各因素对管理流程设计的影响作用,我们知道,设计管理流程即对流程构建要素作出合理有效安排的过程,管理活动由管理者按一定活动方式承担,基于管理业务的执行时序和组织架构中的权力链,形成较为稳定的逻辑关系。正是这些构建要素间的有机整合和运行,赋予了管理载体以动态性能,从而实现各业务领域内的管理分目标。然而,对于各影响因素与管理流程构

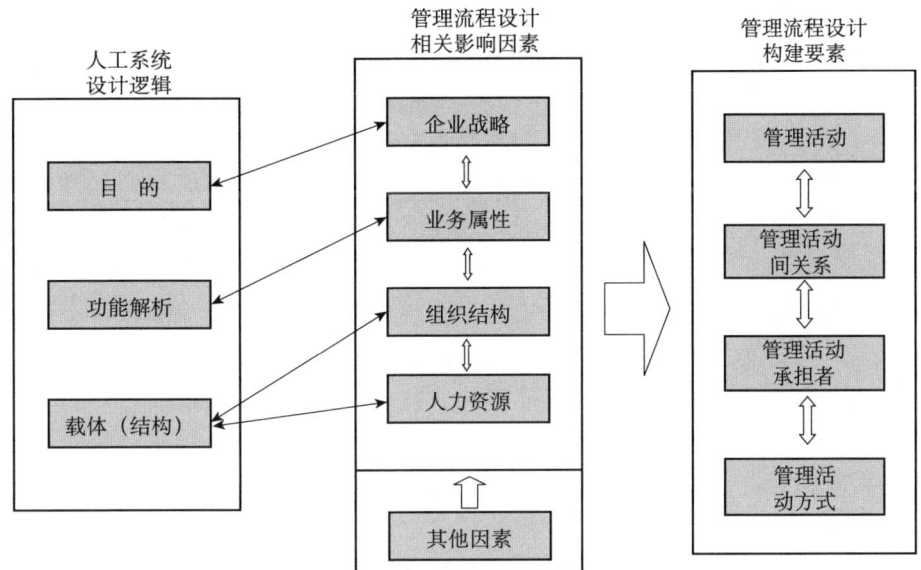

图 5-1　人工系统设计逻辑与管理流程设计相关影响因素、设计要素关系

建要素间关系鲜有文献提及，本书将通过一些案例对这一问题进行分析，并以此梳理出在管理流程设计过程中应予以关注的重点。

第三节　影响因素与管理流程设计要素关系研究

一、直接与间接影响因素之间的关系

研究中笔者发现，其他因素（企业文化、规模、所有权）不对管理流程设计要素产生直接影响，而是通过对别的因素产生影响发挥作用。可以认为，模型中的"其他因素"是间接因素，其余部分是直接因素。三项间接影响因素体现了各企业本质性差别，本身并无优劣之分。我们在进行管理流程设计时关注这些因素的意义，在于使设计方案更具对特定企业的适应性，同时鉴于企业文化与所有权均不易量化，因此，在考虑间接因素对直接因素影响时，结合相关文献通过定性方式进行。

1. 企业文化对直接因素的影响

直接影响因素指本书管理流程设计相关影响因素模型中的企业战略、管理业务属性、组织结构与人力资源因素。有学者认为，企业文化与战略互融促进，是战略制定得以成功的重要条件与战略实施的重要手段，并且两者间匹配动态关系

与程度在企业战略变革与控制中发挥重要作用[272]；孙爱英分析了创业、官僚、支撑三种类型企业文化对战略变化过程的影响，并基于此提出战略变化与组织绩效间关系[273]；还有学者提及企业文化对战略决策风险度的影响及对战略决策的定向作用[274]。波特认为，制定好的战略定位须具有别于竞争对手的独到价值观[33]；价值观是企业文化核心内容之一，企业精神、管理思想与经营理念等共同价值观是企业战略分析时必须考虑的隐性因素，对战略的引领作用渗透至战略管理目标确定、分析、制定、评估、实施等诸环节；同时企业文化通过共同舆论导向与行为模式对员工产生影响，从而为企业战略的实施提供约束条件。企业文化通过规则、会议等外化方式向每个角落传递着整体价值观与行为理念信号，由职能层战略的战术细分波及企业各部门协作与配合的各环节与层面。

企业文化对管理业务属性与组织结构影响鲜有文献提及，笔者认为，很多管理业务须遵循相应管理对象的客观属性，基于管理主体经验所形成的惯例在管理制度中被不断较为硬性化地予以细化并规制；兼之组织结构在顺应企业战略目标导向下于一段时期内具有相对稳态，因此，这两类直接因素没有给企业文化对其影响的切实作用留下过多可供发挥的空间。即便如此，企业文化无时不对管理业务诸环节的承担者发挥潜移默化作用，从而在管理业务各种事项细节实施及组织结构权力与责任履行过程中提供了一些可供权宜的自由度。

李潇针从企业文化对人力资源的影响机制做出分析，认为作为人力资源开发的重要环境，企业文化在一定程度上使组织与个人目标，领导与被领导间的矛盾做了适当契合，开辟出一条处理其矛盾的可行性通道，并运用丰田公司实例强调了人本管理与非正式教育对于企业文化与人力资源管理相结合的重要性[275]；王瑞永认为，我国传统文化对人力资源管理具有的积极影响在于人本思想、自强不息精神、群体主义等方面，而其消极影响主要体现在平均主义、人治高于法治、中庸等方面，提出现代企业在识人、育人、用人各环节中对传统文化的借鉴[276]；由于企业文化的测量工具有效性低[277]，目前相关领域缺少动态与定量研究。尽管如此，企业文化在促进员工对企业目标认同，合理引导员工群体行为倾向，促其发挥知识与技能水平，从而激励员工提高工作满意度，并促进培训与考核等政策有效履行等方面已取得学界基本共识。

2. 企业规模对直接因素的影响

一般而言，企业市场竞争力随其规模增长而上升并最终渐趋平衡，以企业规模对技术创新战略影响为例，相当规模企业才有动力为获取超额利润或在同行竞争中获胜而投入技术创新。我国企业规模普遍依然偏小，易陷入成本竞争恶性循环，没有过多时间与能力对研发进行大规模投入，从而对技术创新起到抑制作用[278]；传统如钢铁行业，正致力于采取横向或纵向方式进行兼并战略，并可根据兼并整合的不同类型采取不同的规模化途径[279]；然而"大即是强"的传统规模价值观在知识经济时代正面临挑战，大型企业中的多层次管理结构有时成为扼杀创新的机器。一些技术含量高、生产柔性大的高新产业往往适合小规模生产[280]；针对不同行业，在企业发展不同时期，企业规模对其战略影响往往有所区别，并由此要求相宜的组织结构、管理制度、业务行为等与之匹配。适度规模是不同企业根据自身实际为达成战略目标对生存环境作出反馈的适应形态，战略目标的变更与升级对管理活动的支撑作用及活动承担者技能水平提出了更高要求。

组织结构受企业战略、规模、技术、环境等因素影响[281]，有学者据企业组织结构发展阶段与趋势认为，环境、领导制度、企业规模、部门化分工等是影响企业组织结构的重要因素[282]；一般认为，企业规模对组织结构的影响在于随着企业规模扩大，组织内部专业化分工程度将进一步加大，组织内部的管理层级相应增加，整体结构趋于复杂。大规模企业中各种决策事务增加，高层往往难以直接控制各层级诸多管理活动，易出现分权化倾向。高管团队分管的业务领域会趋向明确划分，这是相应管理流程设计中针对不同管理业务的审批权限所必须予以关注的。企业规模增大为组织结构带来的又一效应是传统科层制的柔性化改变[283]，这一过程随着分权与授权的增长在各级员工相应管理业务范围内赋予其决策权以增加处理各种管理业务方式的灵活度。

从表面来看，企业规模对管理业务属性与人力资源方面的影响不突出，但随着企业规模扩大，各项规章制度势必日益细化与繁杂，这必然增加管理业务诸工作任务事项的复杂性，对于各岗位应赋予的权力和承担的责任以及完成时间方面的要求也将愈加详尽周密。同时，由规模增长引致的组织结构复杂性为管理流程通过各法约尔桥的组合方式提供了更多可能，使管理活动间的关系变得更加复杂，由此增加了管理流程设计的难度。从人力资源角度而言，随着企业规模增长的是员工群体的归属感和向心力，为此对员工行为倾向的整合难度变小，有利于员工为企业组织发挥自身知识与技能，这对管理流程的整体运行是有利的。

3. 企业所有权对直接因素的影响

陈佳贵认为，我国典型的三种企业所有制类型分别由政府、家族、法人主导组成，并分析了三种所有制类型采取的治理模式[284]；姚圣娟等按股权集中程度不同研究了混合所有制企业的治理结构问题[285]；然而相比所有权高度集中与分散两种极端情形，具有相对集中度的所有权结构更有利于公司治理以提高绩效[286]。企业治理结构与组织结构具有很强的互动性，治理与组织结构相伴形成[287]；因此，企业所有权结构必然对组织结构产生深远影响。企业高管团队中的成员往往是不同利益主体的代表，这一点在法人主导的混合所有制类型企业中表现更为突出，随着现代企业制度建设的不断完善，此种所有制类型的企业将逐步成为主流。不同所有权代言人带有各自背后利益集团的目标导向，都试图对组织中的决策过程施加尽可能大的影响力，以使决策对自己的权力团体有利。例如，上市公司的控制性股东在MBO过程中易出现"管理层盘踞"效应，从而引发与众多小股东间的潜在利益冲突[288]。多头博弈的结果使管理者根据各自利益集团实力在其所处领域中以倾向某一战略来满足各自利益集团要求，并最终达到某种动态均衡，由此对企业战略、组织结构、管理业务及人力资源调配产生深入而持续的影响。

企业所有权对组织管理影响还有所谓"委托—代理"关系产生的效应，经营者和法人的所有权比重增加，能够显著促进经营者对所有者利益的关心；而政府的所有权比重的增加会显著削弱经营者对所有者利益的关心；同时经营者、政府、业主和外资的所有权比重以及"经营者对股东利益的关心程度"，对经营者能力有促进作用；社会公众的所有权比重对经营者能力有负面影响[289]；对于民营企业，有学者认为，随着企业规模扩大，经理人行为倾向未必一定由管家主义向代理主义过渡，激励经理人的管家动机可以降低其对所有权人的利益侵害意愿[290]。美的公司主导权力的非家族式交接是否能对这一观点提供佐证还需假以时日，然而随着资本市场成熟度提高，委托—代理博弈将日益成为企业治理模式中的敏感性主题，经理人的知识能力、职业操守、行为倾向都将对本书中的直接影响因素产生作用。

本书间接因素对于直接因素的影响作用在企业战略选择与实施、组织结构权责设置、公司员工行为倾向等方面留下印迹，进而通过职能战略的战术分解，高层管控与决策方式，各种培训与考核深入到企业日常管理业务的诸多细节与层面中去，在管理系统运行层面体现为对管理流程构建要素的具体安排上。在管理流程设计中我们无法改变这些间接甚至直接因素，但对诸因素大体现状及其相互关系的了解对于提高设计方案对目标企业的适应性是不可或缺的。事实上即便是间接或直接因素内部诸要素间亦存在各种关联，但此并非本书研究重点，我们更关注间接与直接因素间关系及其对设计要素产生的影响，如图5-2所示。

二、直接影响因素与设计要素关系分析

尽管出发点与分析角度各异，但诸学者关于流程设计相关影响因素方面的研究具有很大相似与相融性，对于流程设计构建要素学界也已达成共识，然而两者间相互关系却鲜有文献提及。在此，本书将主要通过调研获得的实例进行分析，并做出研究假设，继之由相关问卷数据运用结构方程模型予以验证。

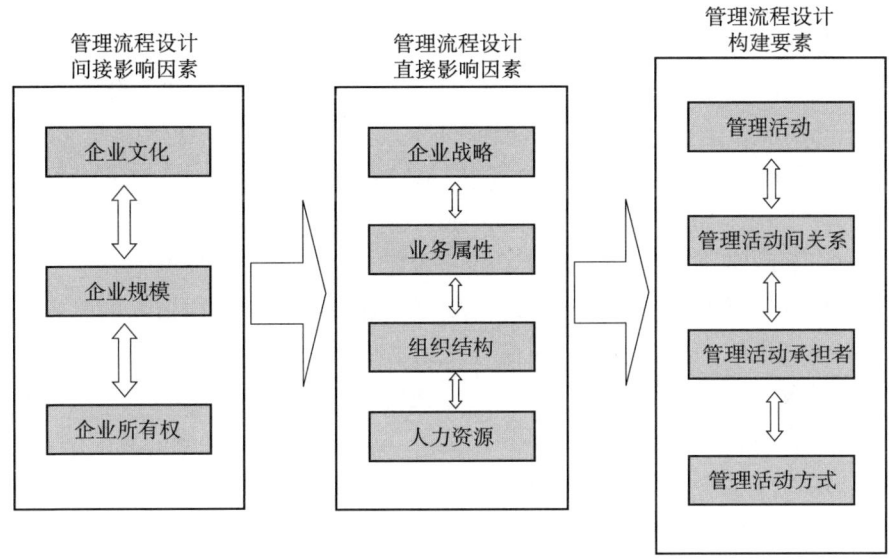

图 5-2 管理流程设计直接、间接影响因素及设计要素间关系

1. 企业战略对设计要素的影响

战略精髓在于企业以自身条件适应外界环境选择"做什么"或"不做什么",方正在大好形势下轻易将文字排版系统拱手相让,德隆进行多元化扩张造成资金链断裂[291],似乎昭示经济后发国家企业战略应将核心能力聚焦少数领域。然而仅有目标选择与定位还无法进行战略实施,当战略目标确定后,为实现目标的总任务也即确定,总任务经战术化分解形成具有层次性并遍布诸多管理领域的分任务,例如,生产管理、成本控制、资金周转、质量管理、营销服务、投资决策、经营转向、兼并重组等,这体现了企业管理系统由目标定位、分解到功能细化的过程,按照本书观点,企业内部管理制度主要是为实现各级管理目标而对管理功能进行的详细职能化表达。企业内部制度建设与战略管理各重要环节对应并互动,例如,战略制定要求企业建立相应的公司治理、组织及决策责任制度,战略实施与相应薪酬、人力资源、职能管理(项目管理、生产管理、营销管理制度等)相关联,战略控制要求建立相应信息与财务控制制度等[292];置此各项管理制度履行成为企业战略管理诸重要阶段得以实现的方式,而这一切有赖于管理系统运行层面的流程设计。管理流程将基于战略分解的分任务与赋予特定职能的各级部门有机结合,在时空中形成完成不同管理任务以达成各级管理分目标的群体动态协作体系。

由战略目标选择定位(X1)到职能层战略的战术分解(X3)为战略实施与控制(X2)提供了执行内容与监控对象,相应管理制度与战略管理各阶段互动关联，反映在运行层面的管理流程中，体现为具体从事怎样的管理活动，基于主体经验与管理对象客观性，这些管理活动应怎样排列、按步执行方能实现对应的管理目标，从而明确了管理活动间关系。同时，职能层战略的战术分解（X3）将各管理职能初步集聚在不同部门，企业高管的业务控制范围与决策方式（X13）显示了各业务领域的主管权限并具有向下传导机制。这些勾勒出扮演不同角色的管理活动承担者雏形及高层内部基于对战略把握与相互博弈进行管理活动的方式。

国家宏观政策正逐步淘汰数以千计高能耗、高污染小型立窑水泥企业，X公司投资方是具较雄厚实力的央企，地处中原交通便利，母公司植入的管理手段及渗透的企业文化较为先进；Y公司前身是国家将淘汰的小型民营立窑企业，由于企业领导对政策的敏锐洞察，自筹资金建立新工艺生产线一跃成为区域内的中型企业。资金实力较弱，交通较为不便，但区域内拥有新生产线的竞争对手较少。水泥产品销售半径小，在大企业分支机构扩张的同时，全国各地形成许多其力不能及的蜂窝状区域[293]；为这些区域中采用干法旋窑新工艺的中型水泥企业提供了一定生存发展空间，并与当地全国性大企业分支机构和众多小型立窑企业形成不同博弈态势。Z企业是建材行业一家获得国际FIDIC资质的研究机构，主要从事建材各子行业项目可行性研究，行业经济分析与预测，国家行业政策研究，行业内企业管理及技术咨询等工作。

随着事业单位改制，Z企业被推向市场，由于起点高，员工以知识分子为主，对于本行业中各种课题项目研究有较深积淀，仍具相当影响与号召力。目前正面临越来越多其他改制研究型企业或民营咨询机构的挑战。为此，Z公司正积极利用自身原有优势保持业务，并尝试多种途径开拓进取，例如，将建材行业的研究实力与成果推广到整个建筑领域，与地方政府通力合作推动区域建筑产业链协调发展[294]；三家企业各自战略选择如图5-3所示。

由于产品销售半径小，Y公司地处较偏远，竞争对手少，因此，在本区域内机会较X公司略好，但自身资金、人员、管理水平等方面优势欠缺，因此，落在第二象限。Z企业在行业内咨询领域依然占有较大优势，但正面临来自其他咨询机构的激烈竞争，为此期待多渠道拓展业务范围。但上述企业若不能根据环境态势和自身实力制定战略并实施皆有可能堕入第三象限的危险境地（图中虚线箭头所指）。

以X、Y企业营销管理中的价格调整流程为例，如图5-4和图5-5所示。

营销管理为实现企业战略提供重要支撑，通过价格调整与外界市场建立起一种反馈适应机制，其目的是扩大市场覆盖率，取得尽可能多的销售额以利企业资金流转。两案上述流程中每一环节的管理活动皆为实现营销管理分目标服务。从市场行情变化至信息传导到企业做出反应，继而审批执行有其固有先后顺序，从

第五章 管理流程影响因素与设计要素实证分析

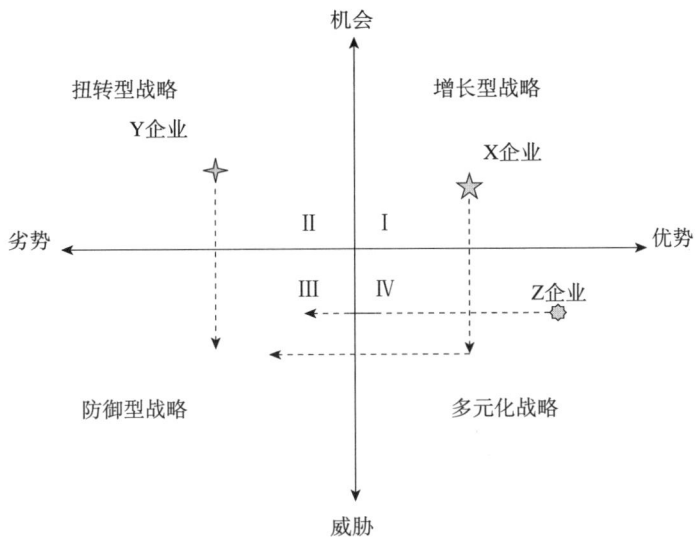

图 5-3 三家企业经 SWOT 分析的战略选择定位

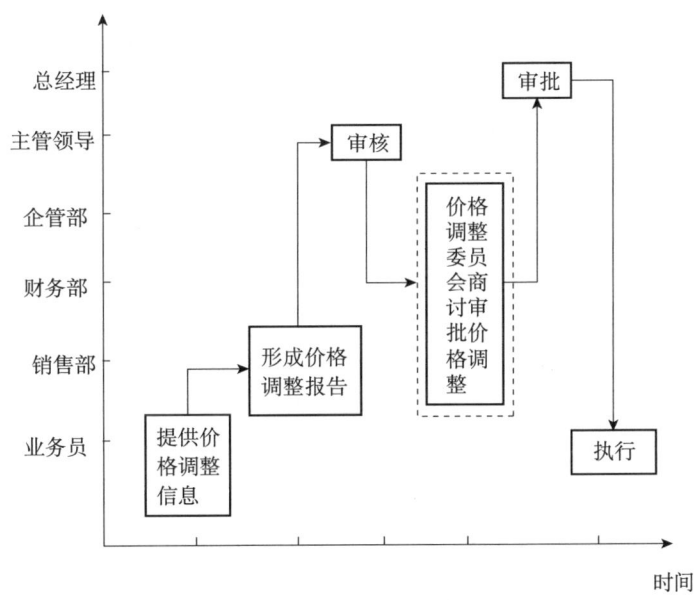

图 5-4 X 公司价格调整流程

而在时间维度中展现了活动间的关系。组织架构中体现的层层审核机制不仅明确了相应管理活动的承担者，而且也从职能部门的纵向体现了各管理活动间又一维度的管控关系，这些均反映在流程对于价格调整管理事项实现的各环节走向与进程中。X 公司的流程环节更多些，相较之下 Y 公司的审批程序较为简单，这与两

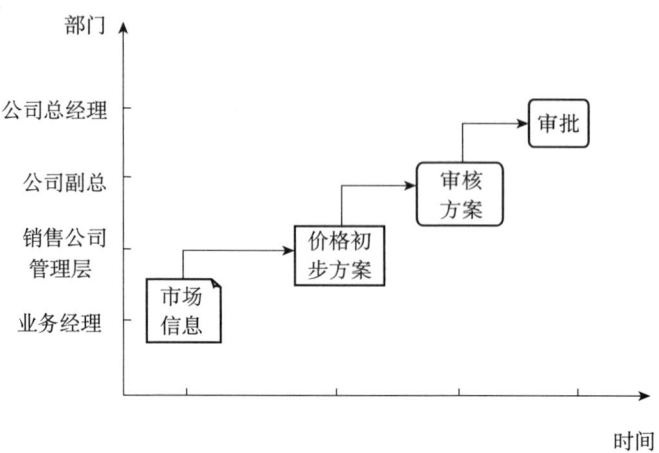

图 5-5　Y 公司价格调整流程

者的战略地位不无关系。Y 公司自筹资金建立新工艺生产线不久，处于战略转型期，资金链较为紧张，迫切需要迅速实现销售以缓解资金压力，因而价格审批环节少且较为快捷，销售副总具有一定的定价权，以利于对市场做出迅速反应。X 公司实力较为雄厚，对于价格变动的承受力稍强，但 X 公司在所处区域的优势不如 Y 公司明显，兼其国企性质等原因，为实现稳定增长对价格变动采取了较为慎重态度。这不仅表现在销售部门须形成较为正式的调价报告，而且由企管部牵头会同财务、销售部门组成价格调整委员会共同商讨。由此我们不难看出，两个企业同样简单的价格调整流程在具有共性的同时，由于战略选择定位、实施控制、在营销管理领域的战术化分解以及企业高层的分管领域与决策方式等因素的差别，使流程构建要素的整体安排最终呈现出不同形态。

Z 企业（研究咨询机构）业务部门年终奖金分配流程如图 5-6 所示。

表面似乎看不出与企业战略有何联系的奖金分配流程却折射出高层正在进行多元化努力的尝试。Z 企业在建材各子行业，例如，水泥、玻璃、陶瓷等技术与管理咨询领域均有实力，目前公司正依托这些原有优势鼓励各业务部门在开发部协作下通过各种方式与各地政府、企业联系，努力拓展业务范围。一般情形是开发部门通过各种渠道收集信息及时提供给业务部门，再由其与意向单位深入接触。对于 Z 企业而言，产值的实现有赖于一项项咨询课题的顺利接洽与运作，产值目标被分解下达至各业务部门，其完成情况直接影响到年底各部门奖金分配。透过上述与薪酬管理相关的流程表面，我们可以体会到事业单位改制后对市场竞争压力感受的加剧引致了对经济产值重视的加深，这一系列变化反映在对业务部门考核、激励和奖金分配中，从而决定了上述流程诸环节的切实行动。上述流程中计算、核定、对标、提取、汇总、审批、备案、分配等步骤在时间上的先后顺

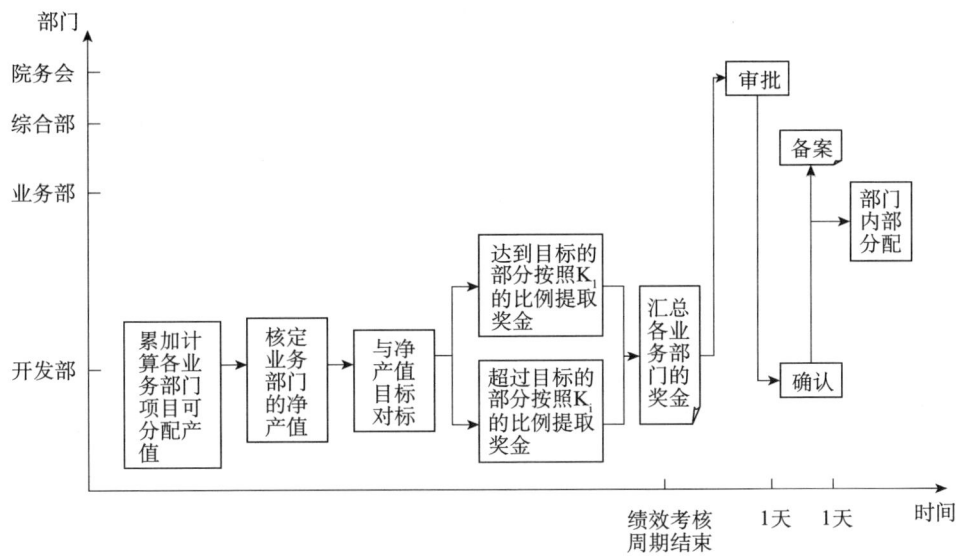

图 5-6　Z 企业年终奖金分配流程

序决定了各管理活动间关系，部门间分工协同明确了各环节活动的承担者。我们发现，开发部涉及环节最多，从而在上述流程中承担着主要职能，院务会集体讨论审批则体现了 Z 企业高管的业务控制范围与决策方式上的安排。

2. 业务属性对设计要素的影响

企业战略选择明确主导目标，战略导向下管理功能的职能化分解是对各分目标的具体支撑，职能层战略的细化以制度形式明确了相关职能业务领域以及相应业务领域的主要承载部门，在实际运营中，对于各项管理职能通过具体工作事项与任务在规定时间内实现，完成企业任务的主体是流程，这有赖于各职能部门协调与配合。在设计过程中，我们要根据各类管理目标思考企业有哪些核心任务以及这些任务由哪些流程实现，以流程要素的合理安排获得流程最佳的运作方式，并辅以资源安排与组织支持。管理业务属性无外乎在特定业务领域规定了带有专业倾向性的时间、空间、人员与具体事务的组合安排，这些都体现了管理流程具体环节活动的本质。业务属性对管理活动间关系的影响体现在具体业务领域中为完成工作事项与任务各管理活动所遵循的先后顺序，倾向于明确管理活动间偏重横向的上下游关系，可具体化为管理业务中各任务事项间的衔接关系，同时人们在流程相应环节对具体事务的处理方式打上了业务背景及时限要求的烙印。业务属性对活动承担者的影响体现在特定管理业务与各承载部门间关联，事实上我们下一节探讨将发现由于不同企业对于组织结构中相应部门设置各异，即便是非常相近的管理业务其承载部门也会存在差异，但无论是何承担部门，均须有相应岗位履行流程各环节活动。

Y 公司重大生产经营和投资事项决策流程如图 5-7 和图 5-8 所示：

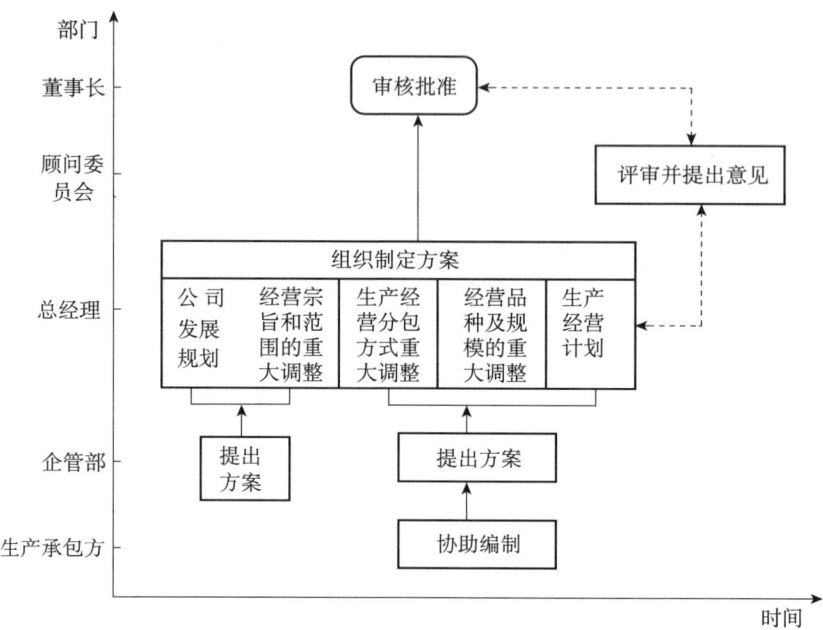

图 5-7　Y 公司重大生产经营事项决策流程

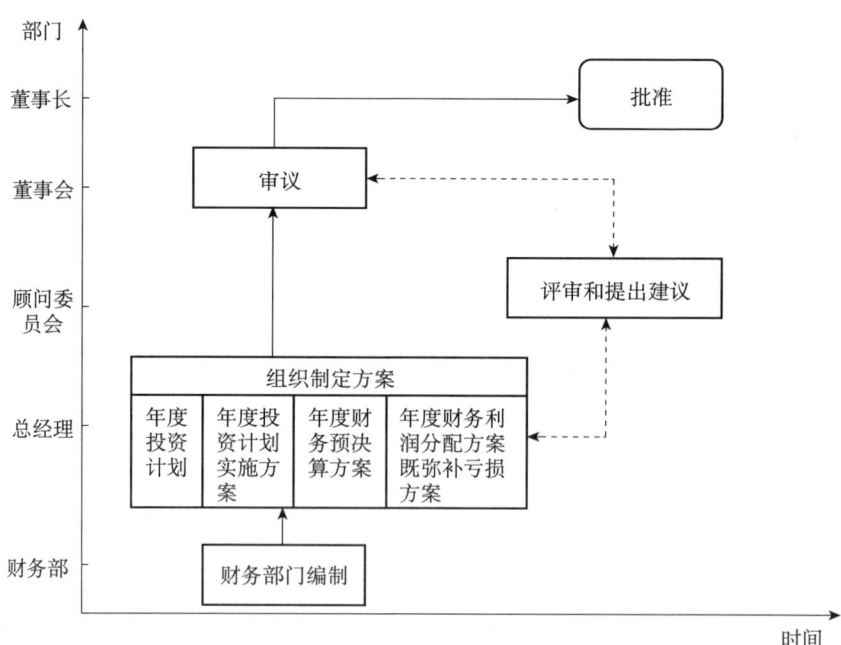

图 5-8　Y 公司重大投资事项决策流程

上述两案流程环节诸管理活动以各自业务领域（生产经营、投资）为依据，组织制定流程环节的各项活动显示很强的专业业务倾向，分别围绕生产经营与投资进行细化并开展活动。决策对象是具体方案，针对方案按提出、制定、审议和批准的顺序决定流程活动间关系。不同岗位和部门承担着流程不同环节的具体活动，活动承担者的区别在于：生产经营方案由企管部在生产承包方协助下提出，而投资方案由财务部编制，这是职能层战略分解由部门在相应业务领域的侧重决定的。Y 公司上述两流程的特点在于顾问委员会的参与，这可能由于该公司起步不久，须引入外脑以增强其在相应业务领域的指导与把关，但顾问委员会无决策权，由此决定顾问委员会在流程参与的活动中只能采取建议与评审方式。

X 公司销售策略调整决策和重点客户销售合同管理流程如图 5-9、图 5-10 所示。

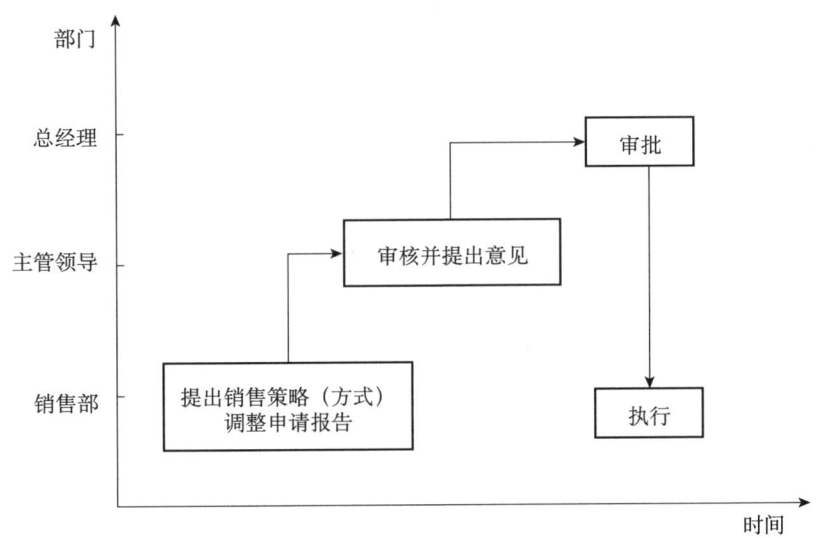

图 5-9　X 公司销售策略调整决策流程

上述两流程中诸项活动的开展分别围绕销售策略与合同，销售部门作为企业内主要掌握市场行情并进行营销工作的专业机构负责提出销售策略与草拟合同文本。合同中涉及有关商品价格、客户、货款偿付等条款，须经财务与企管等部门的审查与备案，而销售策略调整仅需主管领导审核与总经理批复即可，可见参与部门与方式由从事业务的具体要求决定。至于上述两案中的活动间关系大致按提出、审查、批准、执行的顺序进行。此外合同起草五天内即要求总经理审批并交综合部备案体现了竞争环境下企业对市场反应速度较为重视。

图 5-11 和图 5-12 分别为 X 公司设备管理大修计划流程和 Y 公司高层管理人员招聘管理流程。设备大修计划制定需符合设备运行的基本状况，由生产部、

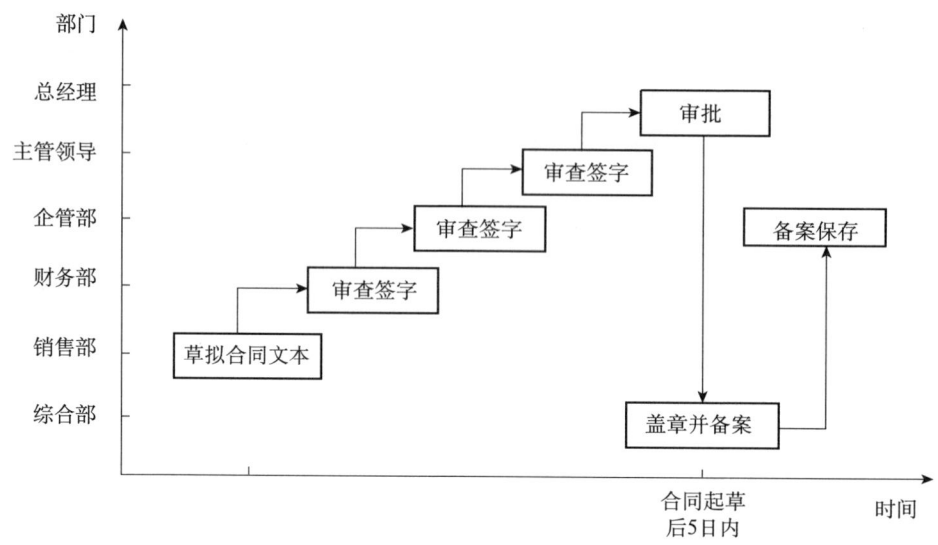

图 5-10　X 公司重点客户销售合同管理流程

车间、设备中心、主管领导等多个部门和岗位参与。为保证设备安全高效运行，X 公司定于每年 8 月由车间根据所辖设备实际情况在设备中心技术人员配合下制定具体大修计划，再由设备中心主任对各车间计划进行汇总。由于涉及许多技术层面问题，为慎重起见由各部门参加会议讨论，继而层层审阅，经批准后由设备中心归档。上述过程不仅体现了该流程参与者、各活动间的关系，同时又必须遵循设备——这一管理对象所特有的性能与运行等方面的固有规律，与设备有关的技术规则是此流程各环节活动均须遵循的。大修对生产时间的挤占会影响企业效益，流程中会议与审批时间的规定体现了对工作效率的要求。

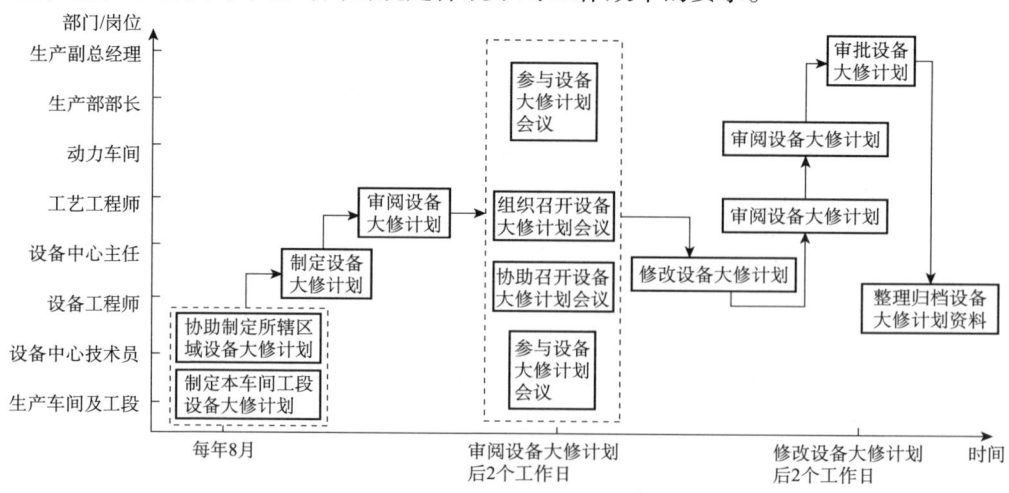

图 5-11　X 公司制定设备管理大修计划流程

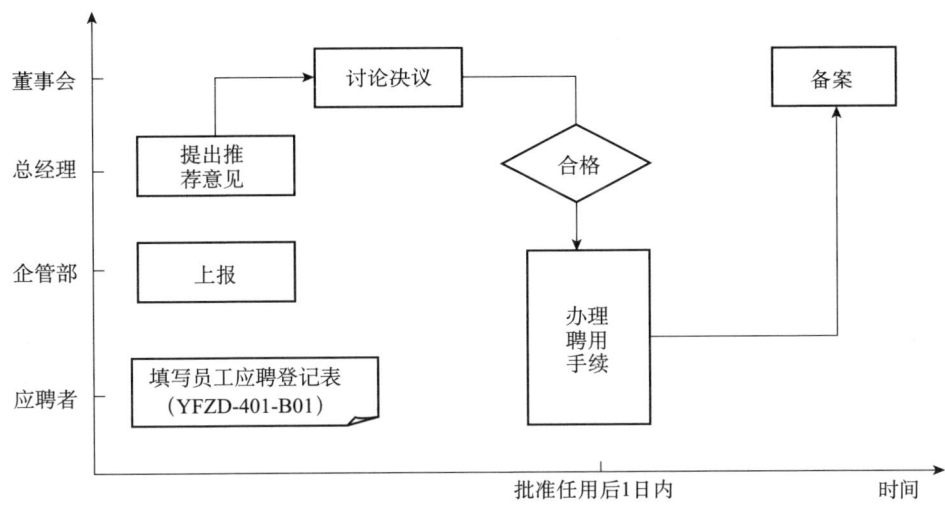

图 5-12　Y 公司高层管理人员招聘管理流程

图 5-12 流程围绕人力资源管理业务有关招聘主题展开，出于对高管聘用的慎重，由董事会讨论决议。Y 公司处于起步阶段且地处较偏远，批准后一日内办理聘用手续折射出公司求贤心态。Y 公司普通员工年度考核流程见图 5-13，年终考核的依据是员工在全年中的表现，各项活动将依循总结—考评—提议—审批—反馈—公示的时间顺序，这明确了考核流程中各活动间的关系。Y 公司企管部承担员工考核方面的主要职能。而在 Z 企业，考核的主要职能则被赋予了综合部。由于 Z 企业员工的工作成果大多是脑力劳动产物并具较强专业性，同样是考

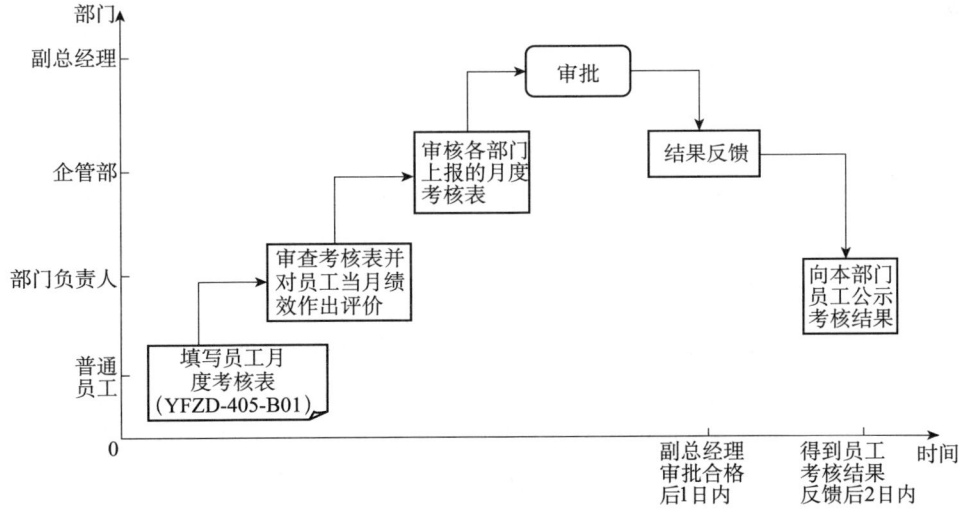

图 5-13　Y 公司普通员工年度考核流程

核流程,Z 企业对员工的评价在送审前需由部门领导进行评价,最终审定也需通过院务会,Z 企业员工考核流程如图 5-14 所示。

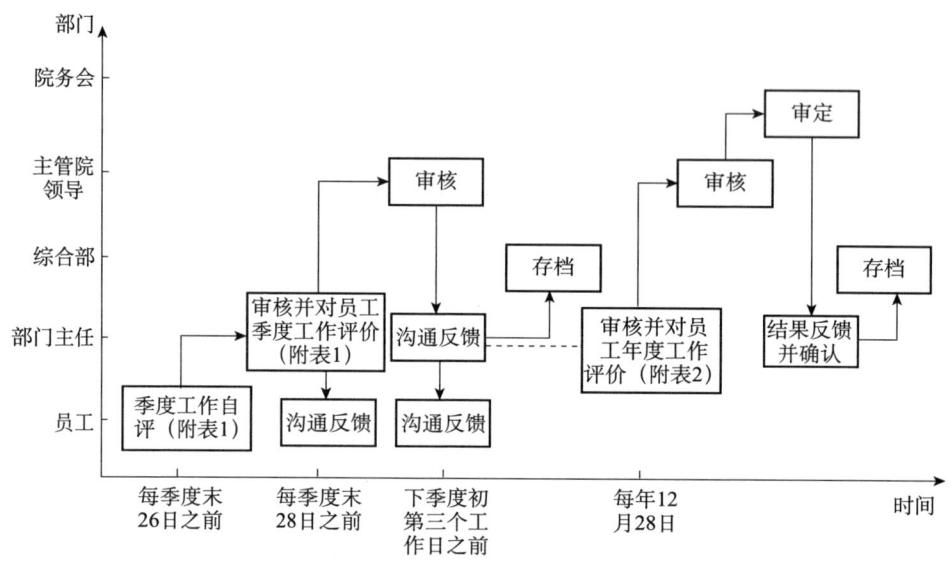

图 5-14 Z 企业部门员工考核流程

图 5-14 中之所以出现多次沟通反馈环节将在本书人力资源对流程设计要素影响一节讨论。企业各业务领域的管理流程很多,本书列举仅占企业日常内部管理极少部分,不难发现相应流程均表现出很强的业务倾向性。无论是生产、投资、营销、设备、招聘、考核等,明确了业务领域的类别也就定义了相应管理流程的主题,具体业务的工作事项与任务细节(X5)是相应流程必须通过活动及其相互关系由承担者予以逐步实现的,并与管理业务环节与时间要求(X6)共同体现针对目标实现的管理功能细分,在企业战略指导下解决了战术实施层面管理流程诸活动"具体做什么?如何去做?什么时间内完成?"等问题。业务属性的涉及范围也体现了相应管理流程可能与企业组织结构中的哪些部门发生关联以及特定流程自身应该对实现企业战略的价值链相应部分细化分解到何种程度。

3. 组织结构对设计要素的影响

企业发展的阶段性、战略选择、规模、组织结构间具有内在密切联系,当战略扩张或收缩时相应业务部门会面临增减,另外,战略重点的改变会引起组织的工作重点变化,引起各部门与职务在组织中重要程度的改变,并导致各管理职务以及部门之间关系的相应调整[295];然而组织结构相对战略调整具有滞后性,组织变革的频度有赖于环境、规模、经营状况等诸多因素。当我们进行管理流程设计时往往面对相对稳态的组织结构,这是管理系统运行从而实现管理功能的重要载体。战略分解、价值链细分为我们明确了具体管理业务事项，诸多管理事项需要依托组织结构不同部门的通力合作与牵制得以达成。部门与业务关系如图 5-15 所示。

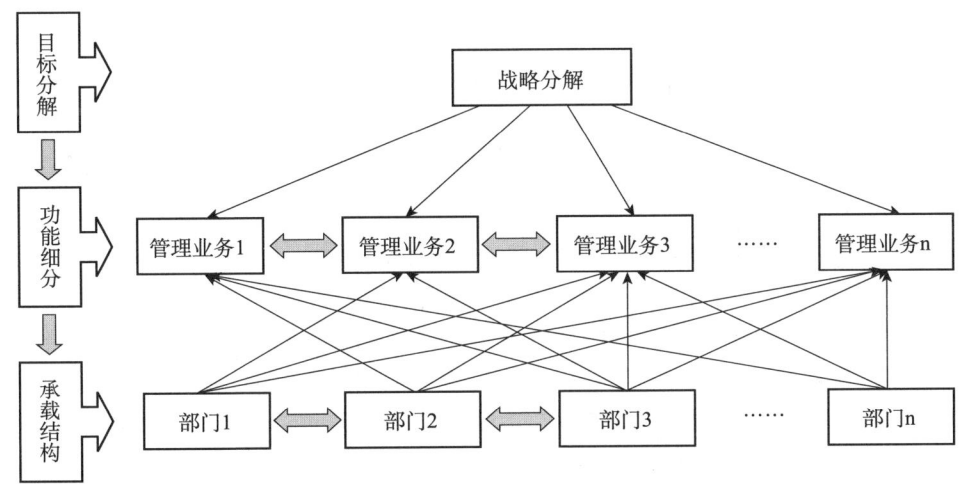

图 5-15　组织结构中各部门对管理业务的承载

业务、部门及其相互间存在诸多联系，由于不同部门对某些业务职能的偏重从而在各种业务过程中充当不同角色。在组织结构各子因素中，战略导向下各部门关系与配合（X4）在管理流程设计要素中影响着管理活动与活动间关系；相较业务属性因素主要确定管理活动间横向上下游任务衔接关系，组织结构因素更多倾向从基于组织纵向层级明确各管理活动间的管控关系。组织结构安排了各部门的主要职能、相对位置（X11），从而明确了管理活动的承担者，同时组织结构安排（X11）中的管理层次与幅度成为我们进行管理流程设计所必须关注的限制条件。企业组织的责权配置（X12）在很大程度上设定了各部门在组织群体中所扮演的角色，须履行的义务及拥有的权力，以上因素影响着法约尔桥不同架设组合，人们在组织既定框架下按照管理制度规定开展各项管理活动。

X 与 Y 企业组织结构分别如图 5-16 与图 5-17 所示，两家公司生产工艺相同，管理层级相仿。X 公司总经理管理幅度较大，企业高层分管的权责范围相对分散，Y 公司相对集权，总经理控制生产、财务、基建、销售诸多部门，副总经理直接管理下的部门仅为企管部，另一位副总经理尚未有直接管辖范围而挂虚衔，这也反映了家族式民企起步时的权力独揽特征。两者最显著区别在于 Y 公司是小型民企起家，缺乏能够驾驭并掌控新生产工艺的技术和人员，因此，将生产环节如矿山、立窑、干法（图中虚线框部分）全部外包，企管部通过现场勘察，统计报表等对生产过程予以监控。由此也决定了生产承包方以协助方式参与进本书在图 5-7 所示 Y 公司重大生产经营决策流程中。此外，Y 公司资金实力较为缺乏，因而采取边投资、边建设、边生产、再投资建设的方式，基建部的任务是在生产同时进一步加紧建设。而 X 公司是一次性投资建设进入生产运营，除非进行大型新生产线拓展，否则仅有较少的后续基建项目。

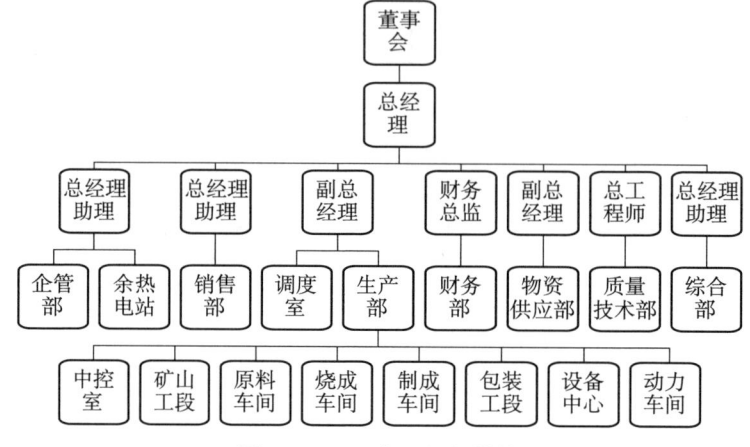

图 5-16　X 公司组织结构

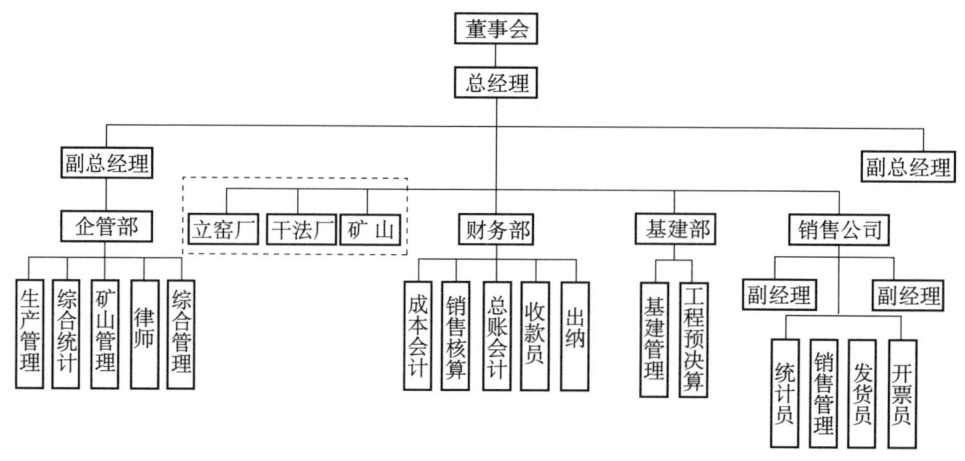

图 5-17　Y 公司组织结构

虽同为直线职能式组织结构，由于竞争态势、战略定位、自身实力、人员素质、高层理念等方面的差异，两企业的组织结构表现出不同形态，这必然对管理流程要素造成不同影响。管理活动方式在很大程度上依托于组织结构中对各部门及岗位的角色设置。观察由不同管理层级建立起的公司权责体系，X 公司上层分管的业务领域分布较为均衡，相应的管理事项在副总经理、总助或总监级别即可决策，因此，许多管理流程的审批环节不会到总经理一级。再有 X 公司的总工程师的管辖权限不包括生产过程，这决定了该企业总工最多是以参与方式出现在有关生产管理的流程中。Y 公司的生产过程完全外包出去，因此，有关现场巡检、质量检测、设备管理等方面的流程主要由承包方自行安排。不同的组织结构形态呈现了相异的部门整体布局，从而制约着管理流程，使其走向与进程具有相异的路径与顺序，体现为管理活动承担者及活动间关系。其间各种业务的处理和相关文件传递是在各部门由相应岗位上的具体人员完成的，设计中结构部门整体构造势必成为管理流程走向与具体环节业务活动的制约因素。图 5 – 18 和图 5 – 19 分别是 X 与 Y 公司处理客户质量投诉的管理流程。

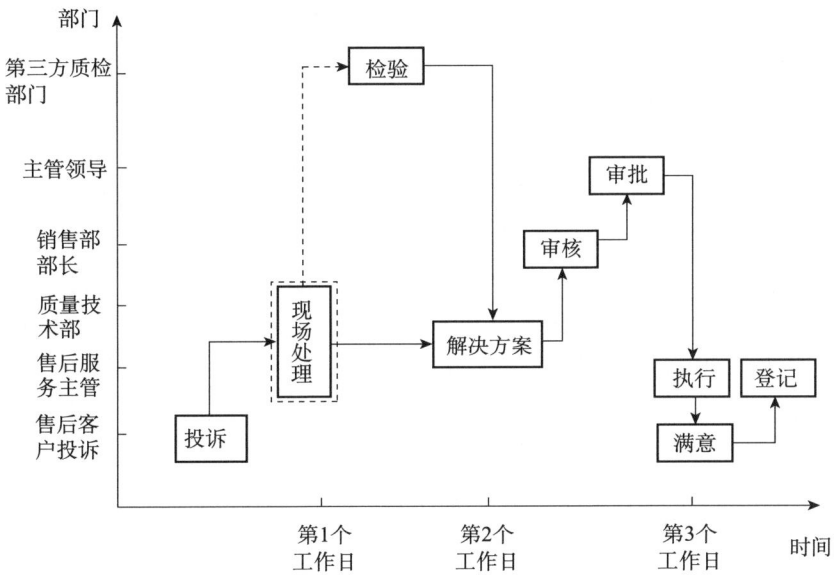

图 5 – 18　X 公司客户质量投诉处理流程

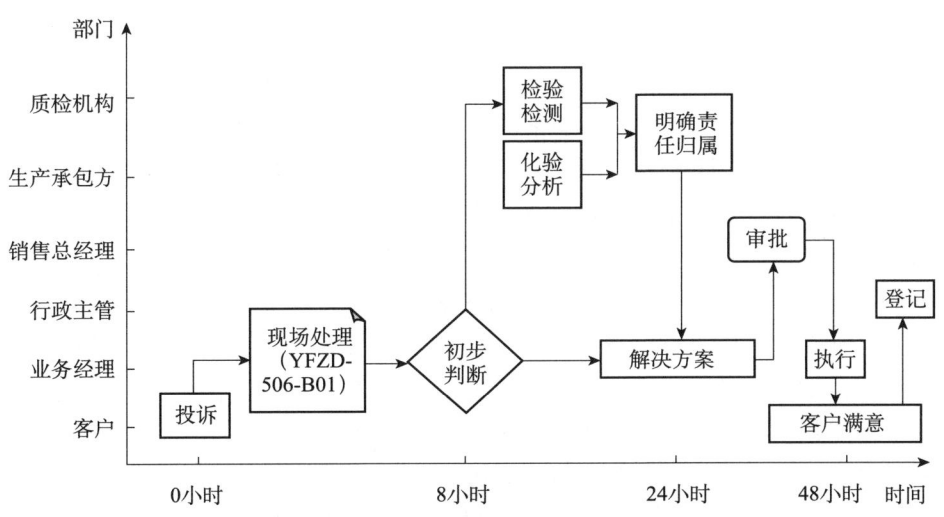

图 5 – 19　Y 公司客户质量投诉处理流程

不难看出在现场处理环节上，X公司销售部门专门设立了售后服务主管岗位，由售后主管会同质量技术部人员共同亲临现场处理，而Y公司自身技术实力相对薄弱，由销售公司行政主管和业务人员与客户现场交涉，由于没有技术人员亲临现场，不能较为准确地分析判断原因，在Y公司流程中多出"初步判断"环节，并以此提出初步解决方案。若认定是客户使用方法上的问题可不经过检测环节，两流程均有体现，可以想象如果X企业的质检人员技术过硬、经验丰富，在现场极有可能提出令客户信服的证据及处理方案。而由于Y企业现场提出的初步方案没有相应技术人员支撑而较难取得客户认同，从而更易进入样品的内部检验环节。这一环节在X企业中没有明确标出，但不难认定是由X企业质检部门自行处理的，Y企业这一过程是由生产承包方完成的。

同步进行的是企业外部的第三方质检，这一点两流程一致。事实上X企业经内检后已可明确责任归属是由产品质量问题还是客户使用不当，若确为质量问题则可启动内部问责机制，探究具体是采购、诸生产环节还是包装等方面出现问题，这涉及其他管理流程，而Y企业待内外检测结果全部得出方能明确责任归属。对于Y企业而言责任归属不仅在于生产质量还是客户使用方法问题，还关乎其与承包方之间的责任归属。审批权限环节X企业由销售部长与公司总助层层把关，这或许是国企对于质量问题更重视一些，但同时也使流程运行周期相较Y企业略长。Y公司的审批权限直接赋予销售总经理，对于时间限定以小时计，这也从一个侧面反映了民企出于自身压力对市场反应的提速。需要指出的是，有时不同企业可能根据自身组织结构安排赋予特定部门承载相同职能，这也影响着流程设计中法约尔桥的架设方向。对照本书如图5-13与图5-14所示，Y与Z企业均无专门的人力资源管理部门，有关绩效考核的主要职能分别被赋予企管和综合部，为此这两家企业绩效考核流程的重要环节在运行中必然会通过相应的法约尔桥指向这两个部门。

Z是由研究型事业机构脱胎而来的企业，其领导职务暂沿用原先称呼。由于从事课题研究和咨询项目，没有有形的生产实体其组织结构较为简单。如图5-20所示。从表面来看，Z企业是典型的直线职能式组织结构，各部门分工明确。开发部负责收集信息开拓业务，综合部主管人事、行政和其他事务，财务部负责资金核算、财务会计等工作，档案室有各种资料及机构历年从事项目的备份底稿可供查阅，以上部门皆为业务部门提供支撑服务，业务部门则按专业领域进行细分。事实上随着市场需求、竞争态势及内部人员素质提高，Z企业正向矩阵式结构演化。开发部门接触到的业务正日益多元化，同一项目越来越多涉及不同专业领域，遇有综合性项目，往往根据该项目对某一领域的侧重由相应的业务部门牵头，从其他业务部门抽调与此项目有相关或相近专业背景的工作人员与牵头部门人员组成团队全程参与到项目中去,部门间合作正愈加频繁,业务部门划分越来越显得仅为召集会议及绩效考核方便而设立。副院长、总工、院助等高层往往是某一专业领域的专家学者,他们会同时参与到不同项目中去,就自己熟悉的领域提供指导或直接担纲某些大型项目的总监。

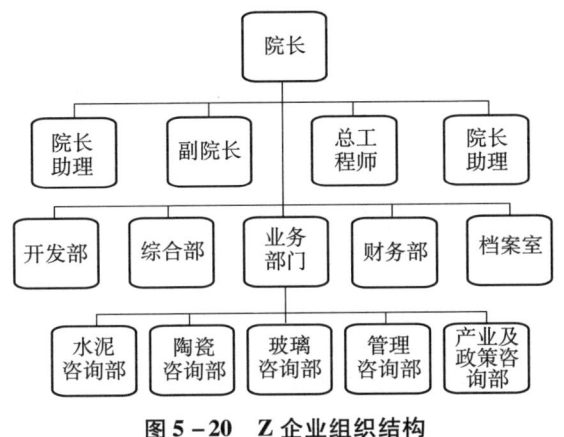

图 5-20　Z 企业组织结构

图 5-21 是 Z 企业业务部门项目考核流程。本流程运行环节与涉及部门较多,中心目标是为适应日益增多的部门协作解决各部门应分配产值的核算问题。这与 Z 企业为适应市场竞争结合自身业务特点由直线职能式结构向矩阵结构渐变有密切关系。自某一项目合同签订伊始即由院务会根据以往从事类似项目形成的经验及市场行情初步核定项目的产值区间进行公示,以便考核依据尽量客观、令人信服。项目结题后根据甲方(客户)对项目的认可程度及回款状况(两者紧密联系)对项目产值进行二次核定,考虑到具体项目往往是各部门抽调人员形成团队得以完成,项目结束后团队解散,人员回到各部门等待下次派遣并再次组团,实质上是各业务子部门的工作人员被派往不同项目为本部门赢得产值和荣誉。由于各业务部门工作人员专业背景、技能水平、在具体项目中的权重、个人敬业精神、同时参与其他项目分散时间精力、在具体项目中与其他成员配合等状况在每次项目合作时都不尽相同,因此,每次都须结合具体项目计算评估各部门应分配的产值。这期间往往各业务子部门出于本位主义产生异议,从而对最终产值分配会出现反复多头博弈过程。申诉为这一过程提供了法定渠道,最后基于各部门实力、人员表现以及相互间对今后合作的预期会达成某种均衡。中高层通过院务会方式不仅为这一流程涉及的各方提供了交流平台,而且体现了合理的民主集中精神。上述案例体现了组织结构通过部门间合作关系、管理层次与幅度、权责设置、高层管控范围和决策方式影响着管理流程进程与细节,从而对诸流程设计要素产生影响。

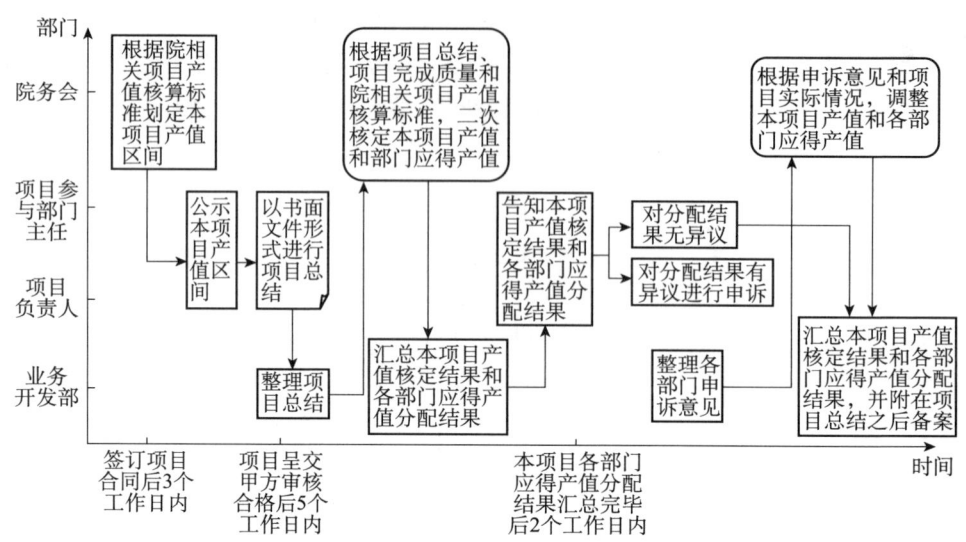

图 5-21　Z 企业业务部门项目考核流程

4. 人力资源对设计要素的影响

企业所处环境、发展阶段、规模、技术领域、战略选择等方面各不相同，使组织结构形态存在差异。然而无论怎样的组织结构，各项管理业务的最终履行与落实需要员工去执行。"人"是实现各种管理功能的终极载体，是达成组织目标最活跃并可塑的因素。知识经济时代员工素质大为提高，其知识水平与技能不断提升，员工知识技能及其行为导向是企业必须关注的重要资源，以人为本的管理理念越发凸显其重要性。在本书人力资源各因素中，员工知识能力与水平（X17）是流程各环节业务得以运行的必要条件，相应流程节点各岗位必须由具备特定知识与技能的人员担任职务；企业培训、考核政策（X19）是人力资源得以有效运用的保障，培训政策针对人的可塑性使原先不具备必需知识与技能的人员能逐步胜任本职工作，考核政策是引导人们行为的风向标与监控器，对员工群体工作中的行为倾向具有强制引导与硬性规制作用。当然，员工行为倾向（X18）不完全依靠硬性政策得以引导，虽然企业文化（X14）的软约束机制影响作用缓慢，但往往更能奏效。企业员工既是管理主体，又是被管理对象，作为管理主体随着工作阅历增加必然积累许多工作经验，这同样是企业宝贵财富，将于管理流程实际运行细节中发挥作用；同时作为被管理对象，企业员工亦具有"人"最本质的心理行为特征，一旦员工行为倾向得以引导与企业整体目标趋于一致，对于管理流程各要素有效运行的正向作用将最具能动性。

尽管人力资源对管理活动及其关系的影响不明显，各项管理活动早在战略分解与业务解析阶段即确定下来，但人力资源状况并非对管理活动没有一点影响，例如，本书图 5-14 显示，Z 企业部门员工在考核流程中多次出现"沟通反馈"环节，原因在于 Z 企业是研究型企业，员工绝大多数为知识分子，其工作成果大部分是各种专业可行性或调研报告，对于这些脑力劳动成果不能武断地做出评估，一方面，须结合各人专业背景、努力程度、在项目团队中的位置与作用等因素进行反复综合评价；另一方面，也要注意被评估者的感受，不能挫伤其积极性，评分很简单，但要做到让受评人"心服口服"则有赖于大量反复的沟通工作，为此，在相应流程中增加了这些环节，由此对流程中的活动及其关系造成影响。笔者认为，管理活动间关系包括业务关系与人际关系，活动间业务关系是主要方面，早在职能层战略战术化分解及各部门协调配合需要下得以确认。结合本书在管理流程设计要素一节中的描述，业务关系中已体现了诸如业务分解而来的上下游任务顺序关系以及基于组织结构权责配置的协调与管控等关系；人际关系是管理流程活动间关系的次要层面，一般情形下，我们无法因为某些人群关系和睦便将其安排于同一流程的上下游，还要考虑各人性格，对组织忠诚度，专业禀赋，于组织结构中所扮演角色等诸多因素，事实上安排关系接近的人以相似或业务关系上相近的工作，易滋生非正式团体合谋，反而不利于流程绩效提升。

  人力资源对管理流程设计要素最突出的体现在于活动承担者，管理活动的承担者解决了管理流程中各环节具体活动由"谁来做"的问题，具体执行者归结至部门相应岗位的工作人员。员工的知识与能力须与相应流程的进程要求相适应，员工的行为倾向不能与流程走向相矛盾，针对员工的培训与考核要能跟上企业战略调整、组织变革及流程更新步伐。根据职能倾向性不同，管理流程中往往有起主导作用的部门，例如，组织绩效考核、召集事故分析、拟定并上报营销计划等分别由人力、设备、营销等部门充当主角。真正运行起作用的是这些部门中相应岗位的任职人员。这些员工不仅须具备与具体业务相关联的各种背景知识与业务经验，还要求有良好的人际沟通能力及一定的组织管理才能。流程其他环节人员来自不同专业领域，除应具备处理流程相应环节事务的知识技能之外，还要有较强的责任心及团队合作精神。实际设计过程不会因人设岗，而是根据业务要求进行工作分析，即将管理流程中各项工作的内容、责任、性质及各环节执行成员所应具备的条件予以研究分析。这样能识别员工必须完成的任务及完成每项任务需要哪些知识技能。具体岗位的工作要求、程序、技术指标、完成时限等往往以岗位说明书形式描述。在企业人才库中根据员工的专业背景、经历、能力、性格、责任心等因素进行工作分派，在工作履行中考虑人的心理及体力承受能力并根据具体工作任务的实际要求（例如，复杂程度、时间要求、完成质量等）实施培训与考核。人力资源对于管理活动方式的影响由其从事的专业事务及在组织结构中所处地位决定，主要包括组织牵头、参与协作、审查批准、辅助支持等。

企业实地调研显示人力资源对于流程设计要素影响力度面临一些限制，从政策法律角度而言，企业不能随意辞退员工而任意替换某一岗位更合适的人选；即便政策允许，由于企业在经济效益、规模等方面的实力差异，造成对较高端专业技术人员的吸引力也不尽相同；此外，大多数企业的生产经营往往关注某些少数专门领域，很多管理和专业技术人员在某些领域不是最出色的，但由于在某企业工作年限较长，对本企业各方面情况熟悉，从而在工作中能得心应手地处理各种事务。此外，还有社会人情等方面的因素，在调研过程中遇见某些民企中的基层管理人员倚仗与老板的亲戚关系而不听主管领导调遣。以上限制缩小了我们在管理流程设计过程中对于人员挑选的可行域，也促使企业采取企业文化、培训、考核等各种方式以规整员工行为倾向，提高经营管理绩效。

三、概念模型与研究假设

管理流程相关影响因素与其设计要素间关系鲜有文献提及，为此本书用一些篇幅以实例为基础进行分析，认为管理流程设计有赖于对相关影响因素充分认识基础上合理构建流程要素安排。相关影响因素与流程设计要素关系如图5-22所示。

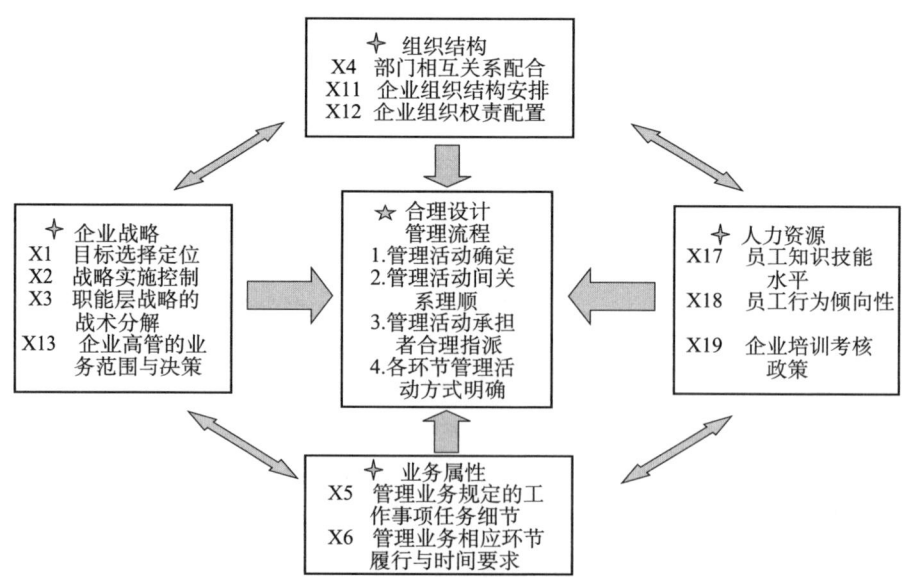

图5-22 管理流程设计要素与直接影响因素关系

本书拟将各种影响因素作为自变量，以管理流程设计要素为因变量，通过调查问卷所得数据先分别验证各影响因素对单个设计要素的作用（见图5-23），再以各影响因素对四项管理流程设计构建要素作综合验证。

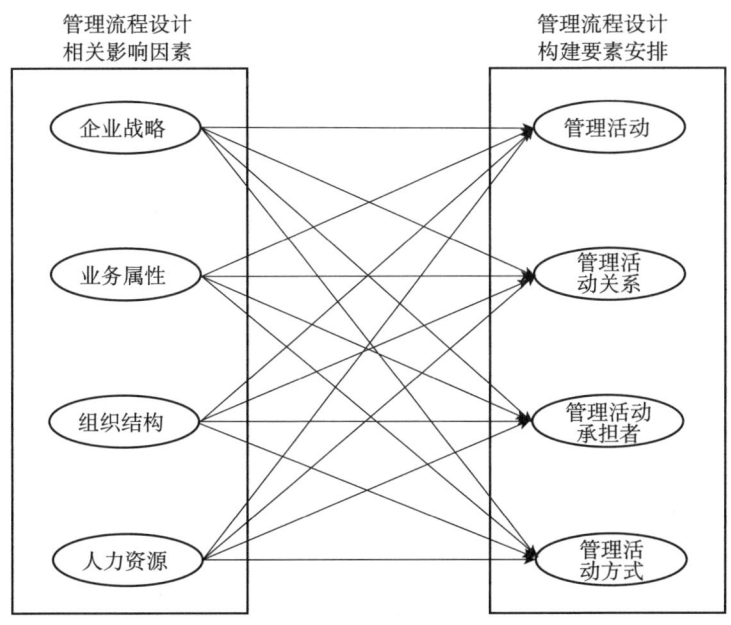

图5-23 直接影响因素与合理安排管理流程设计要素的关系

以此本书提出如下假设：

假设1：各主要直接因素对设计管理流程诸环节活动安排的影响。
H1a：企业战略因素对设计管理流程各环节活动具有显著正向影响；
H1b：业务属性因素对设计管理流程各环节活动具有显著正向影响；
H1c：组织结构因素对设计管理流程各环节活动具有显著正向影响；
H1d：人力资源因素对设计管理流程各环节活动具有显著正向影响。

假设2：各主要直接因素对设计管理流程诸环节活动间关系的影响。
H2a：企业战略因素对设计管理流程各环节活动间关系具有显著正向影响；
H2b：业务属性因素对设计管理流程各环节活动间关系具有显著正向影响；
H2c：组织结构因素对设计管理流程各环节活动间关系具有显著正向影响；
H2d：人力资源因素对设计管理流程各环节活动间关系具有显著正向影响。

假设3：各主要直接因素对设计管理流程诸环节活动承担者的影响。
H3a：企业战略因素对设计管理流程各环节活动承担者具有显著正向影响；
H3b：业务属性因素对设计管理流程各环节活动承担者具有显著正向影响；
H3c：组织结构因素对设计管理流程各环节活动承担者具有显著正向影响；

H3d：人力资源因素对设计管理流程各环节活动承担者具有显著正向影响。

假设 4：各主要直接因素对设计管理流程诸环节活动方式的影响。

H4a：企业战略因素对设计管理流程各环节活动方式具有显著正向影响；

H4b：业务属性因素对设计管理流程各环节活动方式具有显著正向影响；

H4c：组织结构因素对设计管理流程各环节活动方式具有显著正向影响；

H4d：人力资源因素对设计管理流程各环节活动方式具有显著正向影响。

四、 问卷调查和数据分析

1. 结构方程简介

结构方程基于统计分析技术，应用线性方程系统表示观测变量与潜变量及潜变量之间关系，可处理复杂多变量数据。使不能被直接观测的变量可以被测量并将其放置在体现因果关系的方程系统中。本书认为，管理流程设计各相关影响因素分别基于人工系统的构建逻辑关系：目的—功能—载体（结构）对流程设计各构建要素发挥作用，属于自变量，即外生（外源）结构变量，"管理流程各设计构建要素"为因变量，即内生结构变量。关于结构方程模型的基本原理、假设、各种拟合指标及应用中的注意事项已较为成熟[296]，在此不赘述。

2. 问卷调整

本书已通过预调研数据对管理流程设计相关影响因素与构建要素进行因子分析，为改进提问方式、减少被调研人员对题项发生歧义、尽可能真实地提供答案，便于运用软件分析，在预调研基础上对外生显变量名称及表述方式做调整（见表5-9）。流程设计构建要素部分，学界已取得较普遍共识，需在预调研基础上改进相应题项的提问方式（见表5-10）。需要说明的是，在预调研中为减少变量以增强模型拟合度，由于并非针对有关（如企业战略）领域进行专门研究，出现少部分如"企业战略目标选择与定位""工作事项与任务细节""培训、考核政策"等合并题项，问卷中为便于被调研对象理解，在给出尽量细致准确的答案，针对同一变量有时设计了几个题项进行调查，具体计算时取同一变量不同题项得分的均值。调整后的调研问卷（见附录二）分三部分：第一部分依然是关于企业的背景情况调查，涉及企业成立时间、所有制形式、员工人数、组织结构形态、主营业务、营业额等内容；第二部分为管理流程设计过程中相关直接影响因素调查，根据变量名称调整，改进了题项；第三部分是构建管理流程设计要素调查。根据内生显变量改进设计的题项，结合问卷第二部分验证本书提出的影响因素与设计要素关系假设。以上所有指标采用李克特5级量表正向计分。

表 5-9　直接影响因素变量名称调整

影响因素	预调研变量名称与表述	调整后
企业战略	X1 企业战略目标选择定位	EST1 企业重视战略目标选择与定位
	X2 企业战略实施与控制	EST2 企业战略能得以顺利实施和控制
	X3 职能层战略的战术分解	EST3 企业职能层战略作了战术化细分
	X13 企业高管的业务控制范围与决策方式	EST4 企业高管的业务控制范围与决策方式有明确规定
管理业务属性	X5 管理业务规定的工作事项与任务细节	BAT1 各项管理工作任务和事项作了明确细致划分
	X6 管理业务相应环节履行与时间要求	BAT2 员工知晓各种管理业务履行环节及时间要求
组织结构	X4 战略导向下各职能部门相互关系与配合	OST1 战略导向下各部门能明确相互间配合关系并通力合作
	X11 企业组织结构安排	OST2 企业组织结构安排可以适应公司当前发展要求
	X12 企业组织的权责配置	OST3 企业组织结构中明确了权责设置
人力资源	X17 企业员工的知识与能力水平	HRE1 员工自身知识与技能能适应流程相应环节业务处理要求
	X18 企业员工行为倾向	HRE2 员工对企业有归属感和忠诚度
	X19 企业培训、考核政策	HRE3 公司培训考核政策能使员工更好履行工作职责

表 5-10　内生变量及其相应指标

内生潜变量	内生显变量名称	指标描述
管理活动	MAC1（与 Y2 对应）	流程诸环节各项管理活动能顺应各业务领域职能层战略的要求从而具有各自业务倾向
	MAC2（与 Y4 对应）	管理流程各环节活动具体业务要求与任务细节能为相应岗位员工认知并理解
	MAC3（与 Y1 对应）	各项管理活动在管理流程运行中可以顺畅履行
管理活动间关系	MAR1（与 Y5 对应）	流程中管理活动上下游关系具有任务导向及顺序
	MAR2（与 Y3 对应）	相应管理活动规定了明确的时间限制
	MAR3（与 Y7 对应）	管理活动间管控关系通过不同层级部门生效
管理活动承担者	MAU1（与 Y6 对应）	管理业务的不同活动阶段由相应职能部门承担
	MAU2（与 Y8 对应）	规定各岗位人员按要求履行流程诸环节管理活动
	MAU3（与 Y9 对应）	处理各种管理事务的人员须具有相应知识与技能
管理活动方式	MAM1（与 Y10 对应）	管理活动方式体现了流程各环节得以履行的细节
	MAM2（与 Y11 对应）	各部门按专业倾向性角色实现各自业务处理方式
	MAM3（与 Y12 对应）	活动处理方式体现处于组织不同层级承担者的职责

3. 问卷调查与数据获取

本书继续选取笔者曾参与咨询项目的 A、K、S、J、X、Y、Z 等公司进行问卷发放，这些公司主要是中小企业，所有制结构分国有和民营，位于湖北、湖南、山东、河南、北京、广东等省市内较偏远地区。由于条件限制，不同所有制结构与规模企业的样本不够丰富，但较好地避免了样本地域性给研究带来的局限。数据获取主要采取书面和电子问卷，总共发放书面问卷 200 份，回收有效问卷 163 份；电子问卷 300 份，有效问卷 103 份；总回收率为 53.2%。在第二轮调研中为提高样本信度与效度，调查对象尽量与第一轮区分，由于管理流程设计涉及企业不同层面员工，为提高对题项回答的准确与全面性，调研对象尽量选取企业不同管理层级且在本企业有较长任职经历的员工。

4. 样本指标效度分析

结构方程分析前对指标效度检验是研究结果成立的基础，本书已对影响因素与设计要素各指标进行修正。继之应用 LISREL8.70 分别针对影响因素与设计要素各维度指标进行验证性因子与效度分析。检验结构方程模型的拟合指标较多，限于篇幅，不一一列举。在此本书主要选取如下指标进行模型拟合检验，表 5-11 内容主要从吴明隆编写教材中选取和整理[297]。

表 5-11 本书采用的结构方程模型拟合指标

指标名称	符号	判断标准	简要说明
卡方自由度比	χ^2/df	<3	值越小表明模型的协方差矩阵与观察数据越匹配
适配度指数	GFI	>0.9	显示观察矩阵中方差与协方差可被复制矩阵预测得到的量
比较适配指数	CFI	>0.9	改良式 NFI，测量从最限制到最饱和模型时非集中参数的改善情形
规准适配指数	NFI	>0.9	NFI 与 NNFI 是相对性指标值，反映了假设模型与一个假设观察变量间没有任何共变的独立模型差异程度
非规准适配指数	NNFI	>0.9	
渐近残差均方和平方根	RMSEA	<0.080	每个自由度的平均总体协方差矩阵与基于总体的假设模型隐含协方差矩阵间的差异值；被视为最重要的适配指标信息[297]

表 5-12 影响因素各维度拟合结果：拟合度指标基本符合要求，T 值显著大于 2，说明每一维度中的细分指标与其对应维度有较大联系。判别效度显示不同因子间有效区别程度，Fornell 与 Larcher 提出，通过两个因子平均变异萃取量（AVE）与因子相关系数的平方比较进行检验。当两因子 AVE 大于因子间相关系

数平方时，模型具有良好的判别效度[298]。

表 5-12　直接影响因素各维度指标拟合结果

影响因素各因子	指标	载荷	T 值	拟合指数
企业战略因素	Est1	0.79	14.81	
	Est2	0.62	12.21	
	Est3	0.69	12.24	
	Est4	0.61	11.06	
管理业务属性因素	Bat1	0.72	12.96	$\chi^2/df = 2.47$
	Bat2	0.74	13.45	GFI = 0.94
组织结构因素	Ost1	0.73	13.28	CFI = 0.97
	Ost2	0.81	9.59	NFI = 0.95
	Ost3	0.75	11.91	NNFI = 0.95
人力资源因素	Hre1	0.70	11.03	RMSEA = 0.074
	Hre2	0.69	8.80	
	Hre3	0.66	10.42	

表 5-13 为影响因素诸因子结构模型判别效度，可知 AVE 大于两因子间相关系数平方，说明影响因素部分的测量模型具有较好的判别效度。

表 5-13　影响因素模型判别效度

影响因素各因子	企业战略因素	业务属性因素	组织结因素	人力资源因素
企业战略因素	0.54			
	1.00			
业务属性因素	0.52	0.50		
	0.20	1.00		
组织结构因素	0.55	0.53	0.56	
	0.19	0.14	1.00	
人力资源因素	0.575	0.57	0.565	0.56
	0.16	0.27	0.16	1.00

设计要素部分验证性因子分析与判别效度分别如表 5-14 与表 5-15 所示。由表 5-14 与表 5-15 可知，管理流程设计构建各要素拟合效果较为理想，其收敛效度与判别效度得到验证。

表 5–14 设计要素指标拟合结果

影响因素各因子	指标	载荷	T 值	拟合指数
管理活动	Mac1	0.69	8.21	$\chi^2/df = 2.49$ GKI = 0.97 CFI = 0.98 NFI = 0.96 NNFI = 0.95 RMSEA = 0.075
管理活动	Mac2	0.63	10.43	
管理活动	Mac3	0.61	8.03	
管理活动间关系	Mar1	0.86	16.50	
管理活动间关系	Mar2	0.82	9.70	
管理活动间关系	Mar3	0.81	15.04	
管理活动承担者	Mau1	0.79	14.63	
管理活动承担者	Mau2	0.72	12.15	
管理活动承担者	Mau3	0.62	8.36	
管理活动方式	Mam1	0.77	8.64	
管理活动方式	Mam2	0.81	13.82	
管理活动方式	Mam3	0.75	9.22	

表 5–15 设计要素模型判别效度

设计要素各因子	管理活动	管理活动间关系	管理活动承担者	管理活动方式
管理活动	0.58			
管理活动	1.00			
管理活动间关系	0.575	0.68		
管理活动间关系	0.09	1.00		
管理活动承担者	0.57	0.65	0.62	
管理活动承担者	0.27	0.12	1.00	
管理活动方式	0.56	0.605	0.575	0.53
管理活动方式	0.16	0.14	0.13	1.00

五、模型验证与结果讨论

1. 直接影响因素与管理活动设计要素结构模型验证

经过一系列数据验证准备,将管理流程设计相关影响因素与设计诸环节管理活动量表各项数据载入模型,应用 LISREL8.70 软件分析,结构模型如图 5–24 所示。

检验结构方程整体模型拟合的各种适配统计量较多且有相互关联,主要包括绝对适配统计量、增值适配统计量和简约适配统计量[297];在此笔者在绝对适配

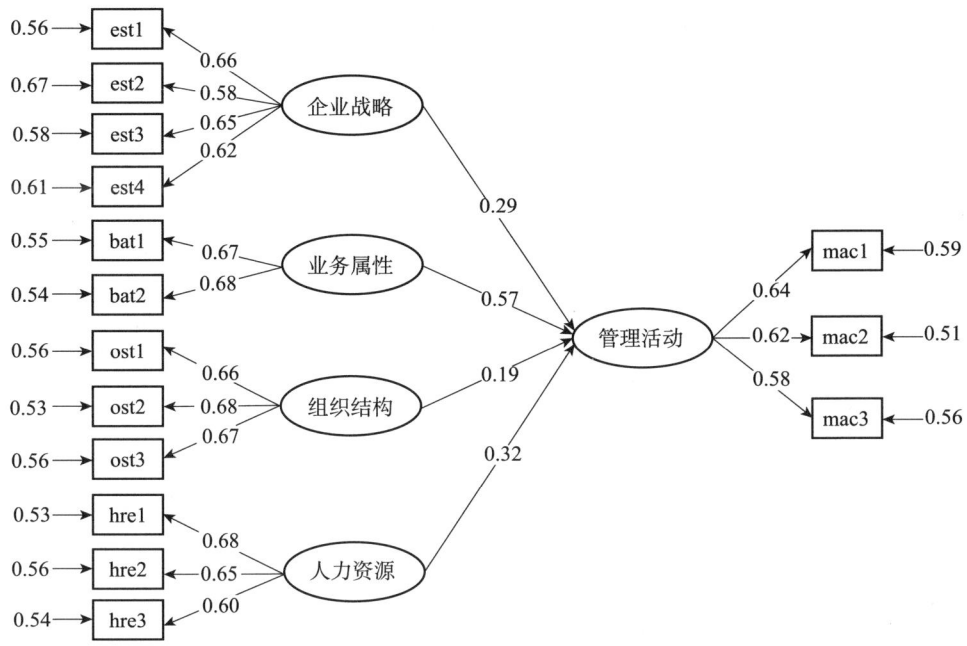

图 5-24 诸影响因素与管理活动要素结构关系

统计量中选取卡方自由度比（χ^2/df）、适配度指数（GFI）、渐进残差均方和平方根（RESEA），在增值适配统计量中选取比较适配指数（CFI）和规准适配指数（NFI）作为模型拟合指标。上述模型拟合指标如表 5-16 所示：

表 5-16 诸影响因素与管理活动要素结构关系模型拟合度指标

指标名称	χ^2/df	GFI	RMSEA	CFI	NFI
评价标准	<3	>0.9	<0.08	>0.9	>0.9
拟合结果	2.65	0.908	0.079	0.953	0.928

本书影响因素与管理流程活动要素关系原假设为：

H1a：企业战略因素对设计管理流程各环节活动具有显著正向影响；

H1b：业务属性因素对设计管理流程各环节活动具有显著正向影响；

H1c：组织结构因素对设计管理流程各环节活动具有显著正向影响；

H1d：人力资源因素对设计管理流程各环节活动具有显著正向影响。

结合路径图对原假设进行检验，如表 5-17 所示，原假设中 H1c 与 H1d 不成立，即组织结构与人力资源因素对设计管理流程各环节中的管理活动没有显著影响。

表 5-17　诸影响因素与设计管理活动关系假设检验结果

原假设	标准路径系数	T 值	是否通过检验	结论（是否显著）
H1a	0.29	3.39	是	显著
H1b	0.57	3.97	是	显著
H1c	0.19	1.43	否	不显著
H1d	0.32	1.68	否	不显著

2. 直接影响因素与管理活动间关系设计要素结构模型验证

管理活动间关系决定着流程的走向与进程，是最能体现管理流程呈现不同整体形态的重要构建要素。有基于业务导向的上下游关系和依托组织结构的组织关系，两者可分别细化为任务关系与管控关系。各相关影响因素与管理流程活动间关系的结构模型如图 5-25 所示。

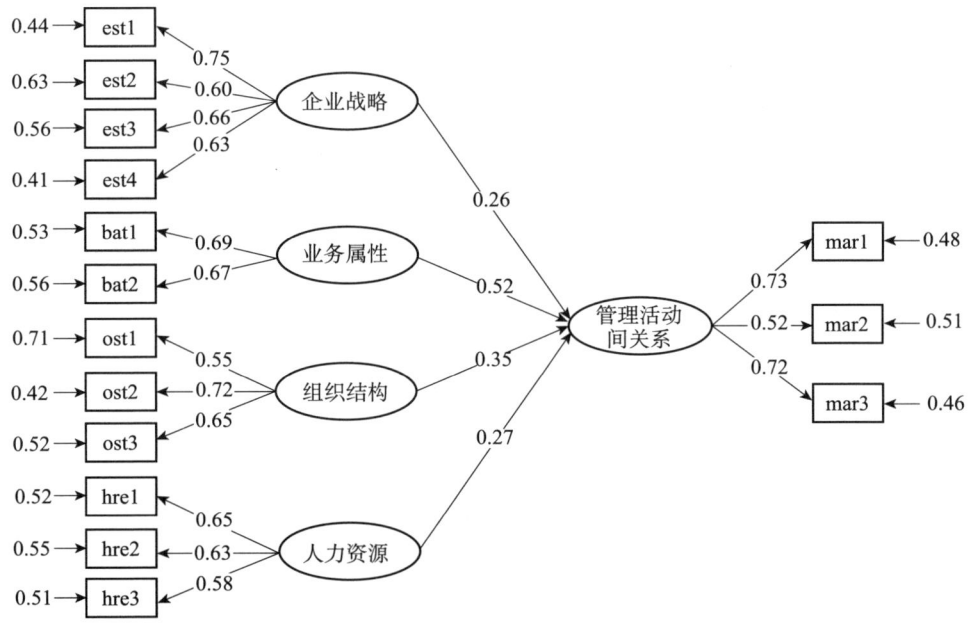

图 5-25　诸影响因素与管理活动间关系结构模型

上述结构模型各项拟合度指标如表 5-18 所示：

表 5-18　诸影响因素与管理活动间关系要素结构关系模型拟合度指标

指标名称	χ^2/df	GFI	RMSEA	CFI	NFI
评价标准	<3	>0.9	<0.08	>0.9	>0.9
拟合结果	1.83	0.935	0.056	0.983	0.966

本书影响因素与管理流程活动间关系要素原假设为：

H2a：企业战略因素对设计管理流程各环节活动间关系具有显著正向影响；

H2b：业务属性因素对设计管理流程各环节活动间关系具有显著正向影响；

H2c：组织结构因素对设计管理流程各环节活动间关系具有显著正向影响；

H2d：人力资源因素对设计管理流程各环节活动间关系具有显著正向影响。

表 5-19 显示影响因素与管理流程活动间关系假设检验结果：

表 5-19　诸影响因素与设计管理活动间关系假设检验结果

原假设	标准路径系数	T 值	是否通过检验	结论（是否显著）
H2a	0.26	1.93	否	不太显著
H2b	0.52	3.72	是	显著
H2c	0.35	2.98	是	显著
H2d	0.27	1.32	否	不显著

显示 H2d 未通过显著性检验，即人力资源对设计管理流程活动间关系影响不大。

3. 直接影响因素与管理活动承担者设计要素结构模型验证

管理活动承担者是管理流程各环节活动的实际处理场所与人员，是设计中不可忽视的重要部分。各影响因素与管理流程活动承担者结构模型如图 5-26 所示：

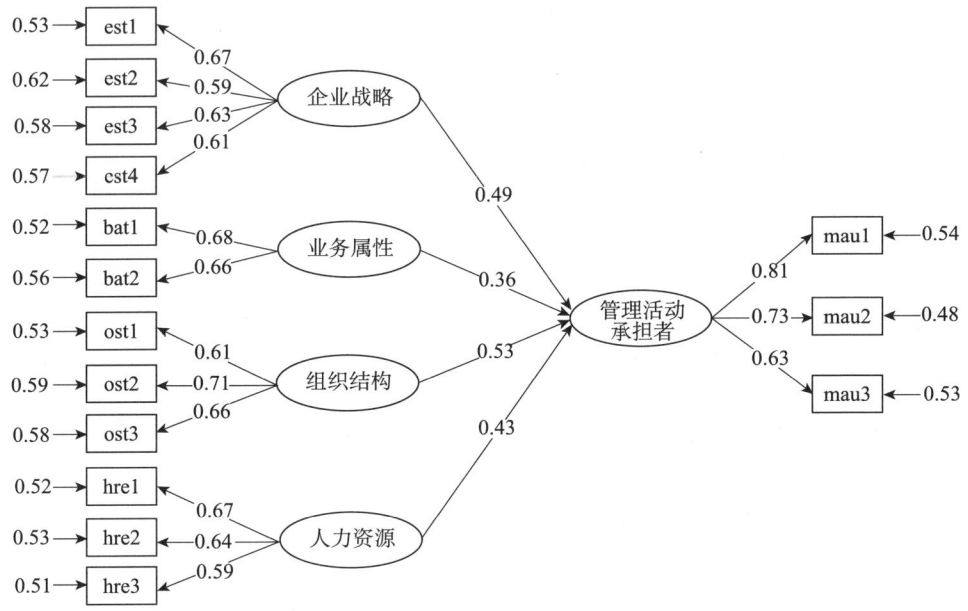

图 5-26　诸影响因素与管理活动承担者结构模型

上述结构模型各项拟合度指标如表 5-20 所示：

表 5-20　诸影响因素与管理活动承担者要素结构关系模型拟合度指标

指标名称	χ^2/df	GFI	RMSEA	CFI	NFI
评价标准	<3	>0.9	<0.08	>0.9	>0.9
拟合结果	1.93	*0.843	0.059	0.942	0.908

结果中 GFI 值未通过检验，说明模型拟合不好。但观察到检验结果与临界值较近，笔者认为，上述模型可近似地作为参考。本书影响因素与管理流程活动承担者要素原假设为：

H3a：企业战略因素对设计管理流程各环节活动承担者具有显著正向影响；

H3b：业务属性因素对设计管理流程各环节活动承担者具有显著正向影响；

H3c：组织结构因素对设计管理流程各环节活动承担者具有显著正向影响；

H3d：人力资源因素对设计管理流程各环节活动承担者具有显著正向影响。

表 5-21 显示影响因素与管理流程活动承担者假设检验结果：

表 5-21　诸影响因素与设计管理活动承担者假设检验结果

原假设	标准路径系数	T 值	是否通过检验	结论（是否显著）
H3a	0.49	1.69	否	不显著
H3b	0.36	1.91	否	不太显著
H3c	0.53	3.68	是	显著
H3d	0.43	2.33	是	显著

原假设中 H3a 和 H3b 未通过显著性检验，考虑到本模型 GFI 值接近临界值，因此，大致认为，企业战略与业务属性对设计管理流程活动承担者要素影响不大。

4. 直接影响因素与管理活动方式设计要素结构模型验证

管理活动方式反映了管理活动承担者在组织权力责任体系中所处地位、扮演角色及对管理业务细节的协作处理关系，各影响因素与管理流程活动方式结构模型如图 5-27 所示。

上述结构模型各项拟合度指标如表 5-22 所示：

第五章 管理流程影响因素与设计要素实证分析

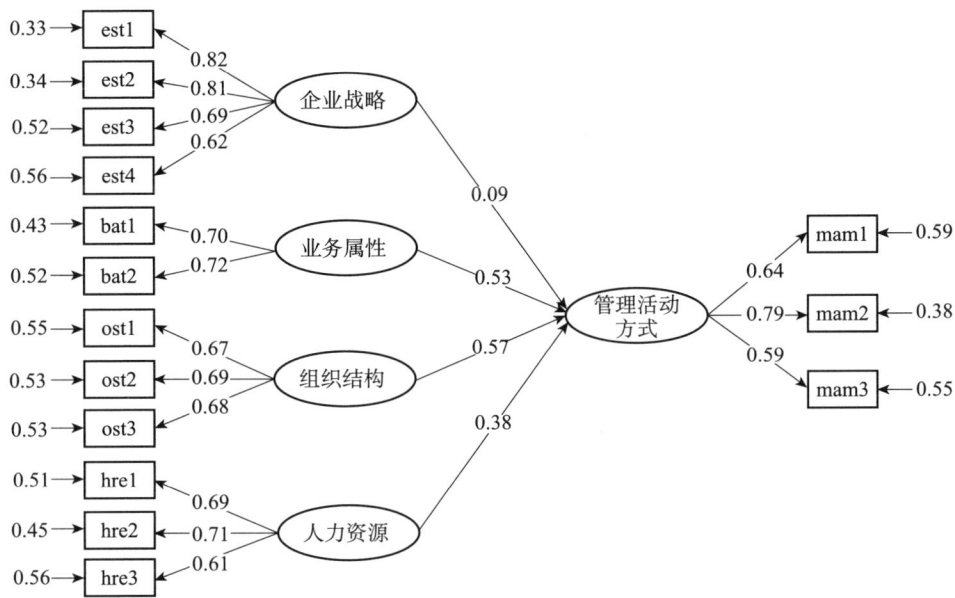

图 5-27 诸影响因素与管理活动方式结构模型

表 5-22 诸影响因素与管理活动方式要素结构关系模型拟合度指标

指标名称	χ^2/df	GFI	RMSEA	CFI	NFI
评价标准	<3	>0.9	<0.08	>0.9	>0.9
拟合结果	2.17	0.958	0.066	0.975	0.955

本书影响因素与管理流程活动方式要素原假设为：

H4a：企业战略因素对设计管理流程各环节活动方式具有显著正向影响；
H4b：业务属性因素对设计管理流程各环节活动方式具有显著正向影响；
H4c：组织结构因素对设计管理流程各环节活动方式具有显著正向影响；
H4d：人力资源因素对设计管理流程各环节活动方式具有显著正向影响。

表 5-23 显示影响因素与管理流程活动方式假设检验结果：

表 5-23 诸影响因素与设计管理活动方式假设检验结果

原假设	标准路径系数	T 值	是否通过检验	结论（是否显著）
H4a	0.09	0.88	否	不显著
H4b	0.53	3.52	是	显著
H4c	0.57	5.01	是	显著
H4d	0.38	1.89	否	不太显著

由表 5-23 可知，H4a 和 H4d 未通过显著性检验，可以认为，企业战略与人力资源因素对设计管理流程活动方式影响不大。

综上所述，诸相关影响因素与管理流程设计要素综合关系如表 5-24 所示：

表 5-24 诸相关影响因素与管理流程设计要素综合关系假设检验结果

影响因素	原假设	标准路径系数	T值	是否通过检验	模型结论
企业战略影响因素	H1a	0.29	3.39	是	显著
	H2a	0.26	1.93	否	不太显著
	H3a	0.49	1.69	否	不显著
	H4a	0.09	0.88	否	不显著
管理业务属性因素	H1b	0.57	3.97	是	显著
	H2b	0.52	3.72	是	显著
	H3b	0.36	1.91	否	不太显著
	H4b	0.53	3.52	是	显著
组织结构影响因素	H1c	0.19	1.43	否	不显著
	H2c	0.35	2.98	是	显著
	H3c	0.53	3.68	是	显著
	H4c	0.57	5.01	是	显著
人力资源影响因素	H1d	0.32	1.68	否	不显著
	H2d	0.27	1.32	否	不显著
	H3d	0.43	2.33	是	显著
	H4d	0.38	1.89	否	不太显著

表 5-24 显示对本书影响因素和设计要素关系所有假设的检验结果，以便于后续管理流程设计过程与方法的探讨。表 5-24 以影响因素划分重新排列并与分模型验证结果做比较。总体而言，业务属性与组织结构因素对管理流程设计影响显著，企业战略和人力资源因素影响一般。

5. 假设检验结果讨论

参考模型假设检验结果，我们在管理流程设计中必须充分重视管理业务属性与组织结构因素，管理业务基于各项管理功能分解，在管理制度中明确规定又往往散落各处而缺少应有的时空整合与应用接口。各项管理业务规定了不同工作任务主题，每项工作任务主题直指由职能层战略分解形成的引领各业务领域与组织层级目标体系中的分目标。业务处理依循管理对象客观性与管理主体经验有其上下游任务顺序和处理方式，在相应流程中须环环相扣，有专人负责实施并具有时效性，否则将影响整个管理系统的有效运行。组织结构在较长时期的相对稳态为我们提供了流程运行的稳定载体，众多法约尔桥依托组织载体的排列组合与连接方式为我们呈现了管理流程体系中流程走向与进程的多种形态。各职能部门依据其专业倾向性在不同管理业务（同时也是不同流程）中充当各自角色。依托组织结构的又一益处在于各项偏重纵向的权力链与倾向横向的责任链获得了实际依附与运作的载体，这使每个岗位的管理活动承担者不仅扮演着不同角色，而且知晓各自角色的作用和重要性，使流程活动间管控关系的确立成为可能。

企业战略因素对于管理流程设计的目标导向是不容置疑的，目标体系中的分目标受各领域细分业务所指，使管理流程具有了行进方向，同时也正由于流程走向的明确，指引行进中的"业务活动流"具有了前行的动力。而且不同时期的战略导向影响着高层权力制衡、业务倾向、处理方式与时效等。由此，战略因素影响至少有部分是通过功能细分和组织载体，由业务和组织因素对流程设计发生具体显化作用的，因而显得其本身的作用反而不太明显。

人力资源作为组织运作中最具活力和能动性的因素其影响程度似乎并不为人们所重点关注，有些意外。可能因为流程运行过程中，人员于组织中扮演角色与行为须与管理目标相吻合，并与具体工作任务相适应。同时，由于保障政策和社会约定俗成等原因，使其本身对于流程构建要素安排的影响未留下多少可供自由选择与调配的空间。

第四节　本章小结

本章首先针对管理流程设计相关影响因素与设计要素预调研，根据调研结果进行因子分析，修正影响因素与设计要素假设模型。在此基础上，结合管理流程实例探讨了影响因素与流程设计要素间关系以建立概念模型。在对问卷中的变量与题项进行调整后开始第二轮调研，对调研结果采用结构方程模型验证，进一步分析诸影响因素与管理流程设计要素间关联路径与影响程度，从而明确管理流程设计过程中需重点关注的因素及其作用。

第六章 企业管理流程设计过程与方法

人为事物设计所关心的对象是带来手段对环境适应的方法与途径，事物应当怎样以达到人为目的[13]；广义设计过程是设计者在变化环境中为完成一定任务而进行的思考、筹划和创造过程[299]；管理流程设计以准备工作为发端，关注与"目的—功能—载体"相关影响因素，明确实现每一步过程步骤与相应方法。

第一节 管理流程设计准备工作

一、管理流程设计条件准备

管理流程设计是企业结合自身特点，根据战略导向，旨在提高内部管理水平以增强整体竞争实力开展的一项系统工程。往往经历时间长、涉及人员多、财务开支大、面临风险高，需要企业调集各种资源、具备一定能力、选择恰当时机进行系统化准备。企业管理流程设计应从以下方面进行条件准备：资源、能力、时机与范围。

企业外部资源包括经济发展水平、客户渠道、政策导向等，内部资源指企业组织、资金、人员、技术、文化氛围等。鉴于企业管理系统环境具有较强内部性特征，管理流程设计资源准备主要偏重相对可控的企业内部资源。资金投入支持必不可少，聘请专家及咨询团队仅是资金的表层付出，管理流程设计的立项、调研、初步方案、磋商、试运行、改进设计、评估等诸环节涉及企业各级人员参与，这些人员花费的时间和精力造成事实上的资金隐性付出。此外，管理流程设计改进或重建往往塑造新的企业内部管理运作模式并影响人们既有行为习惯，需要企业各职能部门通力合作促进各种资源有效整合。试运行阶段可能出现企业系统于磨合中的消耗甚至失败的风险，这些也是企业管理流程设计须承担的隐性成本。企业中最有价值的是人力资源，"人"具有主观能动性并能洞察各种管理对象的客观规律，在工作中不断积累形成宝贵经验。"人"不仅是管理流程的设计者，也是管理流程的实际履行者，这些特质决定了人力资源在管理流程设计中的重要性；信息技术一直以来被称为流程的"使能器"，虽然信息技术并非管理流程设计的必要条件，但同其他流程一样，管理流程的信息化运作是大势所趋，因此，企业的信息技术也应成为管理流程设计准备条件之一。

管理流程设计的能力条件与资源准备紧密联系，包括三个方面：一是企业对于自身各种物质与非物质资源拥有调控的能力。若不能做到各种资源配置合理、步调一致、当其经历哪怕是局部性变革时也易发生系统性紊乱。从管理流程设计伊始，企业即须确保其对全局各种资源的整体掌控能力以应对可能出现的不同危机。这些能力包括企业对于战略管理的把握、有能力形成长期有益的文化氛围、设立并培育明确而有力的权力责任体系、具备培训与激励员工的方法与手段等。二是各级员工具备的适应与创造能力。管理流程设计会造成工作任务、所需员工人数、人际关系、平时管理活动的手段与方式等发生不同程度的变更，由此人们在组织中的职业规划、利益机制、薪酬体系与工作绩效衡量方法也将发生综合变化。为此，企业须通过培训、宣讲、培育企业文化等方式构筑员工共同愿景以尽量减少流程设计过程中的不必要误解，避免增加流程设计阻力。而员工自身除却应对日常工作所需具备的各种知识技能外，还要加强心理调适能力应对变化，积极参与到流程设计工作中，大胆沟通发表见解，此种参与心态的建立不仅可以为设计团队提供建设性创造灵感，还有利于争取自身合理权益。三是管理设计团队应具备的知识技能。管理设计团队往往由外聘咨询团队和企业内部人员共同组成。管理流程设计需要集成运用各种知识技能，这就要求管理流程设计人员不仅需要对所涉及的管理知识有全面了解掌握，还需十分熟悉这些知识的基本属性和应用效果。

范围体现了流程设计的广度，一般分部门内、跨部门、企业间。部门内流程设计被证实范围过窄而效果不明显[20]；企业内部管理流程设计范围以"跨部门"为主。管理流程于企业内部建立起一整套内部协调、监控、整合运行体系，当企业由于外部社会、经济、政策、技术环境变化进行所有制变更、战略调整、技术革新、工艺改进、营销策略改变、人员更换等活动时，原有的管理系统可能不能适应相应变化而较难发挥其应有的管理功能，企业管理的系统性活动可能出现一定程度的混沌或紊乱，为适应企业发展新阶段，有必要进行管理流程设计或对原先的管理流程体系进行改进设计。但并非一旦出现端倪即刻投入设计与实施工作，须针对不同企业具体情形选择适当时机。这一时机与企业管理流程设计的资源和能力准备休戚相关。例如，待企业资金充足，生产经营状况相对平稳，员工队伍及情绪相对稳定，良好的企业文化氛围大致建立，企业已具备基本的信息和设计技术或引入外脑等。恰当时机选择不仅会减少管理流程设计过程的各种危机与阻力，也有利于流程设计与实施的平稳过渡。

二、 管理流程设计组织支持

管理流程设计是有组织的集体工作，其组织形式一般有三种，企业自主设计、委托外部机构、自主与外援相结合。相较外部人员，企业员工对组织内部资源、境况、愿景、人员状况等方面的情况更为熟悉，然而较易受到企业既有利益机制及习惯力量的牵引且对流程设计知识与技术缺乏系统性掌握；外聘人员则相反，具有较为完备的管理流程设计手段、知识、技术与经验，其利益导向不易受公司内部集团牵制，可做到相对客观、全面、公正，却对特定目标企业的具体细节不甚了解，因而有时设计方案不能完全做到从目标企业实际出发。因此，第三种设计组织形式较为理想，由外聘团队与企业选派人员共同组成管理流程设计团队。团队设计人员的知识素质须满足管理流程设计实际要求，确保设计时间与质量以及设计与试运行衔接。

管理流程设计及运行可能带来企业整体业绩提升，同时也会对企业各层级尤其中基层管理人员的工作职位、任务、关系、既有利益等方面产生影响。为此，即便在高层的致力推动下，组织群体产生抵制变革的情绪和行为亦不鲜见。管理流程设计要取得成功在很大程度上取决于高层领导支持的有效性，然而单纯依靠企业高层力量不足以促成对管理流程设计目标的最终实现，需要企业组织各层级管理人员的共同配合。高层应经常与中基层管理人员及设计团队沟通交流，了解其想法，共同讨论形成方案，对于组织存在的问题、潜力、优劣势具有深彻洞悉，对管理流程设计整体战略及其在企业日常管理活动应具有的功能心中有数，具有应变、沟通与控制能力，及时为设计团队提供各种帮助，促进其与各管理职能部门有效沟通，积极合作。中层领导良好的业务能力可为设计团队提供各种切实可行的建议，管理流程设计将导致各部门管理工作任务重新安排，易引起衔接过程中的相对紊乱与冲突，因此，中层管理人员不仅要对本部门员工与事务具有相应的管控能力还要与其他部门领导及上层保持有效沟通，及时发现并解决问题。基层员工是流程中具体管理活动的主要承担者，管理流程设计会导致组织结构重组和员工岗位调整，因此，基层员工除了应在掌握基本知识技能基础上具有沟通与适应能力之外，还须在配合设计团队与部门领导过程中对管理流程设计内容有所了解，利于流程实施时有效进入角色。

管理流程小组是设计组织的核心，由外聘人员与企业各部门富有创新精神的员工共同组成。一般而言，设计小组具有相对独立性，方便与企业各级员工沟通，设计小组成员不仅应熟知各项管理业务，还须具备相应的设计技巧与沟通能力。设计团队负责人由企业或外部咨询专家中的资深人士担纲，应具备与各方沟通协调并对管理流程设计整体把握的能力与技巧，团队中的成员是管理流程方案的实际策划者,营造统一协调的行动和融洽和谐的气氛是保证团队持续有效合作的关键。此外,在某些管理流程设计过程中有些企业还组建了高层领导小组,这一小组往往由企业高管、流程负责人与各领域专家组成,以制定管理流程总体目标和设计进度,共同决定企业资源配置,及时为设计小组解决实际困难,并负责与企业各层面与领域沟通协调。

第二节　管理流程设计实现过程研究

为实现管理功能、达成管理目标,按照管理流程设计的基本思路与原则,遵循管理流程设计理念,关注管理主体经验、管理对象客观性,结合管理流程设计相关影响因素,依托组织结构部门职能与权限,对管理制度中规定的管理业务事项进行解析,运用科学管理方法与手段对管理流程诸要素作合理安排,将各项管理业务的具体细节与管理活动的承担者紧密结合在时空序列中展开,管理流程设计步骤体现了管理工程设计技术与实现过程。

一、针对管理制度实施困境的流程设计要素安排

管理制度制定框架与内容安排有多维性与多元化特征,这给广大员工的明确认知与深度理解造成困难;兼之不同时期往往以不同人性假设作为制定出发点,以及制度汇编表现形式的复杂性与部门和员工的行为倾向引致的本位主义,使制度履行过程中易出现整体性紊乱。再者,管理制度主要通过协作和权威方式对管理活动中各种复杂关系进行规制,协作方式有赖于企业组织结构横向关联,其规制作用偏弱,而权威方式偏重依托组织结构纵向的权力链,有时又显得过于强硬而僵化。针对调节方式的维度交错,如果没有某种机制汲取这两种调节方式的长处将其有机结合起来,管理制度实施过程中也会由此产生不和谐现象。

有时在制度实施中会出现有些部门人员甚至是企业高管不知具体工作任务是什么,为何要去从事这些工作;针对某些管理业务不知应与哪些部门的具体人员进行沟通与衔接;不明确完成具体工作的时间限制,导致拖沓延误;各部门职能职责含混不清,经常相互推诿,协作困难;工作中出现问题不知应向谁汇报,在具体业务领域员工不明确各自有哪些权利和义务,如何与相关协作部门配合一致。各种管理业务的审查与审批权限有重叠,有时一项简单业务需多位领导签字,却没有哪位最终负责;企业高管有时会陷入基层细致协调不能自拔,且分管领域不确定;考核机制落实不到位,员工积极性不高等。管理制度是为达成各项管理目标实现管理功能的细化表现形式,其中也含有规定管理目标与载体方面的

内容。管理制度实施出现困境表明，管理系统运行层面出现问题，使管理载体不能以很好的动态方式实现管理功能从而达成管理目标，管理流程设计即试图从管理系统运行层面解决制度实施困境，而流程设计的重点在于设计要素安排。管理制度实施困境往往伴随流程要素安排不合理，管理活动不清晰、管理活动间关系混乱、相应管理环节不知由谁承担、由于管理者权责不明确或不对等导致不知在相应管理业务中扮演什么角色以及应采取何种管理方式或手段。

需要说明的是：未经设计以前流程要素也是存在的，管理流程的惯例形成阶段，虽未运用科学管理理论与方法，流程显得有些粗糙和随意，但其中的构建要素依托管理主体经验与管理对象客观性推动形成，否则流程本身无法运行。科学管理阶段，我们运用广义设计理念结合企业具体管理环境与条件，针对管理目标与对象，以对流程构建要素设计安排的方式对管理业务的处理行进过程进行更有效规制整合，准确地说是对流程"构建要素"的再设计。管理流程体系属于管理系统运行层面的子系统，设计顺序依然遵循人工系统逻辑顺序"目的—功能—载体"。首先，应基于管理业务需达成的目标通过功能细化明确应完成哪些管理活动；其次，设定活动承担者并理顺活动间关系。管理活动的上下游关系及完成时限主要通过对管理制度中的各种业务解析实现，而组织中的管控关系有赖于活动承担者在组织结构中的地位与作用。承担者在具体业务环节及组织结构中的作用与地位共同决定其业务角色从而明确了相应的管理活动处理方式。由此，管理流程构建要素的设计顺序及相互关系如图6-1所示。当然这里所指的是大致而非严格的设计先后顺序，设计过程中往往根据实际情形，有时需同时考虑各要素间关联进行安排，并且反复迭代验证。

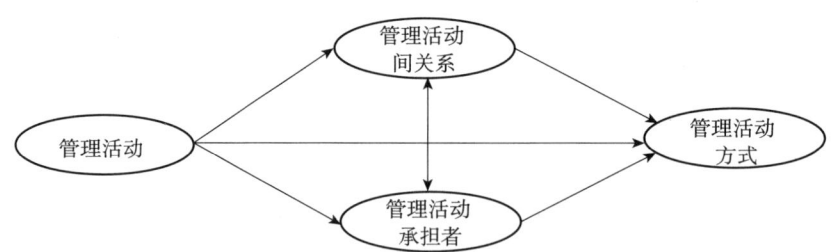

图6-1 管理流程构建要素设计安排顺序及其相互关系

为解决管理制度实施困境，遵循管理系统设计逻辑顺序，参照调查问卷量表有关要求，笔者认为，对于管理流程构建要素的设计安排需关注如下四个问题：

（1）管理活动。①由企业职能层战略的战术分解大体明确为实现某些具体管理目标为何要采取一系列相应管理活动；②结合特定管理业务领域的实际要求使相应岗位员工熟知流程各环节活动的具体业务要求与任务细节。

（2）管理活动间关系。①根据相应管理业务的技术要求及客观时间序列明确管理活动间上下游任务关系；②为确保流程各环节序列活动进程规定相应环节管理活动时间要求；③根据各部门专业倾向性及其在组织架构中地位确定管理活动间组织管控关系。

（3）管理活动承担者。①由管理功能的职能化细分大致确定各部门主要职能从而明确各管理流程的主要承载部门；②管理流程各环节管理活动由各部门中具体岗位人员采取相应处理方式按一定质量要求履行。

（4）管理活动方式。①管理活动方式须体现具体管理业务的现实与技术要求；②管理活动方式需参照各部门业务倾向与角色地位；③管理活动方式与部门各具体岗位职权关系密切。

二、影响因素与管理流程构建要素作用关系

企业面临的竞争环境正日益复杂，作为组织系统的反馈适应，管理目标也日渐细化，管理对象日趋多元化，由此各种制约条件对于管理系统的影响变得愈加丰富。作为管理系统运行层面的流程设计也应与时俱进，充分关注相关影响因素作用，使设计结果更趋合理有效。同时流程形成过程中的管理主体经验与管理对象客观性需要结合考虑。人工系统的功能先于载体形式，其设计逻辑顺序为"目的—功能—载体"，这是本书的理论基石，设计中探索影响因素作用要与这一基本逻辑顺序相契合。第五章初步探讨了各影响因素与人工系统逻辑顺序的对应关系，在此本书综合前述内容做进一步拓展，见图6-2：

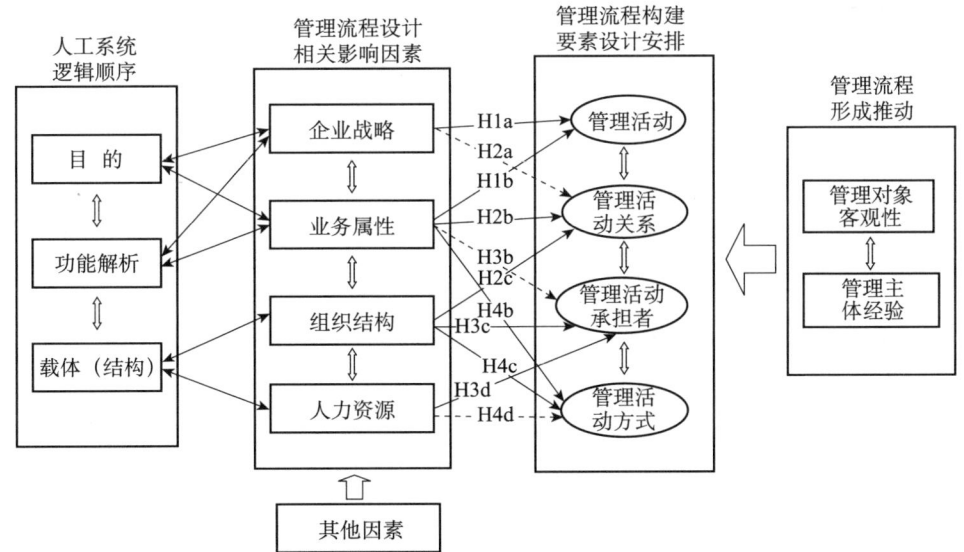

图6-2 形成推动作用、相关影响因素与管理流程设计要素关系

图 6-2 "逻辑顺序"与"影响因素"关系部分考虑到企业职能层战略的战术分解事实上是管理功能细分的发端，而业务属性的每项任务细节都指向相应的管理分目标，因此，增加了"企业战略"与"功能解析"及"业务属性"与"目的"的关联。"影响因素"与"构建要素"间的箭头参照第五章结构方程模型拟合结果。若总分模型显著性检验一致，则被视为影响作用较大，图 6-2 中以实线箭头表示。若不一致，鉴于综合模型 RMSEA 值高，以分结构模型结论为主。经综合考虑，图中 H4b 与 H4c 被视为影响作用明显，而 H2a、H3b、H4d 为弱影响以虚线箭头表示。这并不是说原假设中的其他对应关系没有一点影响，只是在设计中经过模型验证的关系需重点考虑。"流程"通俗地说就是针对某一具体管理目标，一系列业务事项在时空中的定向"流动"以及各项任务逐步完成中各环节的"进程"。因此，管理流程的"走向"与"进程"以及由谁在什么业务领域具体处理一系列何种管理事务是流程构建要素设计中必须解决的问题。设计过程中影响因素对流程构建要素安排的作用如图 6-3 所示：

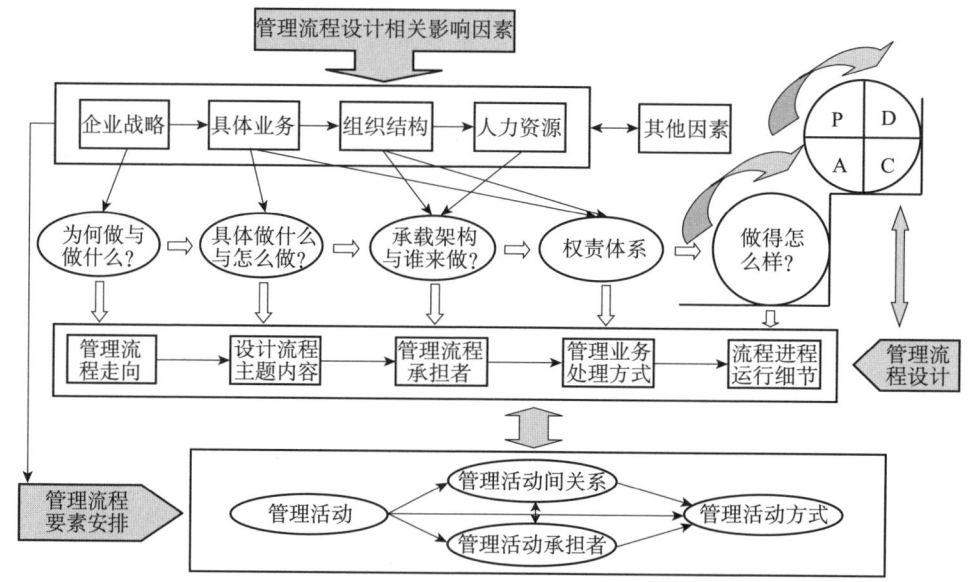

图 6-3 设计中相关影响因素对管理流程构建要素的作用

所有流程都必须为企业战略目标实现发挥作用，管理流程也不例外。通过战略分析企业明确战略定位（EST1），为结合自身资源占有情况设定长期愿景并推进实施（EST2），需进行职能层战略的战术分解（EST3），以建立企业整体战略目标体系。企业价值链中各种生产经营过程指向战略目标体系中各分目标，几乎每一生产经营过程都离不开计划、组织、领导、协调、控制等管理功能发挥作用。各层级战略管理目标是各级管理流程发挥管理功能的导向，由此衍生的各项管理活动是在组织系统各层面实现这些功能的具体方式,这初步解决了管理流程的活动要素"为何做"以及总体上"做什么"的问题。职能层战略战术分解带来的又一结果是为企业各项生产经营活动划定了业务领域,从而将各种业务履行富集于不同处所,这为各类生产与管理部门的设立创造条件。各类业务处理环节必然在这些部门得以完成,并且相应部门往往在特定业务中充当主要角色。同时不同业务领域拥有的管理对象各不相同,从业人员经历各异,因此,业务领域的划分、同类或相近业务处理的部门集成,为我们在设计特定管理流程过程中缩小对相应管理对象客观性与管理主体经验的关注范围提供便利。企业战略各项子因素明确了管理活动内容,指示各项管理活动方向从而初步确定了管理流程走向。然而管理目标不可能一蹴而就,"走向"与"方向"的差别在于"走向"在明确方向的同时还需厘清各项管理活动运行的顺序和步骤。战略分解的各分目标不仅有层级性也有先后性,由此衍生的管理活动也就具有了先后顺序,同时各自业务领域中的固有技术规程、职能部门的设立也为设计管理活动间关系提供了依据。但总体而言,战略各因素对于流程活动间关系要素的作用不明显。值得一提的是,H3a 和 H4a(战略因素对管理活动承担者和活动方式的影响)在分结构模型中未获得验证,总模型本身整体拟合不佳,且上述两项显著性检验的 T 值不高,笔者认为,H3a 和 H4a 对管理活动承担者与活动方式的影响可能更多源于战略因素中的一个子因素即企业高管业务控制范围与决策方式(EST4)。这一子因素根植于由企业所有制形式引致的公司治理结构,体现了基于特定治理结构面对外部竞争环境,企业高层在分析制定,继而实施战略过程中形成的利益博弈与权力动态均衡态势。此非本书研究重点,我们关心基于战略导向与利益博弈均衡态势形成后对管理流程构建要素的影响。不同战略导向下业务领域各自权重会发生变化,对于分管领导的地位、话语权、在相应业务领域内应承担的责任及权限设置有影响,由此决定其在特定管理流程环节中以何种角色采取何种方式承担相应指导、审阅或审批等工作。

　　企业日常运营业务领域主要包括基础设施建设、采购、生产、研发、质检、营销、储运、物流、服务、投资、后勤等,这些均是企业内部价值链的主流部分,针对不同的业务领域皆有相应的管理流程进行计划、组织、指挥、激励、控制。针对细分管理目标,发挥相应管理功能,管理业务各环节工作事项将细化,工作任务与具体要求将趋于明确(BAT1);管理业务的各项环节需井然有序且为确保管理时效,很多环节有完成时间要求(BAT2)。业务属性范围与层面细化出的工作事项明确了流程中相应活动"具体做什么",而其内容与细节解决了"怎么做"的问题。可见业务属性因素对管理活动与活动方式的影响主要通过 BAT1发生作用。BAT2 主要解决了管理活动间上下游关系问题,管理业务在目标导向下各项管理活动的时间顺序是形成企业组织内部责任链的基础，管理活动间的上下游关系使各部门与岗位得以建立起工作责任联系。上下游关系是管理活动间的主要方面，有很多依赖于各自业务领域管理对象的客观属性，尤其是其中固有的时空顺序。例如，事故分析必然发生在故障出现后，销售计划审批在提交以前，人员聘用在组织面试以后等。BAT2 中对于任务环节的时间要求体现了各种管理事务的轻重缓急，从而间接影响着活动处理的方式。业务属性对活动承担者的影响较弱，主要表现在各部门相应业务领域倾向性从而在不同业务中充当各自角色。业务属性提示了管理流程的主题内容，通过管理活动间上下游任务关系梳理形成偏重横向协调的责任体系，进一步明确了管理流程走向。

组织结构安排（OST2）不仅展现了企业各职能部门系统性框架，而且也是承载各种流程的整体骨架。组织结构安排中的管理层次即管理流程中的特定业务向上报审的层次，管理幅度显示了不同层级或部门中管理事务的分工，管理幅度大的部门往往是流程节点比较集中的部门。战略导向下各部门关系与配合（OST1）带有明确目标导向，在此业务事项的细分需嵌入具有相对稳态组织结构中的各部门乃至岗位，由此组织结构因素对管理活动承担者的影响不言而喻。各部门往往有其主流业务倾向从而具备相应的主导管理职能，例如，质检部门是质量管理、财务部门为财务核算、营销部门更多负责与营销管理相关的诸多事务，而设备部门往往对保障机器设备的平稳运行责无旁贷等。这也就影响着管理流程中相应管理活动的范围和参与方式，例如，不同部门在同一管理事务当中参与的方式，有的是主办、有的是协办，还有的是审批把关等。通过具体业务与组织结构的融合，组织结构因素也参与构建了企业组织的整体权力与责任体系（OST3），并与管理流程中各种管理业务职责履行的流转环节与审批权限紧密相连。组织结构对管理流程中活动间关系亦有影响，各企业往往根据自身实际状况设立部门框架，赋予职责并以此铺排权力架构。例如，X 企业的设备中心，Y 企业并无此部门，这与 Y 企业将生产环节整体外包有关，然而这并非意味着 Y 企业对生产及设备管理采取完全放任的态度，Y 企业进行了生产线投资，若完全不顾及设备的维护与保养，可能会滋生生产承包方的短期行为，为此，Y 企业的企管部承担了部分生产管理的任务，而具有同样名称的 X 企业企管部直接参与生产管理的职责相对不多。Z 企业的综合部兼具企管部、办公室与人力资源部的职能，可以想象，发挥类似管理职能的管理流程在不同的组织机体内必然通过法约尔桥穿越着不同的职能部门。这些部门总体框架的设定有的是出于企业的实际情形，有的可能源自企业"一把手"或领导集体的偏好，前者体现了管理流程展开过程中管理对象客观性的推动作用，后者无疑出自管理主体的经验。然而上述组织结构因素对管理活动间关系影响源于诸多管理事务嵌入组织结构，部门名称及其兼具职能不同不会从根本上改变各项管理活动的履行顺序，因此，其表现的依然是管理活动间的上下游关系。管理活动间的管控关系是由主要依托于组织结构纵向维度的权力架构决定的，在流程设计中的主要表现形态为对于某些管理事项的层层审查与审批等。由此，组织结构因素通过对构建要素的作用，建立起了更为全面而细致的权责体系，主要解决了管理流程承载架构即"由谁来做"及"采取何种方式做"的问题。

人力资源是管理流程各环节的真正执行者，是流程要素中具体管理活动的最终承担者，这从根本上解决了"谁来做"的问题。表面看来被禁锢于流程"管道"中充当管理系统运行的零件，不同职能部门的员工处于管理流程的相应环节并时刻扮演其在企业组织体系中的各类角色。然而"人"既是管理的主体也是管理的客体，具有各自性格、素质、业务知识、专业技能、行为倾向等特征，企业员工的知识与技能水平（HRE1）必须与流程相应环节的工作活动要求相匹配，作为管理主体，员工的行为倾向（HRE2）如果引导正确可为流程的顺畅运行注入活力。员工的知识与技能具有很强的可塑性，为促使企业发展进入不断提升的轨道。还须建立保障管理业务平稳运行的培训、监控与激励机制（HRE3），例如，关于绩效考核的流程即是管理流程体系的重要组成部分，"做得怎么样"始终是关乎企业长远绩效的重要问题。个人与部门的绩效是企业整体绩效的基石，无时不在衡量企业战略实施的成效，关乎组织的存续与发展。绩效管理方面的流程更多体现了管理的控制职能，借助 PDCA 循环将企业的整体管理水平不断引领至更高起点。人们的知识背景、技能水平及性格行为特征等对其处理管理活动的方式具有弱影响。管理流程的走向与进程、主题内容、业务处理方式等最终都归结至具体人员作为其承担者，于具体运行细节中体现管理流程运行成效。

三、 基于功能实现的管理流程设计过程与方法

管理流程构建要素安排有其总体设计顺序，在不同设计阶段诸影响因素对各构建要素作用方式的途径与重点有所区别，作用结果又不同程度影响着管理流程走向、主题、进程、处理方式及运行细节，在设计过程中须予以关注。然而所有这些相互交错糅合，我们需要寻求简约而集成化的设计步骤。管理制度以其制定框架的多维性和规定内容的多元化，使其在规范调节企业诸多资源与活动中形成高维矢量场，制度中既有隐性流程和业务细节方面关于运行过程的描述，也有战略、组织结构、工作标准、人力资源等关于目标和状态方面的规定。所有这些制度内容沿着一个或多个维度（例如，管理层级、业务领域、表现形态、管理模式、管理功能、人员角色等）呈分布态势。制度实施较为理想的状态是在高维矢量场中形成奇点，奇点象征管理目标，此时沿不同维度分布的企业管理制度中诸

多规定以管理目标为导向,在管理载体履行下为实现管理功能发挥作用。各种制度中蕴含的影响因素作为制约条件沿管理功能维度动态对管理运行过程施加各种作用,从而在奇点邻域内形成较为稳定的流形,这些轨线流形可看成高维矢量场在各种影响因素下的解系,是流程的抽象。由此管理流程为管理制度实施提供了系统化的解决方案;各影响因素对流程要素的作用方式与途径可看成考虑问题表达中的制约条件对问题答案求解的作用机理。然而,如同我们有时对于数学问题的求解,似乎没有必要弄清每个作用机理背后的细节,而仅需按一定步骤与方法进行求解即可,解法本身已将针对背后运作机理的综合考虑蕴含其中。对于管理流程设计而言,这一求解步骤即设计过程。笔者关于管理制度高维矢量场中形成趋向管理目标奇点流形,为制度实施提供流程形态的运行方案猜想可能过于理想化,不过对于人工系统而言,其"目的—功能—载体"的逻辑顺序是可以遵循的,对于管理流程设计须结合与"目的—功能—载体"相关的影响因素,解决管理系统运行层面问题。管理流程设计过程也即遵循管理主体经验与管理对象客观性,考虑制度框架中相关影响因素对流程构建要素的作用,使制度中诸多内容有序展开成运行机制,从而赋予管理载体以动态实现功能,达成各项管理目标的过程。我们注意到"功能"针对目标,并要求相应的载体动态运行得以实现,是人工系统逻辑顺序的关键环节,在管理流程设计中抓住了管理功能实现也就把握了设计的重点,结合影响因素作用方式与途径以及流程构建要素安排的大致顺序可以得到管理流程设计过程步骤,具体操作中往往反复循环迭代。如图 6-4 所示。

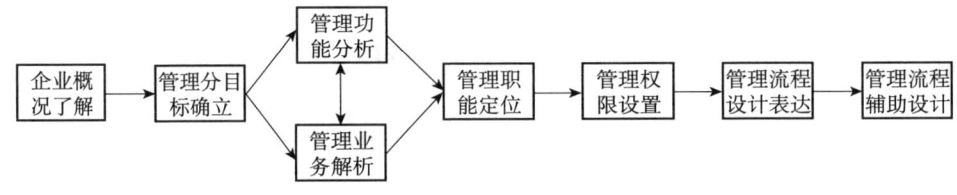

图 6-4 管理流程设计实现过程

对企业概况了解须关注"其他因素"部分中的企业文化、规模、所有权等,这些因素通过直接影响因素对管理流程设计发生作用。此外,为提高设计质量与效率,概况了解还应包括企业是否具备管理流程设计的各项条件以及各级员工的合作态度。管理分目标确立是根据战略目标分解确定各业务领域和各层级的管理分目标,针对管理分目标实现需要管理功能发挥作用,功能分析是将管理功能做职能化分解的过程,功能分析确定了各相关部门的主要职能,这决定了各管理活动承担者大致应该采取何方式从事什么管理活动;与此步骤交互进行的是管理业务解析,功能分析往往明确了各部门的管理范围并确定其基本职能,而缺乏动态执行的业务过程规定，业务解析将各业务领域的管理工作过程的先后顺序梳理清楚。以上两个步骤皆是对管理制度解析的重要方面，功能分析偏重于组织结构中部门职能的确立，而业务解析倾向构建横向的任务链，不仅解决了管理活动具体做什么，而且也明确了管理活动间的上下游关系。管理职能定位是设计过程中的重要环节，其实质是管理功能与载体的适配过程，要将部门职能与业务解析综合考虑，明确各部门在不同业务中充当什么角色，从而采取何种方式参与到诸多细化职能的实现中去，这一步骤将流程构建四要素安排有机融合。管理权限设置以职能定位矩阵表为基础，在不同业务领域以各自角色采取特定方式参与到诸多管理职能实现中去，必然要求有相应的职位权力与之匹配，权限配置不仅明确了中高层管理者的管辖范围也设立了管理活动间基于组织结构的管控关系。管控关系的确立事实上也进一步揭示了不同管理层级于相应管理业务中应当采取的活动方式。此后是可视化强易于理解且便于操作的管理业务时空流程图绘制以及在图中不便细致表达的各环节工作说明和流程运行中作为业务处理和信息媒介的各种图表设计，这些图表同时也是体现流程构建要素相互关联的物化载体。管理流程设计过程需综合考虑与前述影响因素、形成推动等的关系，从而对流程构建要素做出合理安排，如图6-5所示。本书"影响因素对管理流程构建要素作用"一节阐述了诸影响因素对构建要素的作用途径、方式、重点等，在管理流程具体设计过程各步骤中均须考虑针对不同的企业适应性问题。间接因素中各企业规模、所有制形式、文化氛围等是初步判断企业差别的重要依据，这些因素各异会对直接因素产生影响从而间接对流程构建要素产生作用。直接因素本身由于战略导向、组织结构、人员构成等方面的差异，即便通过相近或相似的作用途径与方式对流程构建要素产生影响，其具体情形也会不尽相同。遗憾的是，在较短时间内凭借笔者时间不长的管理咨询经历未能收集到足够资料供总结提炼出带有很强普适意义的结论，就间接因素中所有制形式而言，笔者仅有的几家企业资料中只包括国有和民营两种形式，其他如合伙、个体、股份等所有制形式企业的相关资料缺失，而且同一所有制形式中最好有多家企业资料则更便于研究总结。又如，企业规模，现有资料中也只有中小企业。从直接影响因素而言，资料匮乏也较明显。这些可能需要毕生去不断收集、整理和完善。即便如此，在阐述管理流程设计过程时，笔者利用现有资料融入针对不同企业的设计适应性问题。

1. 企业概况了解

对企业概况了解主要包括间接影响因素和流程设计准备工作中的各项条件与组织支持。一般而言，崇尚协作和谐的企业文化，员工有较强的参与意识，有利于开展设计工作，可在设计方案中融入更多分权机制；企业规模越大往往越增加设计难度，中小型企业组织结构相对简单，需要协调和整合的管理活动相对较

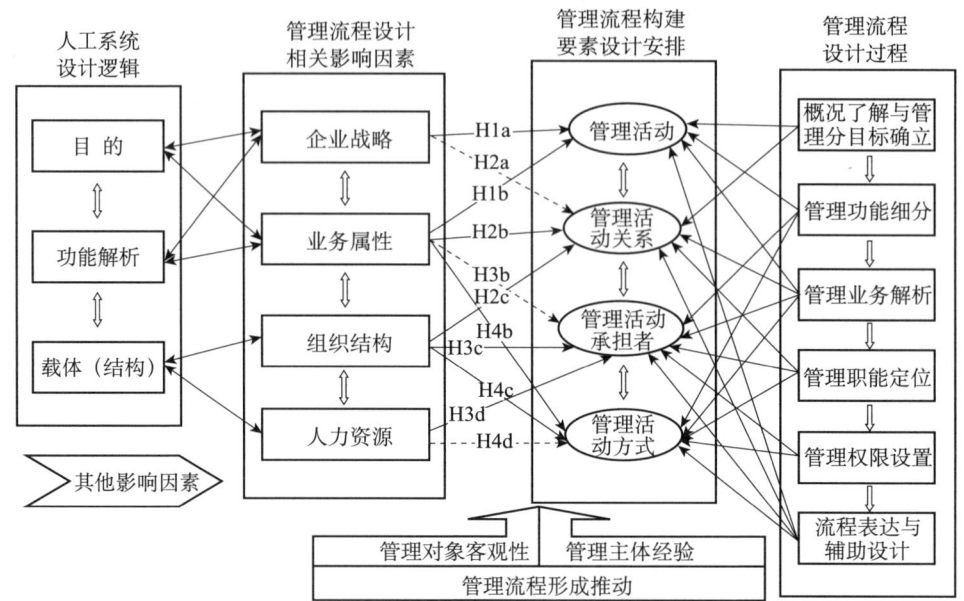

图 6-5 管理流程设计过程与相关影响因素、流程构建要素等的关系

少,活动间关系不复杂。由于规模大多与企业实力正相关,为运用有限资源应对复杂多变的竞争环境,企业对各种资源的管控力度要强,同时对于管理活动的处理方式要求较为快速灵活;所有权结构对企业组织结构具有深远影响,目前我国许多中小型民企依然停留在家族企业阶段,调研中笔者发现,这些企业的管理活动及方式往往受管理者主观意愿影响较大,活动间关系较为混乱,高层管控与决策的集权化倾向较为突出,这些正是设计过程中需系统梳理和规制的。国企管理活动与关系较为清晰规范,高层副总一级的管辖范围与权限设置明确,设计需要考虑企业这些基本特征的差别以提高方案对企业的适配程度。

2. 管理分目标确立

管理目标体现了企业各层级尤其是职能层战略细化,是具有层次性与实施阶段性的目标体系。管理流程是企业组织管理系统动态运行机制,管理系统各种运行方式针对细化了的管理目标。管理目标指导管理系统中各种管理行为同时对其运行结果提供比对和纠正的标杆,管理目标设定不宜过多采用量化形式,许多管理领域貌似准确的数字会将管理人员引入歧途,须避免用数字或数学代替管理工作的危险倾向[300];管理目标不宜按企业诸资源要素(人、财、物、信息等)设立,而应从管理活动的专业属性角度以管理功能实现作为指南,结合管理制度中业务的细化具体确立,针对目标可初步拟定管理系统首位功能。

企业各项管理目标发轫于战略管理,企业总体战略将进一步分解成在相应业务领域内的分战略。管理业务领域一般包括生产管理、财务管理、人力资源管理、技术管理、营销管理等，各专业业务领域仍可进一步细分。在企业整体战略目标导向下，各分业务领域形成各自发展方向与愿景，即各业务领域分战略目标，继而层层细分形成企业系统化的目标管理体系。随着管理业务目标的不断细分，针对完成某一业务领域具体管理事务的特定流程，其管理目标往往简单而清晰，例如，企业重大事项决策须保障重大决策过程的科学与合理性；突发事件处理可以尽量减少损失并对今后形成警示；销售服务管理旨在提高对客户的服务水平，从而提高产品在市场中的竞争实力；价格管理目标是为适应市场建立快速有效的反应机制；培育与完善企业文化，增强企业凝聚力与向心力是企业文化建设的重心；至于薪酬管理的主要目标是规范公司薪酬体系，确立员工收入的提升通道，以带动全员积极性，等等。

事实上企业之间千差万别，而其基本的业务领域、活动及其方式却有很多相似与类同。但战略导向不同会对分目标的确立及流程构建要素安排造成很大影响。例如，X企业目前采用增长型战略，希望利用优势抓住机遇在区域市场快速提高市场占有率，因此对销售额与产量提出较高要求，从而加重了设备运转负荷，使设备中心与生产车间产生较多矛盾，为此针对X企业在生产管理方面的流程设计以设备管理为重点，既要维护设备日常维保又不能占用过多生产时间，由此对各项设备管理业务的参与部门、各自权责、参与方式、各环节完成时间等做了细致规定。又如，Y企业属于扭转型战略，则需要针对其机会与劣势并存的特点对于营销方面的流程给予部门和营销人员以一定决策自由度，及时应对市场变化。而针对民企内部管理不够规范化的特点，有必要在行政、人事、考核、财务预算等方面设立较为严格的管理目标，以此为依据进行设计。Z企业向多元化战略的转型给我们留下深刻印象，我们讨论过该企业在绩效考核方面有关流程对产值的重视，为提高Z企业各业务部门对市场反应的灵活性，其业务开拓方面的流程还应赋予开发部门以更大权限，并提出更高要求。而由其综合部主导的招聘、培训等流程应进一步体现引进和培养高层次复合型人才，以增强整体科研实力应对不同研究课题能力的目标。各种管理目标须依托相应的管理功能支撑予以实现，为此接下来须进行管理功能分析。

3. 管理功能分析

提到管理功能，我们自然容易联想到"计划、组织、领导、指挥、协调、控制"等管理功能，事实上企业管理诸多实践活动的作用皆可归纳至对上述管理功能的实现。计划是为组织确定目标及实现目标的战略、步骤、手段的过程，是企业为实现一定目标而制订的行动方案。计划以管理目标作为出发点，因而目标的层次性决定了计划的层次性。企业的组织结构是我们在管理流程设计中需要关注的又一重点，组织结构的层次也就是管理流程进程要经过的层次，管理幅度涉及管理流程中执行具体业务处理环节的人员与其相应的工作量安排。管理制度层次由于倾向依托组织结构层级，使其对权力配置与责任安排带有更多纵向行政烙印；而流程的层次性发轫于企业价值链的逐层解析，因而其层次性会于组织结构中显现出贯穿职能部门、配合协作特征的横向效应。因此，流程的层次性对各层次计划的实现而言更具针对性：首先，流程相较制度而言具有更为明确的任务方向性，相应流程导向往往直指任务目标，具体流程的运行对应了不同层次具体计划的实现过程；其次，流程中各种活动的逻辑关系不仅决定于管理对象不同的客观属性，也融合了制定管理计划所遵循的管理科学规律，因为管理科学本身即是对各种管理现象本质的总结与抽象；继而管理流程中分阶段的活动环节往往与计划实现的手段与步骤相吻合。由于人的心理特征与精力极限使管理幅度存在上限，既然如此，基于行政等级体构建的层级分工模式至少在部门层面其效能的发挥也存在上界。法约尔桥为我们提供了部门间协作的路径，成为流程运行的重要通道。管理流程在联结不同部门职能的同时也突破了部门相互间壁垒，更重要的是将不同部门间的人员按任务链方式结合起来形成指向管理目标的合力，从而拓延了原先单个部门效能的上界。

领导可运用其职位与个人权力发挥指挥、激励、协调等作用，此种情形在很多管理流程中均有体现，例如，很多管理流程有审阅批示等环节，被批准的事项必然是领导综合考量企业内外部各种因素给予肯定的，予以肯定的事项对从业人员会起到激励作用并将得到企业相应资源的支持；反之则不是。当然有些事项未被批准的原因可能不是其本身存在问题，而是企业现阶段对此事项行使落实的各方面条件尚不成熟。领导理论还阐述了不同层级管理者应具备技能的权重分布，众所周知，随着管理者层级提高概念技能比重提高，技术技能比重减小，人际技能比重波动幅度小且对于中层管理者最为重要，这一事实体现在管理流程形成过程中。基层员工对技术技能的偏重有利于对具体管理业务的处理，例如，在生产现场的巡查人员、一线营销人员、提交合理化建议的车间工作人员对其本职工作的程序、方法和技巧必须熟悉；中层管理者往往是各部门领导，他们不仅负责公司各项指令与信息的上传下达还要与许多横向相关部门建立广泛联系，例如，事故会议召集、联合其他部门组织培训等；概念技能是能够把组织看成统一整体、有能够识别在某一领域的决策对其他领域将产生何种影响的能力。在流程形成过程中高层领导行使的审批权就是基于各种因素的综合考量进行的决断或下达的指令。此外，根据布莱克和莫顿的管理方格图理论，典型的几种领导方式为贫乏式、俱乐部式、团队式和中间式[189]；不同领导方式在管理流程中显现不同作用。任务型领导更多关注工作任务，往往形成理性而缺少人情的流程风格，俱乐部型领导更多关注人际，容易在流程会议环节形成宽松氛围下广泛听取意见，审批环节也较少专断易采纳各方建议。团队型领导对于人际和工作任务都很关注，这是管理流程形成过程中遇到最理想的领导方式。

激励是通过满足人的各种需要以激发其行为动机，使之努力实现特定目标的过程，人们有最基本的生存需求，希望借以劳动换取物质生活资料，同时人们也有期待自身工作为同仁及领导肯定以及交际，被尊重乃至自我实现的精神需求。带着各种混合动机，人们在各种流程中将尽量寻求自身目标与组织目标的均衡点采取相应工作行为。许多管理流程的形成对相应的"马斯洛层次"有所侧重[189]，表6-1不仅体现了管理激励功能也考虑了"人"作为管理对象的客观属性。

表6-1 相关管理流程侧重方面与需求层次对应

需要层次	追求目标	相关管理流程或环节
生理需要	收入、健康、工作环境	保健、福利设施等方面的管理流程
安全需要	工作保障、防止意外发生	雇佣合同、缴纳养老金等
社会交往需要	团队接纳、人际关系等	培训、团体活动等流程及流程中的商谈环节
尊重需要	社会地位、权力等	考核、晋升、奖金发放等流程
自我实现需要	自我价值实现、具挑战性工作	研发、提案、决策参与等流程

控制与计划是一个问题的两个方面，计划为控制提供衡量标准，控制又是计划得以实现的保证[194]；管理流程中的控制无处不在，可以说所有管理流程中的审阅和审批环节都是对控制职能的体现。审阅者没有批准的权力，却必须基于管理者对于所呈事项的充分理解结合企业自身资源现状做出总结、调整和修正，并将有关文件向上级进一步提交。

上述管理功能是基于管理活动内在逻辑关系，通过管理活动构成要素与秩序分析总结的定性概念，属于管理哲学范畴，对于人们日常管理活动实践具有一定指导意义。然而针对管理流程设计而言，我们需要通对各种管理活动过程进行分析并结合企业具体管理环境与条件限制将管理哲学意义上的各种管理功能予以细化，使其具体化为能确保企业管理目标实现并具备可操作性的管理职能。这一过程的结果确立了管理对象、管理条件和希望状态等内容在内的一系列管理职能行为，使管理功能实现走出抽象和难以切实执行的桎梏。从另一角度可以认为，管理功能的职能化过程是各项管理过程必须从事的工作事项与管理行为，是客观地预先于企业组织架构内设定实体组织中各职能部门进行管理运作活动所需完成的工作任务框架。

可将直接与企业管理环境与条件密切相关的工作事项看作管理系统第一层次

的"首位功能",按照价值工程中功能的分解原理,可将首位功能分解为若干"下位功能",这一过程可不断延续,派生出由不同功能链组合成的"功能树",每级下位功能是其上位功能的实现手段。组织结构中相应的管理部门往往是一些重要管理功能的承载主体,使诸项管理业务环节得以处理。在管理流程设计中,有些较"下位功能"涉及具体岗位的工作细则,暂不考虑,可留待管理流程设计成形后予以具体化。需要指出,系统整体功能皆由可相对独立存在并识别的功能集合形成,由于管理系统的复杂性,管理活动与功能的多样性,人们认识与思考问题的差别,目前尚无针对管理功能细分的统一模式,仅可大致按基本、支持、辅助、保障等划分,各功能元素往往具有相应分工关系。这是各管理部门相互协作的逻辑背景,是形成管理流程中各种活动关系的现实基础。为此,由管理功能向部门职能的细化分析不仅可以明确各种管理行为事项的必要与合理性,而且确立了管理系统各重点功能在主要部门的承载与配置。针对管理目标的功能分析派生出各部门主要职能,事实上,在树状纲要管理制度汇编中对各部门的主要职能均有所体现。我们可以将制度汇编中各部门主要职能遴选出来,结合企业具体情形进行修正,以形成各部门相应的管理职能表。按照人工系统的逻辑顺序,组织结构设计应放在职能分析之后,现实中,当我们在进行管理流程设计时,往往由于企业不允许随意更改组织结构而将其作为既定条件进行考虑。例如,中小企业需协调的管理事务相对少,为精减人员提高工作效率,有时将几个业务领域的管理职能赋予一个部门。例如,X企业的企管部担负行政管理、绩效考核、人事管理方面的职能;Z企业的综合部兼管人事与行政,Y企业企管部肩负的职能更加庞杂。然而有些专业倾向性很强的部门如质检、财务、研发其职能围绕专业领域较为集中,并且没有融入一般由其他部门承担职能的趋势。从所有制形式而言,中小型国企如X公司,其高层管控范围较为分布,由此相应部门与权力架构分布也较均匀。而作为民企的Y公司,总经理管理幅度过大,权力相对集中,经常陷入琐碎具体事务不能自拔。如果公司高层执意维持现状,则不同企业相近管理流程的走向和进程及其中审批环节的设置必然要适应其各自的实际需求予以设计。

4. 管理业务解析

管理流程设计属于管理系统运行设计范畴,须将管理制度中蕴含的各种管理业务展开为可操作的管理事项序列,继而将各部门管理职能派生的管理事项落实到管理流程中活动的承担者并规定流程具体环节的时间要求。串行原理告诉我们,任何一项管理职能的实现包含各种管理行为的活动过程,每一活动环节的活动过程皆受时间与空间约束,各环节的责任事项在"何时"由"谁"来执行须明确规定,不同业务领域都有各种相应的管理流程,而且需由组织结构中高、中、基各层管理人员相互配合与协作予以完成。不同细化管理业务所涉及的业务范围与层面也正是相应管理流程所涉及的范围与层面，所有这些管理业务的具体细节内容都包含在企业的管理制度汇编中。管理业务解析明确了流程具体环节管理活动的细节以及活动间的上下游关系，并初步确定相应环节由哪些部门承担。

本书述及管理制度汇编可执行性较差的特点，文字表述的管理制度往往烦琐冗长，目视化程度不高，活动间相互联系不紧密，不太便于操作。为明确清晰地实现管理功能，达成管理目标，有必要将各类管理业务的运行全过程从具有纲要式树状结构的管理制度汇编中解析出来，以部门间相互协作关系为纽带，厘清各种管理业务涉及的范围与层面，梳理以相应部门为中心的业务细节。通过对各环节实际操作人员为对象进行访谈，分析各管理活动间的相互关系并进行补充和整合。进一步的业务解析在于对相应细化制度的剖析，明确管理流程的走向与进程。这体现了管理流程纵向时效性的设计理念。走向指管理流程持续行进的方向，进程是管理流程行进至各环节的业务处理过程。一般而言，具体解析有如下过程：其一，将管理制度中相应的管理业务按具体职能要求，遵循管理主体经验、管理对象客性、管理科学方法分解为若干单元素事项，并有序排列。这些具体事项将由具体职能部门履行，这一过程不仅确定了活动，而且在时间维度中也明确了大部分活动间的关系。其二，确定每一管理事项的时间条件，即对管理业务流程诸环节具体事项的完成时间进行设定。有些管理活动具有明确的始发与终结时间，例如，生产及销售计划安排；而有些管理业务不可能事先预置，如"设备故障"等。一般而言，每一管理流程都有其行进的主业务线，其大部分管理事项由某一部门为主组织承担。管理活动承担者确立的同时须结合各自角色使其在具体业务运行中发挥作用，这也体现了管理流程可监控性的设计理念。

5. 管理职能定位

在企业组织系统内，没有各职能部门的相互协作就没有企业各种管理功能的实现。这一步骤是管理流程设计关键环节，需将业务解析内容纳入企业组织结构框架中去，从而基本完成流程各构建要素安排的综合集成。企业各部门在某一管理领域的基本职能确定尚不能刻画其相互间的横向协作关系，为进一步体现管理流程的横向协调性设计理念，应参照业务解析顺序确定企业各部门间就某一管理领域的主要业务协作关系。同时，根据具体业务的实际需要及各部门设立时，对某一业务领域的倾向性而具备的能力，为各部门安排在相应管理业务流程中应充当的角色和可以发挥的作用。运用"管理职能定位矩阵表"描述各部门间主要业务的基本合作关系，表中空格可填写"牵头、协作、审核、批准、参与"等行使权力或履行责任的方式。"管理职能定位矩阵表"的描述起到连接各部门协作的纽带作用，是管理业务流程设计的重要依据，其基本范式如表6-2所示：

表6-2 部门管理职能定位矩阵

业务＼部门	B1	B2	B3	B4	B5	B6	…	Bn
Y1								
Y2								
Y3								
Y4								
⋮								
Ym								

表6-2将各部门与各种管理领域有关的职能进一步细分，并同时体现了在诸多管理领域中各部门间协作关系。事实上针对具体业务领域的管理职能定位矩阵表不仅体现了管理流程系统整体性与横向协调性设计理念，也在充分遵循管理目标导向并关注流程设计的业务属性与组织结构因素指导下集成了管理流程构建要素：功能明细是各种管理活动的概括性说明；各部门明确了各种管理活动承担者的行政隶属；部门间的协作与互动是管理活动相互间关系的逻辑背景；方格中可以填代表各种管理手段的符号，是各部门在相应管理业务流程中充当的角色所享受的组织权力或承担的责任义务，是具体管理活动方式的概括。一般而言，在管理业务流程设计之后可根据对各部门相应业务量统计之和及频率分布结果，对相应部门各岗位工作职责进行设计，由于企业领导往往须提前考虑各岗位人员配置，因此，在此以前可根据管理主体经验先行对各岗位人员配置与初步技能要求做预估。在此我们回顾有关人力资源方面的因素，例如，企业员工的知识能力与水平，企业员工的行为倾向。在基于对不同企业整体人力资源认识基础上，将具有相应知识与技能的员工安排在特定职能部门岗位上也就同时将其纳入相应的管理流程体系的某些环节。从而初步明确其岗位职责，这也是后续考量工作绩效的依据基础。同一工作岗位可能在不同管理流程的不同环节中发挥作用，这对员工应具备的知识与技能提出了更高要求。企业可通过培训方式持续提升员工整体素质，以不断满足管理流程运行实际要求。然而"能够做"与"愿意做"具有本质区别，为此员工的知识技能与其行为倾向都应受到广泛关注，尽管管理流程的确可以较长时间将企业广大员工规制在具有相对刚性的流程"管道"中运行，但克服员工在长期积习中形成的惰性，培养员工对企业组织的忠诚度，从而自觉将其个人目标与企业愿景有机结合，将有助于管理流程平稳、顺畅并高效运行。目前有效引导企业员工行为倾向的方法在于纪律约束和企业文化建设。

6. 管理权限设置

管理职能分置将相近或相关专业属性业务大体划归至同一部门，并尽量避免将多项职能混杂起来，每项管理职能尽可能表述一项任务安排与责任要求。然而仅此还不足以发挥管理职能的全部功效，各部门在特定管理业务流程中扮演着不同角色，对于相应管理活动的处理方式不尽相同。部门间的管理职能往往相互制约，一般而言，不能将同类专业领域管理业务的执行与监督职能置于同一部门。对权责履行方式做简化有"批准、牵头、参与"等，明确活动方式是管理流程于组织结构中得以沟通协调各部门合作的必要条件。权力与责任是对等的，可以说这些方式将管理主体从事活动的权力和须承担的责任义务联系在一起。在涉及权限的划分问题时，需明确赋予相应权力是责任得以履行的前提，包括但不仅是与其他部门和岗位取得协作的权力。

一般而言分权的优点在于：①提升组织对于动态变化环境的适应能力；②抑制组织官僚主义，提高员工热情；③提高决策及时性及正确性方面的质量；④使高管层解脱烦琐日常事务并有利于培养新人等。但没有相应运行方式发挥作用，上述优点就无法体现。一方面，管理流程为我们提供了实现所有上述优点的可行方法从而成为分权模式下的杰出动态机制；另一方面，分权模式也进一步提高了流程运行中的中基管理层决策幅度与范围从而促进管理流程运行。事实上在细化并分置部门职能的同时即应按职责与权限对应原则确立各部门相应的管理权限。权责不对等或有责无权会影响管理流程系统化运行的整体质量，因此，权限设定本身也在一定程度上体现了管理流程可监控性的设计理念。"批准"是最能体现管理流程中权限设定的具体活动方式，至于"牵头"既体现了针对具体业务的责任承担也显示了特定部门有召集并取得其他部门协作配合的权力。管理权限是管理制度中的重要内容，其设置也只有在专业管理领域具体的业务性质动态运行状态下方能进一步凸显其应有作用。至此，目标设定、功能分析、职能配置、业务解析、部门协作关系的职能定位和管理权限设置还不能充分满足系统运行要求，我们需要简洁明了、可视化强的图示予以表达。

7. 管理流程设计表达

一般认为，管理流程的设计表达有工作流图表、工作流图表加描述法和泳道式流程图三种主要方式[132]；其中以泳道式流程图最为直观，可视化程度高、可操作性强。其将时间维度设定为流程图的横轴；承担部门设定为流程图纵轴，这是管理流程具体环节业务处理的集成处所，可看成管理流程图的空间维度。因此，称为管理业务时空关系流程图，其一般范式如图6-6所示。管理职能定位矩阵表细化了部门职能配置，描述了部门间相互协作关系，规定了管理流程中相应活动的承担者并初步拟定其活动方式，是以纵向拉伸方式表现在管理业务时空流程图中；为实现各部门管理职能，在纲要式层级结构的管理制度汇编中将具体管理业务细节解析出来，辅以权限规定和时间限制，管理业务解析厘清了管理业务流程具体的走向与进程,在管理业务时空流程图上表现为沿时间维度横向拉伸。

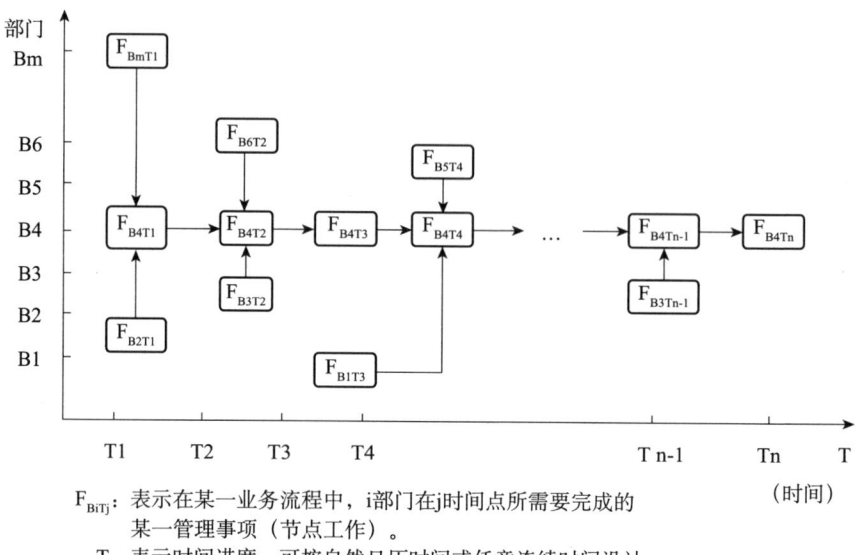

F_{BiTj}：表示在某一业务流程中,i部门在j时间点所需要完成的某一管理事项（节点工作）。

T：表示时间进度,可按自然日历时间或任意连续时间设计。

图6-6 管理业务时空流程

管理业务时空流程图是管理流程设计成果的全景化与集成化体现,至此,管理的活动,管理活动的方式,管理活动间关系与管理活动承担者这些管理流程构建要素,在依循管理流程设计理念,明确组织结构中的部门职能与权限,对管理制度中规定的管理业务事项进行解析,遵循管理科学原理,应用广义设计理念,在每一步骤中运用相应的方法,做出了系统化统筹安排,将各项管理业务的具体细节与管理活动的承担者及其活动方式紧密结合在整体时空序列中展开。

8. 管理流程辅助设计

管理业务时空流程图中不可能将各环节管理事项的全部内容在坐标中表现出来,为便于实际操作,待管理流程图绘就后应配以相应文字或图表说明,针对管理流程中主要环节权责要求、操作方法等作出指导,使其更具可行与操作性。同时,在管理流程运行的走向和进程中伴随着各种文件的传递,这些文件是管理流程得以顺畅运行的书面载体,不同阶段须填写的文件事项对应相应流程的特定环节,标志着管理流程依循其走向行进至某一进程。需要指出的是,各种表格样式本身并不重要,不同企业不同管理流程相应文件的格式千差万别,重要的是这些文件在管理流程特定环节中发挥的信息传递与权责履行的载体作用。

任何管理业务最终的执行载体是企业中的"人",管理流程不可能像机器设备一样其结构成形后即可有效平稳运行。"人"不可能被一次"加工成型"到位,因此,除了对组织成员进行必要的纪律约束外,须结合管理流程对于管理功能实现的要求设计相应的检查、评价、考核及奖罚制度,以保证各级员工在管理流程这一动态机制中对管理功能实现的运行效果。这也体现了人力资源因素中的企业激励考核政策因素。此外,企业高管在管理活动中充分发挥管理艺术也有助于引导员工按科学的管理程序运作。图6-7举例表明了X公司设备管理、人力资源与绩效管理相互间的关系。

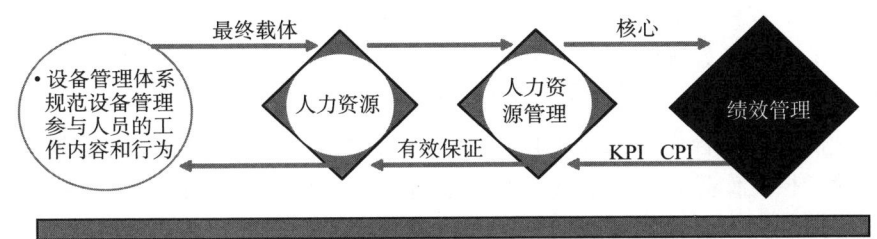

图6-7 X公司设备管理、人力资源与绩效管理的关系

以此为蓝本可进一步设计X公司保障设备管理诸流程合理有效运行的各类绩效考核流程。综上认为,管理流程辅助设计包括三方面主要内容:其一,针对管理业务时空流程图相关业务环节诸多事项或权责的补充说明;其二,设计相应管理业务流程中贯穿业务走向与进程的各类文件载体;其三,设计保障特定管理流程有效运行的监督与考核制度与流程。

9. 管理流程设计评价

作为管理系统设计重要组成部分的管理流程设计同样包括设计分析、设计过程与方法、设计综合评价三阶段,综合评价是对设计方案从技术、经济、社会效益等诸多方面审查方案的可行与合理性[299]。事实上,综合评价涵盖范围广泛,例如,有学者由流程再造支撑体系与其实施程度关系,进行流程再造绩效评价研究[37];或建立业务流程综合评价指标体系,偏重流程成本、效率等方面的分析[104];还有学者从我国国情出发,对流程重组的关键成功因素进行评价研究[157]等。

笔者认为,对于管理流程设计的综合评价而言,由于不同地域、行业、业务领域、所有制结构等方面有差别,企业的管理环境与条件各异,管理主体经验与管理对象客观属性不可能完全一致,各种影响因素的综合效应更是千差万别。因此,无论是针对管理流程设计与运行的成本、效率还是管理主体经验、管理对象客观属性及各种相关影响因素对设计构建要素作用的方式、程度,以及设计过程中对于不同企业进行管理流程设计的资源、能力、时机和范围等很多方面,皆可衍生出有关设计综合评价的单独课题进行后续研究。但从根本而言,管理流程设计评价的核心在于:设计方案能否针对管理制度实施中面临的实际问题,实现管理功能从而有效达成各项管理目标。管理流程设计目标为我们提供了综合评价的基本标杆,主要看经过设计改进的管理流程是否能以一种简约和谐形式于组织部门间构筑起稳定的时空联系方式和行动秩序,提高部门、岗位间的自动化协作水平;是否能实现各种业务领域的管理分目标,以提升企业组织规范化、集成化运营水平及整体绩效。具体而言,看管理流程设计方案是否明确了各种管理活动及其相互间关系,使企业各种管理业务事项更具可操作性;是否合理设置了管理活动承担者的责权归属,避免部门本位主义,尽量减少实际工作中的相互推诿现象;能否节约业务处理时间,提高效率,使业务链有机衔接;流程中各环节操作人员是否可以通过设计方案清晰认知自身的工作任务、活动方式以及应具备的知识技能,促进协同合作,保证工作质量,增强对价值链中增值活动的支持力度;各项绩效考核工作是否降低了随意性,变得有据可查,有章可循,这些措施对员工都很好地发挥了激励促进作用;企业运营成本是否降低,并能持续创新,改善PDCA循环等。

第三节　本章小结

本章首先阐述管理流程设计条件准备与组织支持;其次,继之针对管理制度实施困境提出流程构建要素安排,分析相关影响因素与设计要素关系;最后,基于管理功能实现从企业概况、管理目标、管理功能分析、业务解析、管理职能定位、管理权限设置、管理业务时空流程图绘制及管理流程辅助设计等方面展现了管理流程设计实现的主要过程与方法。

第七章　企业管理流程设计应用实例

本书上述各章运用系统科学与广义设计理论，按照人工系统设计的一般逻辑顺序，采用"目的—功能"分析方法，先从解释科学角度回答了企业管理流程"为何如此设计"；继而从设计科学层面解决了"应当如何设计"的问题。企业管理流程涵盖范围很广，涉及企业各层面诸多管理业务领域，限于篇幅，本章仅从 X 公司设备管理流程与 Y 公司综合管理流程设计中提取少数设计应用实例。

第一节　X 公司设备管理流程设计应用实例

一、X 公司设备管理流程设计目标与功能分析

X 公司属中型企业，资金实力较为雄厚，在市场区域中，优势与机会较为明显，目前采取增长型战略。企业文化建设初见成效，员工整体行为倾向与公司长期发展愿景基本契合。设备管理需要较强的知识与技能，技术含量高。虽然 X 公司员工整体业务水平较高，但员工相对年轻，基层员工工作经验有些欠缺，高层管控范围相对均衡分散。

通过实际调研发现，X 公司设备管理体系相对完善，同时也存在一些问题。例如，部分制度规定内容较粗，有些关键制度缺乏规范体系的流程支持，部分设备管理制度的关键配套及说明内容缺失、缺乏可操作性，导致制度未得到有效贯彻实施。设备管理整体水平未完全跟上公司生产管理步伐；制度运行中的有效监督与沟通不足。具体而言，例如，各部门在设备管理中应承担的职能划分不清，发生设备事故时相互推诿；对于事故原因分析、设备运行数据统计、设备安全例行检查等工作有时过于拖沓；设备备品备件采购计划混乱，审批权限规定不清；财务部、生产部、企管部等部门在设备备品备件采购中配合不力等。针对上述现状及问题，以明确设备管理体系中关键管理行为横向关联方式、实现时间纵向设备管理节点工作内容的有效链接为主要目标，首先，梳理各部门与设备管理有关

的主要职能，通过部分关键制度相应的业务流程设计、相关流程配套内容说明等方式完善设备管理体系，使设备管理制度得以有效推行与实施。根据 X 公司各种资源禀赋及管理环境的实际状况，与设备管理相关的管理职能分布配置在如下部门，各部门与设备管理有关的职能如表 7-1~表 7-5 所示：

表 7-1　X 公司生产部设备管理相关职能

管理范围	基本职能
报表审阅	定期审阅生产日报、生产月报
设备运行和维护管理工作	（1）协助生产副总做好设备管理规章制度和工作程序的组织制定与推行实施； （2）指导设备中心做好设备档案管理、设备检修及外协工作； （3）指导动力车间做好动力设备管理工作； （4）指导生产车间、工段做好设备日常维护维修工作； （5）协助生产副总组织日常设备故障及重大设备事故分析及设备事故应急预案的制定、实施； （6）协调设备中心、生产车间及工段、动力车间之间存在的设备管理问题； （7）负责组织大、中修及外协成果验收工作
设备技术更新改造管理	（1）负责编制年度设备技术更新改造计划； （2）负责组织制定、实施大中型设备技术更新改造方案； （3）负责组织召开相关设备技术更新改造会议
设备备品、备件管理	（1）协助总工程师做好设备备品、备件采购及管理方面的规章制度和工作程序的组织制定工作； （2）负责设备备品、备件，领料单的逐级报送； （3）负责组织设备备品、备件验收工作

表 7-2　X 公司调度室设备管理相关职能

管理范围	基本职能
生产协调管理	（1）负责生产调度会的协调组织以及生产调度会议记录的审阅； （2）设备检修过程中合理调配维修人员
设备事故管理	（1）参与设备事故分析； （2）负责组织实施设备事故应急预案
生产报表管理	（1）负责生产日报表统计、报送工作； （2）负责生产月报表统计、报送工作
设备安全管理	（1）负责组织每周例行的安全检查工作（包含设备安全隐患检查）； （2）负责组织安全培训工作（包含设备安全知识培训）

表7-3　X公司设备中心设备管理相关职能

管理范围	基本职能
贯彻执行设备管理方针、政策	(1) 贯彻执行设备管理的方针、政策和法律法规； (2) 负责制定、修订和完善公司设备管理制度
设备检修管理	(1) 负责制定设备大、中、小修检修计划； (2) 负责组织设备大、中、小修，抢修、检修工作，并督察、验收； (3) 负责监督、检查、指导车间、工段设备的日常维修工作； (4) 参与大修及外协成果验收工作并组织车间内部小修验收工作
设备事故管理	(1) 负责组织、调查和分析设备事故； (2) 负责组织召开事故分析会，撰写事故分析报告，提出设备事故应急预案，并参与实施
设备固定资产及档案资料管理	(1) 负责设备固定资产的归口管理工作，主要是设备的启用、调拨、报废、封存等工作； (2) 负责设备档案资料整理、保管和设备统计、评定分析
设备及备品、备件管理	(1) 负责制定车间备品、备件采购计划； (2) 负责组织、实施、设备备品、备件采购工作，并参与验收
设备润滑管理	(1) 建立健全公司设备润滑工作的管理机构和管理制度； (2) 编制设备润滑卡片和收集润滑技术资料，指导操作者和维修人员搞好设备保养； (3) 总结和推广有关设备润滑工作先进经验； (4) 除电气、仪表以外，负责水泥生产线设备润滑管理工作； (5) 负责检查全厂大小收尘器是否正常工作； (6) 负责检修及更换故障收尘器
设备技术改造人员培训管理	(1) 参与大中型设备技术更新改造工作； (2) 负责组织制定、实施小型设备技术更新改造方案； (3) 负责组织设备管理会议培训工作； (4) 负责组织设备管理人员及维修人员参与业务技术培训工作

表7-4　X公司动力车间管理相关职能

管理范围	基本职能
贯彻执行电气设备政策	(1) 贯彻执行电气设备及能源动力管理的方针、政策和法律法规； (2) 负责完善公司电气设备制度
电气设备运行维护维修管理	(1) 负责电气设备、自动化设备及能源动力方面的维护维修和管理工作； (2) 负责监督、检查、指导车间和工段电气设备及能源动力方面的基础管理工作； (3) 负责供用电的巡检管理及执行工作； (4) 负责计量设备的检定、校准工作； (5) 负责检测元件、仪表的鉴定工作； (6) 负责对自动化设备进行技术改造工作

续表

管理范围	基本职能
电气设备备品备件管理	(1) 负责电气、自动化设备备品、备件计划的制定工作; (2) 负责电气、自动化设备备品、备件采购验收工作
设备事故管理	(1) 负责电气设备事故的现场指挥、抢修工作; (2) 负责组织电气设备事故分析; (3) 参与设备事故分析会

表7-5　X公司生产车间、工段管理相关职能

管理范围	基本职能
贯彻、执行设备管理方针、政策	(1) 贯彻执行国家设备管理方针、政策和法规; (2) 贯彻执行公司设备管理政策方针
设备日常维护管理	(1) 负责设备日常维护工作; (2) 负责设备日常维修工作,并合理安排日常维修; (3) 负责处理设备故障,并对重复性的故障应提出改进措施; (4) 协助设备中心做好档案管理、分析工作
设备检修管理	(1) 负责制定车间设备的年、季、月度检修计划; (2) 参与设备检修工作并协助外协人员进行设备检修; (3) 参与设备大、中、小修检修计划结果验收工作
备品备件管理	(1) 负责制定车间备品、备件的采购计划; (2) 参与备品、备件验收工作
设备会议管理	(1) 参与设备会议(设备技改、设备管理讲座、设备管理培训); (2) 参与设备事故分析会
设备技术改造和设备技术人员培训管理	(1) 参与车间设备技术改造工作; (2) 负责组织车间设备管理技术传承工作; (3) 负责组织车间人员参与设备技术培训

二、X公司设备管理流程设计之业务解析与职能定位

设备管理业务解析在于对X公司有关设备管理制度的梳理,图7-1显示了X公司设备管理制度体系:

我们需运用流程设计方法,使X公司与设备管理相关的各项制度及其协同得以合适表达和有效运行。表7-6展示了X公司相应管理制度与流程的对应关系。

第七章 企业管理流程设计应用实例

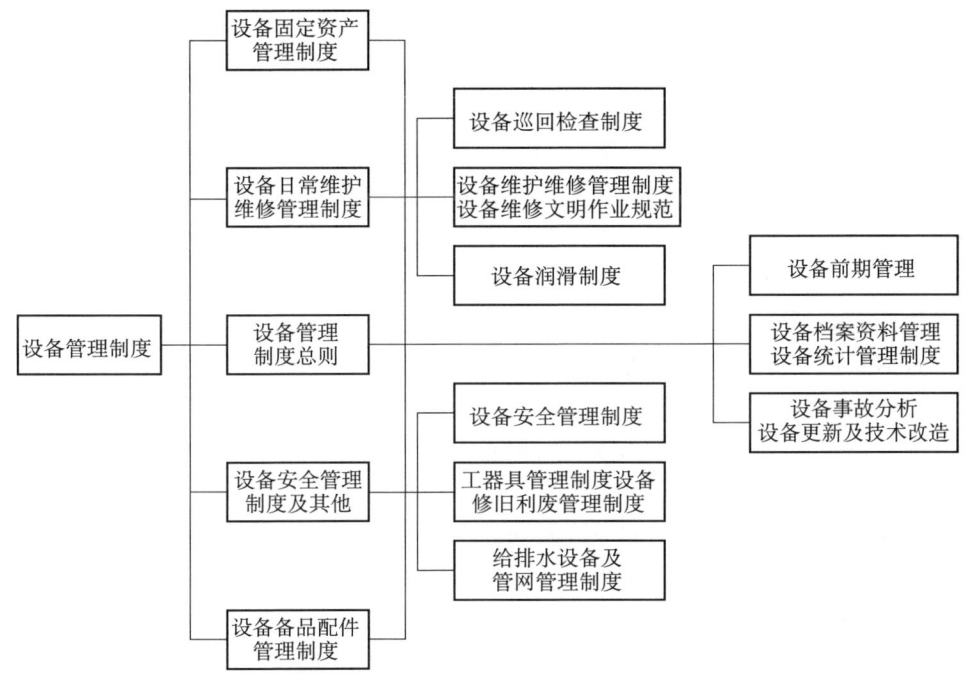

图 7-1 X 公司设备管理制度体系

表 7-6 X 公司设备管理制度与对应管理流程设计

关键设备管理制度	改进设计内容及方法	改进设计作用
设备事故分析制度	设计设备事故分析流程	通过业务流程设计，进一步明确业务行为方式、方法，有效实现对制度的配套支撑作用，使相关制度得到有效实施和推行，完善以预防为主的设备管理体系
设备统计管理制度	设计设备统计分析流程	
设备技术更新改造制度	设计设备技术更新改造方案制定流程	
设备安全管理制度	设计设备安全检查流程	
备品配件管理制度	设计设备备品、备件采购计划制定流程 设计设备备品、备件采购流程	
设备维护维修管理制度	设计设备大修计划制定流程	将相关制度所缺失的关键配套内容补充完整，使制度得到有效实施和推行
	设计岗位作业指导书范本	
设备巡回检查制度	设计岗位作业指导书范本	

在此选取一些有待设计的管理流程作进一步业务解析：

案例 7.1 X 公司设备事故分析流程

为分析事故原因，维护保养设备，尽量减少损失，惩前毖后，杜绝管理主体违反操作规程的行为再次发生，根据设备故障的客观属性及管理主体既往经验，该管理流程的主体步骤为：故障汇报—事故分析—事故报告撰写—事故报告审阅与审批—事故原因公示及处理。

根据业务分析显示的步骤,将通过管理职能定位矩阵表,确定设备事故分析流程中诸活动环节的承担部门与活动的基本方式。故障汇报由设备中心负责收集、整理相关资料并发放至事故分析会参加部门;事故分析会由设备中心组织,生产副总主持,总工程师列席,X公司的生产工艺具有较强连续性,涉及相关部门较多,例如,质量技术部、调度室、生产部、动力车间、生产车间等参与事故分析;会后由设备中心撰写事故分析报告;报告提交由生产部和总工程师分级审阅,生产副总最终审批;设备中心负责公示结果并存档。

针对具体业务的权限设置,从广义而言,审批、组织、参与皆是各部门拥有的权力。至于具体权限,作为事故分析会的组织者,设备中心有权要求其他部门予以配合以及最终公示和存档资料的权限;生产部与总工程师有对事故报告审阅并进一步上报的权限;对于分析报告最终审批权归生产副总所有。

确定具体环节管理事项的完成时间。考虑到X公司主体设备技术工艺较为复杂,排查并确认事故所需时间较长,根据实地调研请教相关技术人员,认为设计在5日内完成较为合理;事故分析会是这一流程的重点环节,会后由设备中心撰写分析报告,事故分析的最终目的是对设备事故原因进行总结以尽快恢复生产,并对相关责任人做处理,同时报告撰写人员需要根据各方意见与建议结合自身工作经验进行提炼总结,时间定在5日内为宜。

案例7.2　X公司设备运行统计分析流程

及时了解设备运行现状,统计分析结果通报各部门,防患于未然,确保生产过程顺畅有效。主要步骤:设备状况评定—设备状况分析总结—报告审阅—归档发放。

设备中心的工程技术人员负责组织车间设备评定工作,各项电气及动力辅助设备的维护保养与运行监控在X公司划归动力车间负责,车间配合设备中心进行设备评定工作。设备中心主任应对全厂所有设备的功能用途、技术参数、运行现状等内容在日常工作经验积累中做到心中有数,结合报送的评定资料在本部门人员配合下进行统计分析整理,并撰写全厂总的设备评定报告。在这一流程中设备中心职能已初步细化为岗位职责,设备中心技术人员以组织车间设备评定工作为主,设备中心主任的主要职责是总结分析全厂设备运行状况。生产部、总工程师、生产副总逐层审阅,最终由设备中心负责资料发放与归档。

在权限设置方面,设备中心有组织设备评定、撰写总结报告和资料归档与发放的权力,生产部、总工程师、生产副总对设备评定报告审阅。

该流程针对X公司每年六月的设备运行全面摸底评定工作,因此,要求对各类设备的运行状况评定在每年六月底前完成,由于X公司各种生产与辅助设备较为复杂，且数量较多，针对初步评定结果相关资料的统计、分析与整理需要较长时间，而设备每年运行状况的各项细节不可能提前预知，因此，全厂设备的评估报告定在 7 月前两周完成。至于审阅环节，考虑到高管层诸项事务繁忙，未规定明确完成日期，但原则上应在每年 7 月底前完成，否则将失去对全厂设备运行状况跟踪的时效性。

案例 7.3　X 公司设备安全检查流程

该流程针对 X 公司每周例行设备检查，便于及时发现设备隐患，确保生产运行。主要步骤：设备隐患排查→隐患排查表的填制与修改→隐患排查表审批→落实整改与资料归档。

设备隐患例行排查的组织工作交由公司调度室而非设备中心办理，原因在于调度室是全厂设备运转与统筹协调的中央控制部门，这不同于事故分析与全年一次的设备运行全面统计，有时从局部来说，尽管某些车间或工段的机器设备运转状况正常，但与整个生产系统的其他部分不相适应与协调也可能导致系统性紊乱的隐患发生。由调度室负责组织，更能立足于整个生产全局予以掌控。综合部、设备中心及各车间派出专人共同组成巡查团队亲临一线进行检查。此后由调度室安全员填写设备隐患排查表并送交参与检查各部门提出具体意见，再根据各部门反馈的修改意见迅速修改并上报。调度室主任审批后由本部门安全管理员负责落实。需要强调的是，在进行一线巡查和意见反馈时，各部门参与此流程的人员需结合日常工作经验，对熟谙设备运行的客观规律提出修改意见。

调度室安全员具有组织排查、填写修改排查表并落实工作的权力，由于是日常例行检查，可不经高层审批，调度室主任被赋予审批排查表的权限。

例行检查定在每周四下午，X 公司采用连续性生产工艺，在生产过程中，任何一处微小隐患都可能带来整个生产工艺流程的阻滞甚或崩溃，因此，日常例行检查要及时发现隐患，迅速提出处理意见并组织实施，由此规定修改意见提出后一个工作日内必须对隐患排查表进行修改并立即报批，便于及时落实整改。

案例 7.4　X 公司设备备品、备件采购计划制定流程

为保证生产、杜绝浪费、合理使用，该流程为设备备品、备件采购提供指南，其主要环节为：制订分部门采购计划—统计并制订月计划—审阅与批准—整理计划。

矿山工段、原料车间、烧成车间、制成车间与包装工段制定各自的备品备件月采购计划上报至设备中心与本部门归口管理的工程师或技术员，经汇总后由设备中心制定总的备品备件月采购计划，报中心主任、生产部长审阅，经由总工程

师审批，设备中心整理归档。

设备中心拥有汇总车间计划并制定月计划以及审批后将资料整理归档的权力，总工程师和生产部长具有针对采购计划审批和审阅权限。

设备备品备件往往是设备日常运行过程中易磨损和消耗的低值易耗部件，例如，X公司原料车间的运输皮带下的小型滚轴，每月须更换上百个之多，又如，制成车间提升机固定销，每月须更换十数个。这些备品备件往往数量较多，损坏后若不能迅速更换会导致生产过程中断，要按月采购。定于每月15日前由各车间上报，为及时采购、确保生产，当月19日前须报由总工程师审批。

案例7.5　X公司设备备品、备件采购流程

该流程是设备、备品备件采购计划制定流程的后续流程，体现了管理流程间的衔接，实现了设备、备品备件的现实采购过程。其主要步骤为：备品、备件供应厂家的联系与确定→采购合同签署与审批→资金审批与合同履行。

在备品、备件采购计划获得批准后，设备中心即着手负责与供应厂家联系，供应厂家的最终确定由企管部协助并经生产部与总工程师批准。此后设备中心拟定采购合同，经生产、财务、企管审阅后报总工程师和财务总监进一步审核。各部门审阅及审批过程须结合公司既往备品备件损耗情况作出科学合理判断，由总经理作终审，综合部用印生效。此后设备中心负责与供应厂家联系安排进货，进货产品验收合格后由设备中心填制资金项目审批表拟向供货厂家付款。再次经生产、财务、总工程师层层审阅最终由总经理批准，财务部付款。此后由设备中心将上述业务涉及的资料整理归档。

总工程师拥有确定供应厂家的权利，并与财务总监共同拥有审核采购合同及资金支出项目审批表的权利，这体现了总工程师与财务总监权力的制衡，总工程师往往对备品、备件的工艺技术指标及用途更加熟悉，而财务总监对历次采购物件的价格有据可查。作为此流程的最终控制，总经理具有采购合同与资金支付的最终审批权限。

从管理流程间衔接来看，备品、备件采购流程在采购计划制定流程完成后开始运行。事关公司生产工艺与产品质量，因此，供货厂家的联系、选取、确定必然经过层层把关，采购合同填制在供货厂家确定后。需要指出的是，联系供货商、订立合同、资金审批与成交是个连续的过程，对于供货商的甄选尤其需要慎重，为增强在商务谈判中的博弈实力，企业针对同一部件往往联系几家供货厂家以备不测，并且随供货、用款、产品质量等诸多实际情形的变化随时做出调整，因此，这一环节不宜规定准确的起止时间。

运用管理职能定位矩阵显示相关部门设备管理协作关系，明确关键设备管理事务的批准、协作、牵头、参与部门以解决协作关系不清晰的问题。如表7-7所示。

表7-7　X公司设备管理职能定位矩阵

	功能明细	生产副总	总工程师	调度室	生产部	生产车间工段	设备中心	动力车间	质技部	企管部	综合部
设备技术更新改造	大、中型设备技术更新改造项目方案的制定		☆		●	○	○	○			
	大、中型设备技术更新改造项目方案的实施		☆	○	●	○	○	○			
	相关设备技术更新改造会议		☆	○	●	○					
水泥生产线设备检修	设备大修计划制定	☆					●				
	设备大、中修会议	○	○	○	○		●				
	设备大、中修结果验收				●						
设备事故分析	设备事故分析会议			○	○	○	●		○		
	设备事故分析报告		☆	○			●				
	设备事故应急预案制定		☆		○		●				
	设备事故应急预案实施		☆	●			○				
设备润滑工作	润滑油使用和更换意见提出			☆			●				
	改进润滑系统和给油装置缺陷意见和处理办法			☆			●				
设备日常维护	作业指导书制定与实施		☆		○		●	○	○	○	○
	故障收尘器维修及更换		☆				●				
设备安全管理工作	每周例行安全隐患的组织排查与落实整改			●						○	○
	安全生产会和安全事故会	○	○	●	○		○			○	○
	安全培训计划制定（包括设备安全培训计划）		☆	●							
设备统计管理	设备运行统计评定		☆				○	●	○		
备品、备件采购	备品、备件采购计划制定			☆			●				
报表统计	生产日、月报表统计		☆	●			○				

注：☆表示批准；●表示牵头；○表示参与。

表7-7不仅将各部门与设备管理有关的职能进一步细分，并体现了在设备管理业务领域各部门间协作关系。

三、X公司设备管理流程设计表达与辅助设计

结合X公司设备管理中的几个具体案例分析，将与X公司设备管理相关的部门列于管理业务时空流程图的纵轴，业务解析延时间横轴展开，通过职能定位

分析表结果沿空间纵轴拉伸与业务解析在时间维度中的横向拉伸，画出 X 公司设备管理相关管理业务时空流程图，如图 7-2～图 7-6（分别对应案例 7.1～案例 7.5）所示：

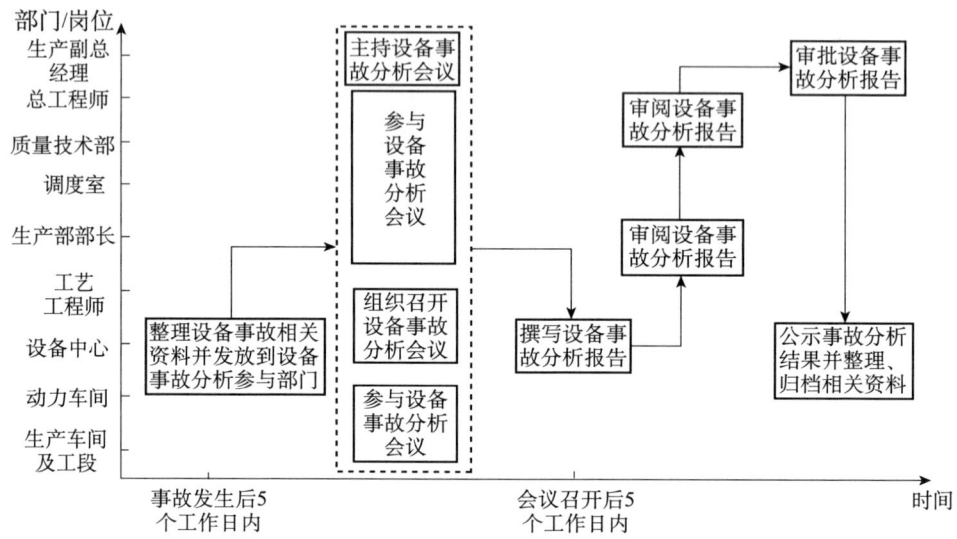

图 7-2　X 公司设备事故分析流程

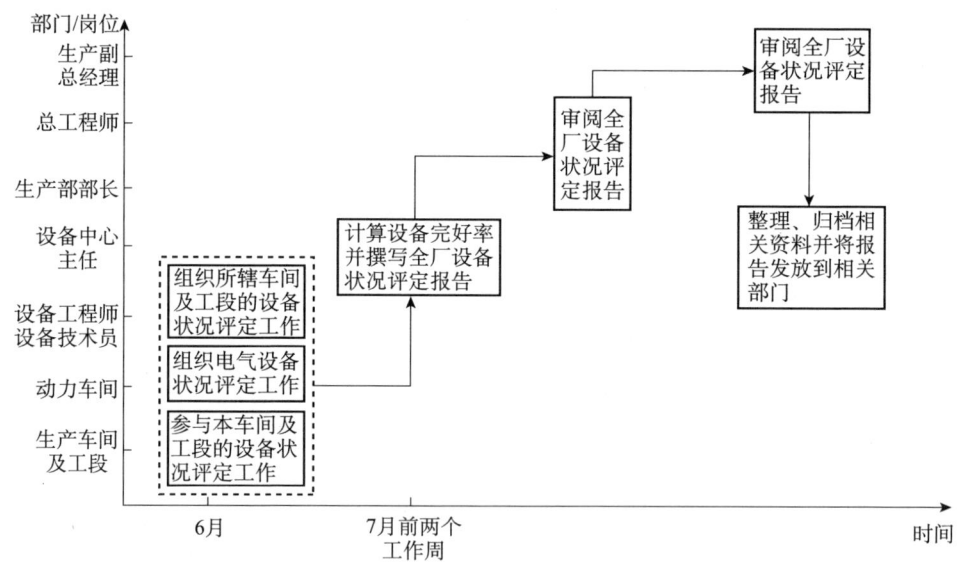

图 7-3　X 公司设备统计分析流程

上述关于设备管理的流程仅涵盖了 X 公司设备管理业务领域很少部分，笔者仅以此为例说明管理流程设计的实现过程。管理业务时空关系流程中不可能将 X 公司有关设备管理的全部内容在坐标中表现出来，为便于实际操作，待管理流程

第七章　企业管理流程设计应用实例

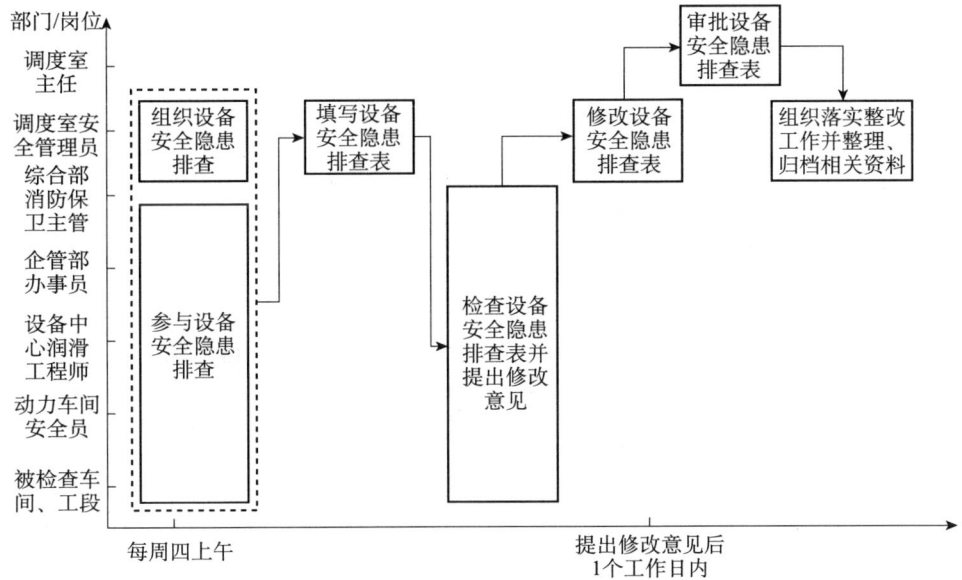

图 7-4　X 公司设备安全检查流程

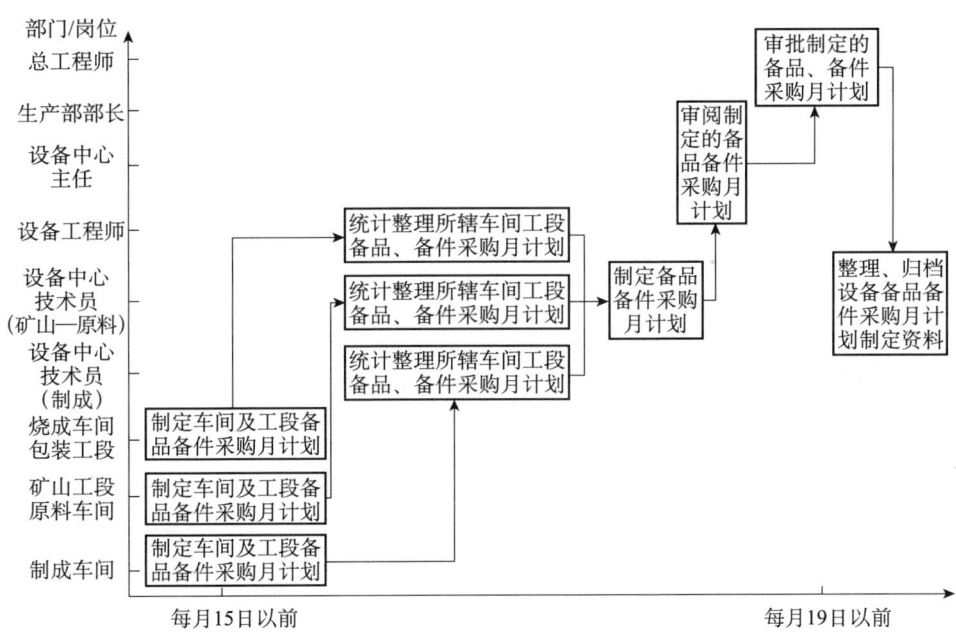

图 7-5　X 公司设备备品备件采购计划制定流程

图绘就后应配以相应文字或图表说明，针对管理流程中主要环节责权要求、操作方法等作出规定，使其更具可视性与操作性。表 7-8 显示了图 7-2 设备事故分析流程中各参与人员的主要责权。此外，在设备管理流程中涉及流程相应环节需填写

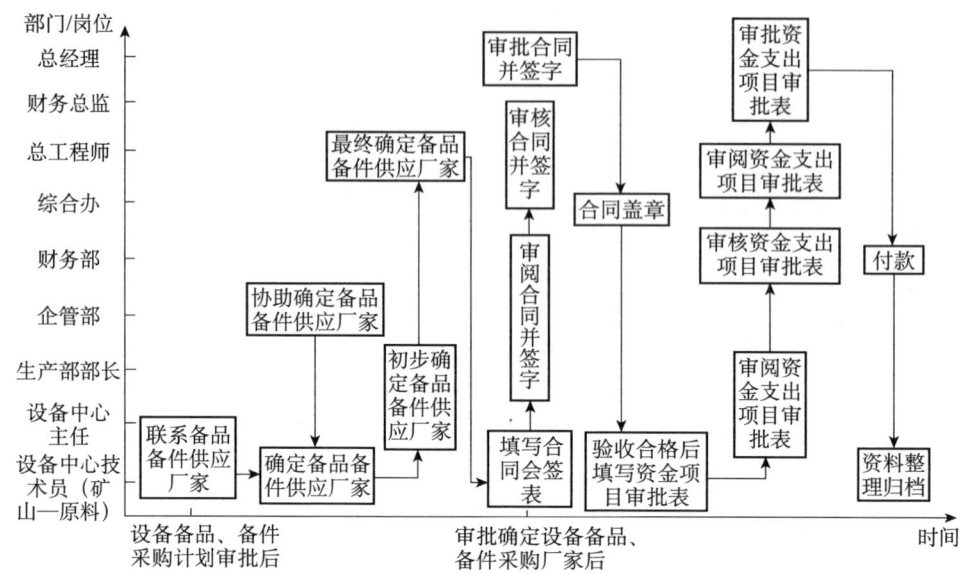

图 7-6　X 公司设备备品备件采购管理流程

文件，这些文件贯穿管理流程行进过程。如表 7-9 是 X 公司设备事故分析流程中事故分析报告格式。其他相关责权规定与表格设计，限于篇幅，不一一列举。

表 7-8　X 公司设备事故分析流程中参与人员主要责权

参与部门	参与人员	主要责权
公司高层	生产副总经理	主持会议并最终确定设备事故责任归属及处罚意见、审批设备事故分析报告
	总工程师	参加会议，对设备事故责任归属及处理建议权，审阅设备事故分析报告
设备中心	设备中心主任	组织召开会议，审阅会议记录，根据会议审议结果撰写事故分析报告，向相关部门公示事故分析结果
	设备工程师	协助设备中心主任召开会议，会议记录
	设备中心技术员	参加会议，分析事故发生原因、提出改进建议
质量技术部	质量技术部部长	
调度室	调度室主任	
	调度室安全管理员	
生产部	生产部部长	
	工艺工程师	
参与部门	参与人员	主要责权
动力车间	动力车间主任	参加会议，分析事故发生原因、提出改进建议
生产车间、工段	事故发生车间及工段主任、副主任	

表7-9　X公司设备事故分析报告

附表1	设备事故分析报告		
事故名称		发生时间	
事故过程描述			
事故原因分析			
事故直接损失界定			
事故责任归属及处罚意见			
改进建议及措施			
生产部部长审阅意见			
总工程师审阅意见			
生产副总经理审批意见			

备注：
①设备中心主任负责制定设备事故分析报告；
②事故过程描述是对事故发生时间、所涉及设备、生产车间及工段等进行描述；
③设备事故分析结果需向相关部门及责任人公示。

X公司经过设备管理流程设计，增强了设备管理中各项工作任务目标导向；由各部门在设备管理领域的职能与权限，明确其在各设备管理流程中充当的角色和参与活动方式；各项设备管理活动及活动间关系变得清晰；明确责任归属，减少了诸如在事故责任认定中出现的相互扯皮现象；规定相应流程环节完成管理事项的合理时间要求，促进部门间横向合作更有效率；设定如设备事故认定、设备备品备件采购计划和资金支出等的审批权限，使各部门对自身在设备管理业务领域所处地位和扮演角色有了充分认识；促使管理协作更加顺畅，工作完成质量得以提高；设计了作为设备管理流程中作为信息传递和任务履行媒介的各种表格，使各项设备管理业务环节有据可查，工作进程得以规范。辅助设计中还细致规定了设备管理相应岗位的职责权限，这是后续进行绩效考核的基础依据。

第二节　Y公司综合管理流程设计应用实例

一、Y公司综合管理流程设计目标与功能分析

Y公司地处较偏远地区，是家族式民企。近几年引入了干法水泥新工艺和生产设备。由于同行业央企分支对该地区渗透，Y企业已不占有明显优势，但国家淘汰"小立窑"水泥企业，促进建材行业产业结构升级，为Y企业带来发展机遇。Y企业家族式管理作风犹存，高管层相对集权。近年来采取扭转型战略，员

工整体知识技能水平有待提高，为此，相应流程设计得尽量简洁。

在调研过程中发现，该企业各级员工对各项管理制度认知程度不够，制度存在部分缺失，部门间横向关系不明确，有些管理流程不尽合理，监管力度不够。具体表现在企业日常管理的一些细节中，例如，办公用品采购及领用制度缺失，有时不定期大量采购办公用品后随意领用，造成浪费，而有时各级管理人员却缺乏办公用品；Y公司将生产外包，按产量与承包方进行资金结算，承包方存在一些短期行为，致生产设备耗损较严重，日常工作中尤其针对重大生产问题，与生产承包方协调沟通不畅；人力资源管理较为随意，没有员工选聘流程，个别高管安排人员进公司工作一段时间并支付报酬后，该公司兼具人力资源管理职能的企管部竟没有该员工相关资料备份；没有根据市场调研分析提出切实可行的销售计划，月初销售人员上报销售预估，主观随意性较大，至月末对计划执行情况缺乏有效考核与监督；财务预算管理较为混乱，部门本位主义严重，罗列项目，过分强调本部门用款途径重要性，公司对资金使用缺乏总体统筹规划与平衡，造成不必要开支过大，引起一定程度上的浪费等。为此，需要对Y企业管理流程做出梳理、完善设计。发轫于"目的—功能"分析的管理流程设计方法站在企业系统化管理整合的全局高度，对大部分流程进行全方位分析与成批量设计。在设计实现过程中可对企业生产、营销、财务、行政等业务领域的流程设计一并确立管理分目标、明确部门职能、进行职能定位分析。按照管理流程设计步骤对Y公司管理流程构建要素进行有效合理安排，促进部门间横向协调，明确各环节管理事项、完成时间和质量，规定管理活动承担者的职责与权限，使Y公司日常管理中的"人"与"事"有机融合。图7-7展示了Y公司部分业务领域管理流程设计目标：

Y公司部分业务领域管理流程设计目标
企业重大事项决策流程：明确公司重大事项的决策流程，从而保障决策过程的科学性和有效性
行政管理流程：(1) 规范行政工作流程，提高工作效率；(2) 降低管理费用；(3) 建立对突发事件的预警机制
生产监管流程：(1) 及时获取信息，加强对生产承包方的监管，及时协调处理生产过程中的问题；(2) 有效控制和降低生产成本，提高企业效益
人力资源管理流程：(1) 建立公司"用能人、能用人"的用人机制；(2) 将员工工作成果与绩效考核相挂钩，提高员工工作积极性
营销管理流程：(1) 为市场开拓和建立完善的市场网络提供支持；(2) 收集市场信息，为营销策略提供决策依据；(3) 加强对客户的管理，提高客户的忠诚度
财务管理流程：提高公司资金管理水平，避免资金流失，提高工作效率

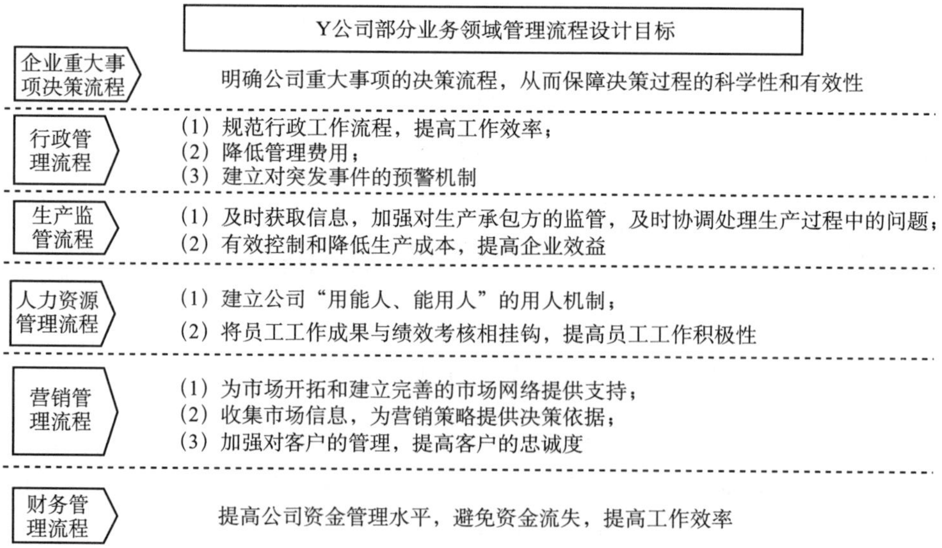

图7-7　Y公司部分业务领域管理流程设计目标

在此基础上对各主要部门职能作细化见表7-10~表7-14：

表7-10　Y公司办公室职能

文秘事务	文档管理	公共关系	法律事务	后勤管理
（1）负责起草各种文件、报告、专题材料和部门相关制度； （2）负责董事长、总经理日常工作的活动安排； （3）负责公司高层管理人员召集的重要会议的组织、会议记录和整理工作； （4）负责会议决定的检查落实工作； （5）负责公司会议室的日常管理工作； （6）负责公司印章的刻印、颁布、保管、注销和使用的工作； （7）负责公司证照的办理和年审； （8）负责安排公司员工的出差行程	（1）负责公司各种文件、传真件等资料的签收、发放、流转、催办工作； （2）负责公司各种信函的签收和邮寄工作； （3）负责公司上报和下发的各种文件、表格等材料的打印复印工作； （4）负责公司各种文件、资料、合同的归档工作； （5）负责公司各种档案的管理工作； （6）负责公司报刊订阅、分发工作	（1）协助总经理完成公司对外重大公关活动； （2）负责公司来宾的礼宾接待和生活接待工作； （3）负责公司整体形象的设计和对外宣传工作； （4）负责公司突发事件的处理工作	（1）负责公司的法律咨询和培训工作； （2）负责公司的法律诉讼工作； （3）负责公司重要合同、重大谈判的合法性审查工作并协助总经理完成重大谈判的工作； （4）负责收集、整理、研究与公司发展有关的国家政策、法律、法规，提出前瞻性的意见和建议，为公司高层领导决策提供参考	（1）负责公司总部的设备、办公用品的采购、发放工作； （2）负责公司车辆的调度管理和日常保养工作； （3）负责公司本部的安全保卫、环境卫生的管理工作； （4）负责公司食堂的管理工作； （5）负责公司员工宿舍的管理工作； （6）负责承办领导交办的其他任务

表7-11　Y公司基建部职能

工程项目设计	工程项目实施	预决算的初审	厂区"四化"
（1）根据生产需要，组织基建工程项目实施方案的设计工作； （2）负责设计维修、改造等基建项目的实施方案； （3）负责基建工程项目的对外洽谈工作； （4）负责草拟基建工程项目合同； （5）协助总经理完成基建工程项目合同的签署工作	（1）负责组织施工队伍； （2）负责基建工程项目实施过程中的进度控制； （3）负责基建工程项目实施过程中的造价控制； （4）负责基建工程项目实施过程中的质量控制； （5）负责基建工程项目实施过程中的安全管理工作； （6）负责协调各部门、生产承包承办方和基建工程项目施工方的矛盾	（1）负责审查施工方提交的预决算方案； （2）负责提出公司基建工程预算方案； （3）负责公司基建工程结算工作	（1）负责起草公司绿化、美化、亮化、道路硬化规划； （2）组织实施公司绿化、美化、亮化、道路硬化规划

表 7-12　Y 公司企管部职能

人力资源管理	企业文化建设	生产监管	综合管理	信息管理
（1）在总经理授权下，组织实施公司一般管理人员的招聘工作； （2）负责办理公司本部员工的聘用、解聘、调动手续和劳动保险； （3）负责公司本部员工和生产方员工的劳动合同管理、人事档案管理工作； （4）负责公司劳动纪律管理； （5）贯彻落实公司的奖惩制度和绩效考核制度； （6）负责员工培训的组织管理工作和员工培训专项计划的编制； （7）负责劳动工资和人力资源的统计报表工作； （8）负责制定公司人力资源管理相关制度的制定、修改，并组织实施	（1）负责公司CIS设计方案贯彻落实工作； （2）负责企业内部的宣传报道工作，培养员工良好职业道德； （3）组织开展各类文体活动，丰富员工生活； （4）负责企业文化建设规划的制定，并组织实施	（1）负责公司与生产承包方的沟通协调工作； （2）负责公司生产设备、生产方产品质量的监督工作； （3）负责公司矿山开采量和质量的监管工作； （4）负责公司生产现场安全和环保的监管工作； （5）负责落实公司资产评估工作	（1）负责组织制定公司的规章制度，并对公司规章制度的执行进行监督； （2）在总经理授权下，负责起草公司重大经营方案和改革方案； （3）在总经理授权下，负责组织制定并贯彻落实公司中长期发展规划； （4）在总经理授权下，负责组织制定并贯彻落实公司年度计划； （5）负责公司综合统计工作； （6）负责公司经济活动分析，定期提供分析报告； （7）负责公司横向协调的管理工作； （8）负责公司组织机构的调整工作； （9）负责公司现代化管理方法的推行工作； （10）负责公司高层领导指派的其他管理工作	（1）负责组织收集、整理、分析、归档各部门提供的综合信息及公司领导决策所需的各种外部信息； （2）负责公司计算机信息系统的筹划、组建和运行工作，为计算机辅助企业管理打基础； （3）负责公司网站的建设和维护工作

表 7-13　Y 公司销售公司职能

市场开拓	销售管理	售后服务	代理商和销售公司人员管理	客户管理
（1）负责公司产品的市场调查、市场预测和市场经济情报的收集整理工作； （2）定期提交公司产品市场整体策划方案； （3）负责市场的选择与定位工作，包括目标市场和目标客户等的选择工作	（1）负责编制公司年、季、月产品销售计划、产品促销方案及销售费用预算计划； （2）负责公司产品销售合同管理工作； （3）销售开票管理； （4）产品发运管理	（1）负责公司售出产品的质量跟踪工作； （2）负责处理用户反映的产品质量问题	（1）负责组织公司和代理商、销售公司人员的会议； （2）负责公司和代理商的合同签订工作，并对合同进行管理； （3）根据代理合同对代理商进行考核； （4）根据公司相关制度对销售公司人员进行培训、考核和奖惩	（1）负责公司客户访问工作； （2）负责公司客户产品使用的指导工作； （3）负责收集、整理、分析客户信息

续表

市场开拓	销售管理	售后服务	代理商和销售公司人员管理	客户管理
（4）负责销售渠道模式和品牌推广模式的选择工作； （5）负责公司产品外包装管理； （6）参与公司产品的广告宣传工作； （7）协助制定公司产品的销售价格； （8）负责组织实施具体的市场开拓工作	（5）负责编制公司年、季、月产品销售统计报表； （6）负责定期提出公司产品销售统计分析报告		（5）负责建立代理商异动报告制度，对代理商经营情况进行调查与监控； （6）负责建立代理商信息反馈机制，对代理商信息反馈情况进行分析整理； （7）协助代理商完成重要订单的谈判工作	

表7－14　Y公司财务部职能

财务计划管理	资金资产管理	利润成本管理	财务核算	财务监督检查及考核
（1）负责编制公司各类财务计划，包括资金筹集计划、销售收入与利润计划、成本计划、期间费用预算、流动资金计划、固定资金计划、财务收支计划； （2）参与公司的经营决策； （3）组织公司财务计划的实施，分析评价公司运营情况，编写公司财务分析报告； （4）负责填报国家规定的财务报表； （5）负责制定财务相关制定； （6）负责会计电算化工作	（1）负责公司资金的筹集和管理； （2）负责筹集公司营运资金，保证生产经营活动的资金供应； （3）负责公司资金调度和财务收支管理； （4）负责公司固定资产管理工作； （5）负责公司流动资产管理工作，包括组织公司日常财务收支、办理各项结算、现金和银行存款管理； （6）负责公司无形资产管理工作	（1）负责公司目标利润指标的测算； （2）负责落实董事会的盈利分配方案； （3）负责缴纳税金和国家规定的有关费用，负责公积金、公益金铁提取和其他分配项目的实施； （4）负责公司目标成本的测算制定和成本费用指标的分解； （5）负责公司各类产品的成本核算； （6）负责公司本部和生产承包方的成本核算工作； （7）负责公司和生产承包方的结算工作	（1）负责公司财务核算程序的确定； （2）负责公司的财务核算、账务管理和记账、算账、报账工作； （3）负责公司财务档案的归档、保管工作	（1）负责公司内部审计管理工作和审计报告的编写工作； （2）负责监督、检查公司财务收支计划、预算和财务有关的经济活动及其效益； （3）负责对生产承包方进行监督，对其财务报表和会计账目的真实、正确、合法、合理进行审计

二、Y公司综合管理流程设计之业务解析与职能定位

鉴于管理流程体系的系统层次性特征，为实现各类管理业务领域分目标，不同领域内的相应管理业务流程还可细分至更细微层面，本章运用上述各章研究结果对管理流程设计方法做实例验证。限于篇幅，不能也没有必要对Y企业所有业

务领域内的全部管理流程设计一一列举，本书在此仅挑选不同业务领域的个别管理流程设计作为应用实例。

案例7.6 Y公司行政管理之办公用品管理流程

主体步骤：办公用品申请—制订采购计划与预算—审批—购买与发放—领用。根据业务分析显示的步骤，结合管理职能定位矩阵表，确定办公用品管理流程中诸活动环节的承担部门与活动的基本方式。各管理职能部门是办公用品的申请和领用部门，公司办公室负责制订采购计划及编制预算，并于审批后负责购买与发放；公司分管行政的副总拥有审批权限。确定具体环节管理事项完成时间：考虑到办公用品是企业各管理部门日常使用的低值易耗品，要经常领用补充，因此，按月申领，一般每月上旬各部门提交申请单，办公室在中旬左右完成计划预算并向上级报批，并于每月下旬左右完成购买并发放。

案例7.7 Y公司生产管理之现场监管流程

主体步骤：现场检查—问题调查与沟通—解决问题或立项整改—检查考核。Y公司生产过程全部采用外包方式，为此，企管部担负起部分生产管理职能。由企管部派出巡视员对生产现场进行检查，发现问题与生产承包方及时沟通，若一般问题则与生产方协调解决，若重大问题必须报企管部立项整改，生产方解决后由企管部考核。本案赋予企管部现场检查、责成生产方整改及最终考核生产方整改成效的权力。由于是现场监管，为确保生产，一般性问题必须于当日解决，较重大问题由于性质各不相同，不便规定具体解决的日期，但必须限定生产方在规定期限内完成整改并检查考核。

案例7.8 Y公司HR之普通员工招聘流程

主体步骤：提出用人申请并审核—人员应聘—组织面试—提出录用意见并审批—办理录用手续。Y公司没有相应的人力资源管理部，因此，招聘方面的相关事宜由企管部负责，这体现了不同组织结构对管理流程设计的影响。各部门根据实际需要向企业部提出用人申请，由企管部审核。人员被应聘后由企管部组织面试，应聘人员参加，用人部门参与。此后，由企管部根据面试情况参照用人部门建议向分管副总提交审批，继而为录用人员办理相关手续。在这一流程中，企管部拥有审核用人申请以及组织面试并提出录用意见的权力，由于是普通员工招聘，仅分管副总行使最终审批权即可。由于Y公司正处于发展阶段，各部门均缺乏相应人员，所以无论是部门申请、面试和审批环节均要求快速做出决断，一般在一两个工作日内完成。

案例7.9 营销管理之销售计划管理流程

主体步骤：销售计划提交—计划审阅及修改—计划审批—指标分解—个人工

作计划修正。销售人员向各自片区分管销售副总提交个人计划，销售副总编制月度销售计划表交销售总经理初阅并进一步汇总，继之向公司分管销售的副总提交。销售副总根据对市场态势判断，结合既往数据提出修改意见，销售总经理修改后交由公司副总及总经理层层审批。由销售总经理将具体完成指标分解下达给销售副总，销售副总根据业务经理分管片区实际情况进一步分解至业务经理，业务经理根据个人分配到的完成指标修改个人销售计划。个人销售计划表的填制是月末对个人销售业绩完成情况进行考核的依据。本案规定了销售总经理的初审及指标分解下达权，公司总经理及公司副总对销售计划的审批权。销售关乎企业获得稳定现金流，具有其连续性，在当月下旬即需要着手制定下月的销售计划，并在下月初明确个人销售目标。

案例 7.10　财务管理之用款审批流程

主体步骤：部门申请用款→初审并编制预算→审核与审批→反馈结果→执行。首先，由各职能部门填写用款计划单申请用款，财务部经初审与沟通后进行汇总、编制预算，财务总监根据企业实际情况结合既往经验，进行预算平衡并报公司总经理批准，总经理审批后由财务部门向各职能部门通报审批结果，各部门根据审批结果具体执行用款计划。本案规定了财务部初审及向各部门反馈审批结果的权力，财务总监负责根据预算进行平衡并拥有对于用款计划向公司总经理的建议权，公司总经理负责最终审批。一般而言，用款计划是针对下一月份的，因此，其启动工作开始于当月下旬，并在当月末予以完成。

运用职能定位矩阵表明确 Y 公司相关部门各类管理业务协作关系，确定关键管理事项的批准、协作、牵头、参与部门，以解决协作关系不清晰的问题。如表 7-15 所示：

表 7-15　Y 公司部分职能部门主要职能定位矩阵

		功能明细	董事会	经理层	办公室	企管部	财务部	基建部	销售公司	生产承包方
综合管理	文秘/文档	按董事长、总经理要求起草各种文件、报告、专题材料	☆	☆	●	○	○	○	○	○
		高层管理人员召集的重要会议的组织、记录、整理	☆	☆	●	○	○	○	○	○
		各种档案管理			●					
	公共关系	公司广告宣传计划的制定、实施工作			☆	●	○		○	

续表

功能明细			董事会	经理层	办公室	企管部	财务部	基建部	销售公司	生产承包方
人力资源管理	人力资源综合管理	人力资源、劳动工资统计报表			☆	○	●	○	○	○	
		编制员工培训专项计划			☆	○	●	○	○	○	○
	员工管理	一般管理人员的招聘			☆		●				
		组织员工培训				○	●	○	○	○	
	工资和绩效管理	贯彻落实公司绩效考核制度				○	●	○	○	○	
	企业文化建设	贯彻落实公司 CIS 设计方案				○	●	○	○	○	
		组织企业内部的各类典礼、活动			☆	○	●	○	○	○	
	发展规划/经营计划/综合统计	组织制定公司中长期发展规划	☆			○	●	○	○	○	
		贯彻实施公司高层领导下达的中长期发展规划				○	●	○	○	○	
		起草公司重大经营方案和改革方案	☆			○	●	○	○	○	
		公司年度经济活动分析，定期提供分析报告	☆	☆		○	●	○	○	○	
		公司综合统计				○	●	○	○	○	
经营管理	销售管理	编制公司产品销售计划、销售费用预算计划			☆					●	○
		制定产品销售价格			☆			○		●	
		编制产品销售统计报表			☆			○		●	
		定期提出产品销售统计分析报告			☆					●	
		负责公司售出产品的质量跟踪工作								●	○
		负责处理用户反映的产品质量问题								●	
	生产管理	生产监管					●			○	
		公司资产评估			☆	○	●	○	○		
	企业管理与改革	公司组织机构的调整			☆	○	●	○	○	○	
	公司各项管理制度的制定与实施	生产监管制度的制定、实施			☆	○	●	○	○	○	○
		人力资源管理制度的制定、实施			☆	○	●	○	○	○	○
		行政管理制度的制定、实施			☆	●	○	○	○	○	○
		市场营销制度的制定、实施			☆	○	○	○	○	●	○
		财务管理制度的制定、实施			☆	○	○	●	○	○	○

续表

功能明细			董事会	经理层	办公室	企管部	财务部	基建部	销售公司	生产承包方
财务管理	资金资产管理	财务收支管理			☆	○	●	○	○	
		固定资产管理			☆	○	●	○	○	○
		无形资产管理			☆	○	●	○		
	财务核算	公司和生产承包方的成本核算			☆		●			○
		各部门管理费用核算			☆	○	●			
		公司内部审计管理				○	●			
		承包方的财务监督					●			○
基建管理	基建工程项目管理	负责公司基建工程结算工作			☆		○	●		
	厂区"四化"	负责厂区"四化"工作						●		○
信息管理		组织收集、整理、分析、归档各部门提供的综合信息			○	●	○	○	○	
		公司计算机信息系统的筹划、组建和运行工作			○	●				
		公司网站的建设和维护工作								
法律事务管理		公司法律诉讼			●	○				
		公司重要合同、重大谈判的合法性审查			●					
		制定公司各种合同			☆	●	○	○	○	

注：☆表示批准；●表示牵头；○表示参与。

表7-15不仅将Y公司各部门与相应业务领域有关的职能进一步细分，并体现了在诸管理领域各部门间协作关系。

三、Y公司综合管理流程设计表达与辅助设计

结合Y公司各业务领域管理中的几个具体案例分析，通过职能定位分析表结果在组织架构中的纵向拉伸与业务解析在时间维度中的横向拉伸，可以画Y公司相关管理业务时空流程图，如图7-8~图7-12（分别对应案例7.6~案例7.10）。

在流程框图中的字母与数字是此管理流程相应环节中涉及需填制的表格文件代号，属于管理流程辅助设计范畴。表7-16与表7-17分别为Y公司办公用品申请单与领用单。

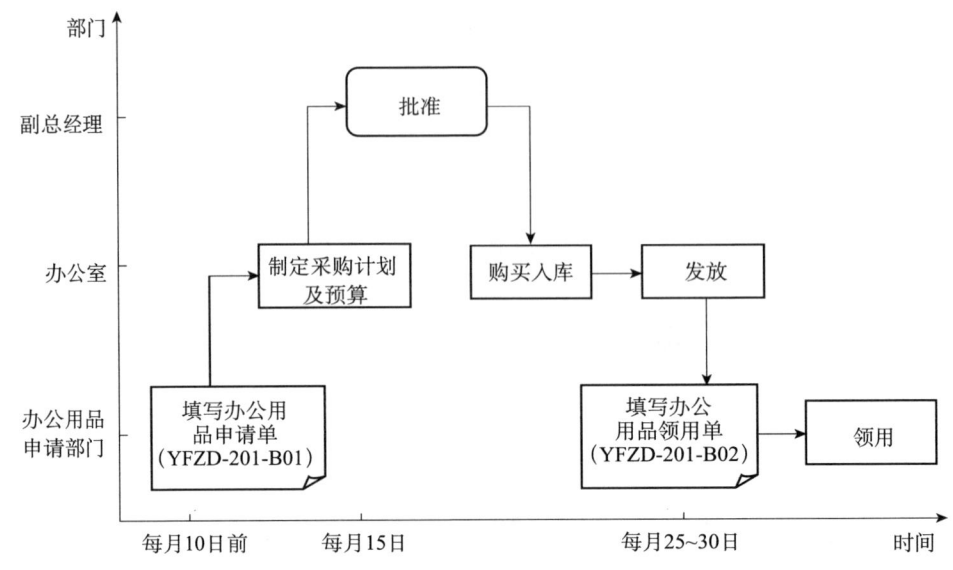

图7-8　Y公司行政管理之办公用品管理流程

表7-16　Y公司办公用品申请单　　　　　　　　　　YFZD-201-B01

办公用品类别	数量	要求

申请部门负责人签字：　　　　　　　　　　　　　　申请时间：

表7-17　Y公司办公用品领用单　　　　　　　　　　YFZD-201-B02

办公用品类型	数量	领用部门	领用日期

领用人签字：

　　Y公司生产监管流程建立了Y公司对生产承包方的定期检查机制，配合生产方共同进行生产现场管理，及时发现隐患并限期整改。针对生产方监管的不同方

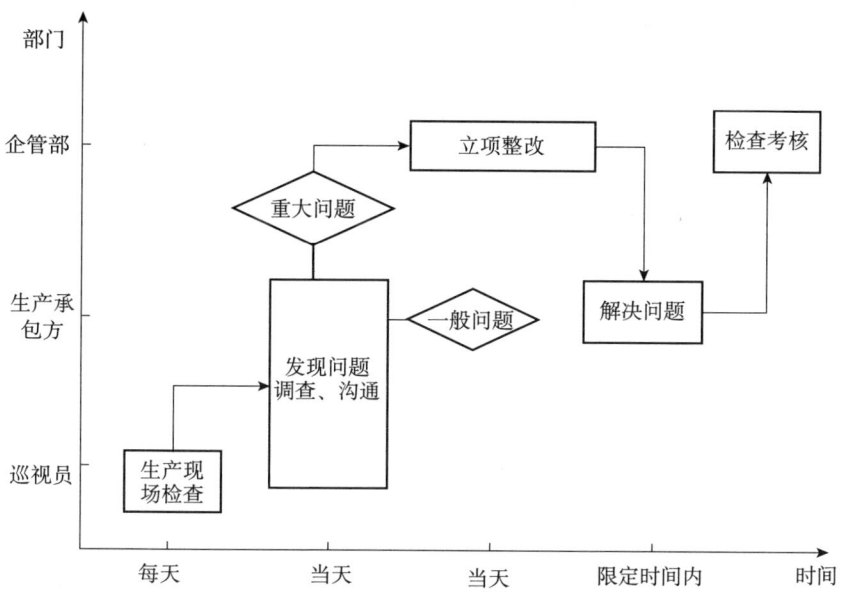

图 7-9　Y 公司生产管理之现场监管流程

面，需要制定相应的指标和奖惩办法，并纳入承包合同或相关制度中，从而实现对生产方的监督和管理。具体监管细则可根据相应技术指标予以细化，例如，质量指标有产品质量；设备指标有设备故障率、设备运转率、设备完好率、设备维保与改造等；环保指标有固废排放，文明安全生产等。

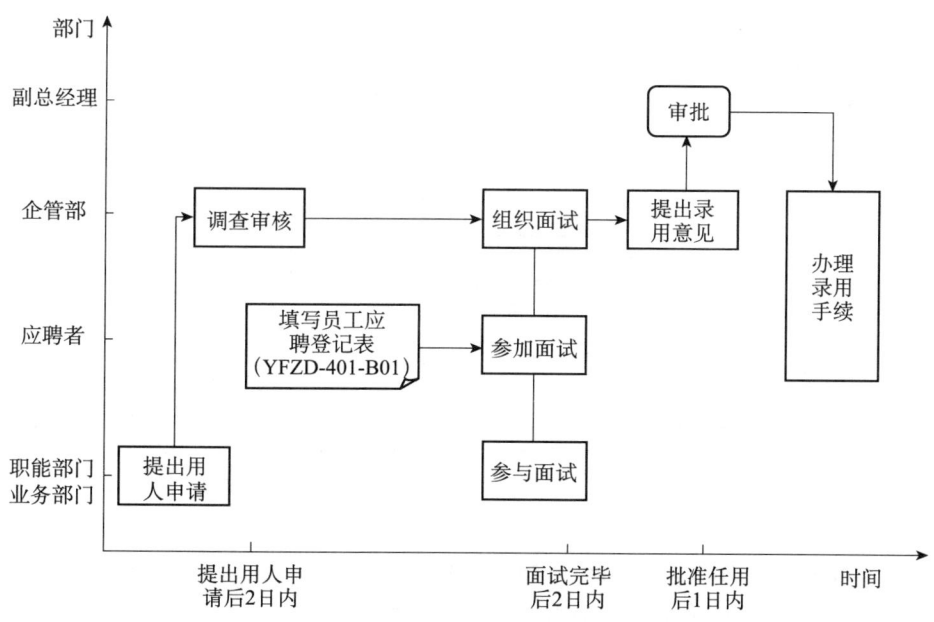

图 7-10　Y 公司人力资源管理之普通员工招聘流程

涉及相应表格如表7-18所示。

编号：　　　　　　　　　表7-18　Y公司员工应聘登记　　　　　YFZD-401-B01

姓名		性别		政治面貌		照片粘贴处
出生年月			民族			
文化程度			毕业学校			
所学专业			技术职称			
联系电话			家庭地址			
婚姻状况			登记日期			
身份证号						
有何特长						
应聘意向						
期望薪酬						
个人简历						
公司意见						

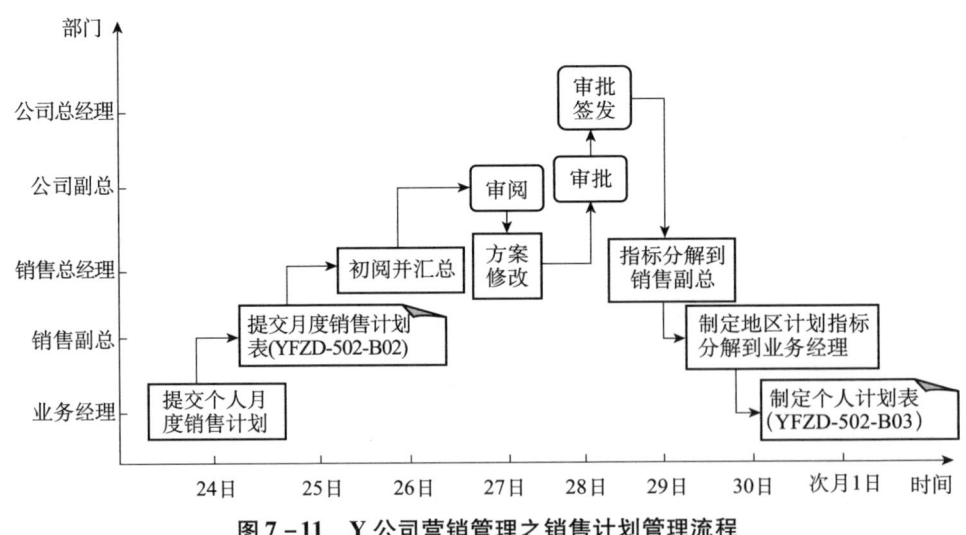

图7-11　Y公司营销管理之销售计划管理流程

本案涉及的文件有销售副总填制的销售月度计划表与业务人员根据指标分解填写的月度销售工作计划表。如表7-19~表7-20所示。

填写人：　　　　　　　表 7-19　Y 公司销售月度计划表　　　　YEZD-502-B02

一、本月销售目标		万元				
业务人员	品种 A		品种 B		品种 C	
	销量	金额	销量	金额	销量	金额
1.						
2.						
…						
合计						
二、本月销售费用		万元				
科目	本月	金额	年度	累计金额		
1. 销售变动费用						
2. 销售固定费用						

三、主要销售措施：

主要客户名单	单位	联系人	备注

销售公司总经理意见：

表 7-20　Y 公司销售人员月度销售工作计划　　　　YFZD-502-B03

业务经理姓名		填表日期							
负责区域		本月销售目标					万元		
访问顺序	访问对象	访问目的				计划金额			
		接洽	订货	收款	售后	销量	金额	应收账款	销售费用
合计									

销售公司副经理意见：

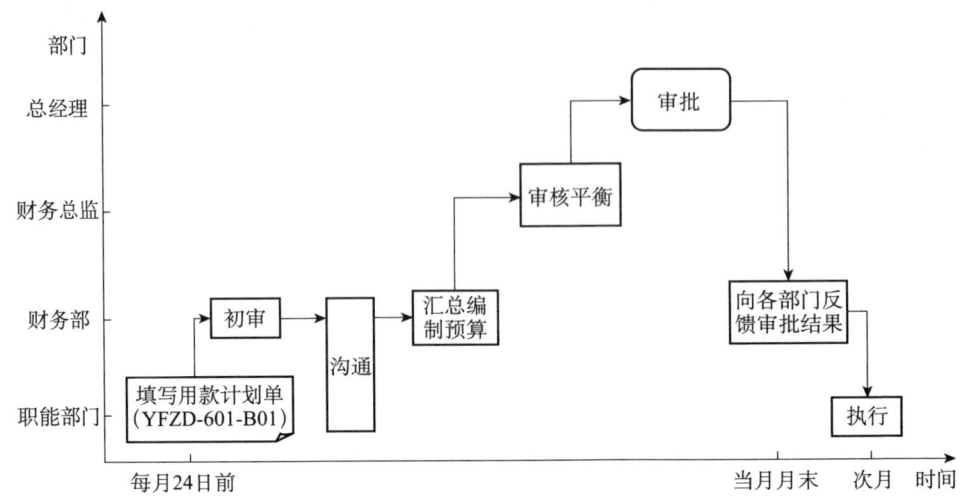

图 7-12　Y 公司财务管理之用款计划审批流程

本案中各职能部门需填写用款计划单，如表 7-21 所示：

表 7-21　Y 公司用款计划单　　　　　　　　　　　　　　　YFZD-601-B01

用款计划单		
用款部门		
用款事由	用款金额	用款时间
申请部门负责人签字：		

　　针对 Y 公司行政管理、生产管理、人力资源管理、营销管理、财务管理等业务领域中现实存在的一些问题，本书列举了少量管理流程设计应用实例。经过管理流程改进设计，在上述相应管理业务领域中，Y 公司各部门与岗位间协作更具可操作性，各管理业务环节的完成时间有了具体要求，提高了管理业务的处理效率和完成质量；财务预算得以减少，尽量避免了部门本位主义，降低了公司日常运营成本；办公用品、人员聘用、生产监管等管理流程的梳理与完善，有效增强了对企业价值链中其他增值流程的辅助协调作用。销售计划更加切合实际，经各级领导审核，使月末针对销售人员的业绩考核有了完备依据，层层下达责任到人；减少了公司录用员工的随意性，对人员聘用的调查、面试、审批、录用等环节变得规范有序；对生产承包方的协调与监管得以加强，双方在生产整改等问题

上建立了合作模式，从而易于达成共识，形成合力；在后续工作中，笔者参与了Y公司员工的培训过程，使流程中各环节操作人员清晰地认知自身的工作任务、应具备的知识技能、职责权限等，从而采取正确的活动方式在流程有序行进的管理活动中承担相应的工作任务，经过一段时期运作，Y公司内部管理水平得到有效提升。

第三节　本章小结

在前述各章理论与方法研究基础上，本章列举了X公司与设备管理有关的管理流程和Y公司行政管理、生产管理、人力资源管理、营销管理、财务管理等业务领域的管理流程设计应用实例，经过管理流程设计，在一定程度上使企业相应管理业务领域的具体问题得以解决。

第八章 研究结论与展望

第一节 本书研究结论

综合全书,可得如下结论:

(1) 以管理制度内涵为出发点,溯及管理制度与管理流程起源,认为管理流程与管理制度协同演化贯穿企业发展。运用二维常系数动力学模型诠释,管理流程是管理制度作用于企业各项资源,发挥协调、控制等功能的实施运行方案。基于管理制度实施困境的现状和原因分析及其与管理流程关系认为,科学合理设计管理流程是赋予管理载体动态性能,从而在实施管理制度时为避免困境提供了解决途径。

(2) 管理流程是企业管理系统实现管理功能,达成管理目标的运行方式,由于其系统化沟通了企业不同职能部门间业务联系,为企业日常管理中信息、职能、任务等提供了动态性、整体性疏通与运行渠道,并与企业组织结构、绩效考核落实、管理制度实施等具有紧密联系,从而在企业实现管理职能、完成管理任务的系统运行过程中处于主轴与核心地位。本书由系统科学结构与功能关系入手,通过申农公式建立系统多输入输出模型,阐明管理流程主要于企业内部环境下协调诸多资源,在运作过程中可有效降低管理熵,促进组织机体存续并发展,对管理功能实现发挥重要作用。

(3) 本书对于管理流程特征没有停留于表观层面的一般性论述,而是以系统科学作为理论基础,结合管理流程作为管理制度的实现方式及对管理功能的实现作用,将视角逐步由管理流程整体深入至单个管理流程,从系统性、关联性、过程性三方面较为详尽阐述了管理流程于管理功能实现中表现出的特征。其中构建 Anderson 方程表述管理流程过程性特征,计算了阻碍管理业务活动在流程中传递的阈值 $p_1(t_0) > \dfrac{(B+d_2)}{A} = K$,认为降低阈值的途径在于 $p_1(t_0) > \dfrac{(B+d_2)\downarrow}{A\uparrow} = K\downarrow$,并结合企业实际情形运用模型探讨了管理业务于流程中的处理行进过程。

（4）基于管理功能与载体间关系及管理流程对管理功能的实现作用，运用广义设计科学理念，确立管理流程设计目标、思路、理念、要素与原则。认为管理流程设计的终极目标是对管理功能的实现，进一步操作层面目标的设定须渗透到企业系统各层级建立起与各级管理分目标紧密相连的拟合体系。遵循人工系统设计的基本逻辑关系"目的—功能—因素—方法—结构（载体形式）"提出管理流程设计总体思路。继而运用广义设计科学理念对管理流程的设计原则作出补充诠释。提出"构建系统整体性、体现横向协调性、关注纵向时效性、可监控与考核性"的管理流程设计理念。

（5）根据对动力系统奇点附近解的轨线流形不同情形的讨论，结合具体案例分析管理制度展成流程的必要性及展开过程中管理主体经验、管理对象客观性、管理科学理论与方法所发挥的推动作用，指出明确管理流程的形成机理是其设计分析的基本面和设计过程的出发点。

（6）在理论研究与案例分析基础上，结合管理流程设计特点总结企业管理流程设计相关影响因素，包括企业战略、业务属性、信息技术、组织结构等方面。通过对企业中各级管理人员及部分专家进行的问卷调查，运用因子分析与结构方程对假设影响因素进行分析，并根据分析结果对原假设作出修正，构建企业战略、业务属性、人力资源、组织结构等相关影响因素与管理流程设计构建要素关系的结构模型。对分析结果进行讨论，作为管理流程设计实现中关注的要点。

（7）探讨了管理流程设计的条件准备与组织支持，进一步梳理了管理流程设计中必须予以关注的流程构建要素，基于管理功能实现，结合管理流程设计相关影响因素与流程构建要素关系，针对企业管理制度实施过程中的实际问题，从企业概况了解、管理分目标确立、管理功能分析、管理业务解析、管理职能定位、管理权限设置、管理流程设计表达和辅助设计等步骤，较完整展现了管理流程设计实现过程。

（8）在前述各章理论与方法研究基础上，通过 X 公司与设备管理有关的管理流程和 Y 公司行政管理、生产管理、人力资源管理、营销管理、财务管理等业务领域的实例，说明管理流程设计应用对于企业内部管理水平的提升。

第二节 需进一步研究之处及展望

BPR 理论与方法传入我国尚不足 20 年，其发展与完善依然是企业与学界关注的热点之一。如何运用国际较为先进的管理科学理论与技术方法，结合我国国情，从系统科学与广义设计视角，阐述管理流程乃至企业整个管理系统设计的理论与方法仍在探索中。随着"3C"对全球经济及企业管理环境的深入影响，这一探索过程必将愈加深远而漫长。本书案例资料大部分仅取自数家中小企业，进一步深入研究须采集更多且时间跨度更长的数据和案例资料，这些微观层面的企业组织信息国家统计年鉴很少涉及，因此，获取相关第一手资料的难度颇大，这给本书的研究造成不少障碍，更兼本人知识积累局限和对数学工具把握的欠缺，以及实地调研能力还有待提升，使本书存在一些不足及有待进一步研究之处：

（1）本书论及管理主体经验、管理对象客观性在管理流程形成及运行过程中共同发挥作用，然而这些作用背后所包含的内容非常庞杂。管理对象正日益复杂，相应管理对象所具有的客观属性更是千差万别，任何一个因素变动对于推动作用的影响都十分复杂，而各种影响最终映射到管理流程设计的具体措施与方法必然更趋微妙，因此，对于推动作用背后运作机理及其对管理流程设计的深度影响有待细化与升华。

（2）样本规模与数据质量使对于管理流程设计相关影响因素的研究存在局限。本书选取的几家企业分别处于北京、河南、湖南、山东等地，以中小型企业为主。问卷发放主要集中在这些企业及咨询团队和少部分高校专家，由于笔者能力所限，无法对更广泛地区针对企业不同所有制、规模、战略定位等方面进行更深入细致的调研，以取得更加详尽的数据和案例资料，致使研究收集的有效样本数量较少，从而在一定程度上影响了最终结果的信度和效度。

（3）有关管理流程效率与成本研究属于系统设计评价范畴，流程设计评价研究涵盖内容颇广，很多细化方向可衍生出不同课题，因篇幅所限，本书涉及颇少。笔者今后拟运用排队论及其他数理工具进行管理流程效率评价的后续研究。

综上所述，笔者将正视自身理论功底与实践经验之不足，搜索并阅读更多国内外有关管理流程设计的相关文献，积极创造和利用各种机会深入企业一线实地调研，提高调研水平，改善调查问卷，增加样本容量，以获取更多第一手资料。继续遵循管理设计的理论与方法，对上述问题进行后续研究，以期对组织微观层面的管理理论与实践尽一份绵力。

参考文献

［1］Sibbt, David. 75 Years of Management Ideas and Practice, 1922—1997. ［J］. Supplement to the Harvard Business Review, 1997, 9 – 10 (75).

［2］Michael Hammer. Reengineering Work: Don't Automate, But Obliterate ［J］. Harvard Business Review, 1990 (8): 104 – 112.

［3］李爱民. BPR 与其他管理思想比较、发展探析［J］. 现代管理科学, 2006 (10): 33 – 36.

［4］杜丹丽. 企业业务流程重组理论思想的演进与发展［J］. 学术交流, 2003 (5): 48 – 51.

［5］甘华鸣等. 业务流程［M］北京: 中国国际广播出版社, 2002: 31.

［6］Martinsons, Hempel. Chinese Business Process Reengineering ［J］. International Journal of Information Management, 1998, 18 (6).

［7］刘险峰, 鲁瑞霞. 业务流程再造的失败案例及相关对策［J］. 企业改革与管理, 2008 (8): 40 – 41.

［8］裴金林. BPR 失败的原因（上）［J］. IT 经理世界, 1998 (11): 51.

［9］刘宗斌等. 关于流程再造理论的缺陷分析及改进思考［J］. 北京交通大学学报, 2008 (2): 66 – 71.

［10］全良, 董沛武. 业务流程重组失败的原因及对策研究［J］. 哈尔滨工业大学学报, 2004 (4): 77 – 79.

［11］刘建一, 廖吉林. 论企业信息化建设进程中的业务流程重构问题［J］. 科技管理研究, 2009 (9): 400 – 402.

［12］刘建一. 企业管理系统功能分析和载体设计的理论研究［J］. 价值工程, 1995 (6): 20 – 24.

［13］［美］赫伯特·A. 西蒙. 关于人为事物的科学［M］. 北京: 解放军出版社, 1985: 11.

［14］［美］司马贺·S. 西蒙. 人工科学［M］. 武夷山译. 上海: 上海科技教育出版社, 2004: 103.

［15］［美］G. 萨尔文迪. 现代管理工程手册［M］. 北京: 机械工业出版

社，1987：1-5.

［16］［美］欧阳莹之. 工程学——无尽的前沿［M］. 上海：上海科技教育出版社，2008：4.

［17］李学栋. 管理业务流程设计方法研究［J］. 华东船舶工业学院学报（自然科学版），2002（4）：74-78.

［18］Van Aken Je. Management Research Based on the Paradigm of the Design Sciences：The Quest Forfield-tested and Grounded Technological Rules［J］. Journal of Management Studies，2004（41）：219-245.

［19］丁晔. BPR"卖拐"［N］. 每周电脑报，2002-05-27.

［20］梅绍祖，James T. C. Teng. 流程再造——理论、方法和技术［M］. 北京：清华大学出版社，2004.

［21］吴培良，郑明身，王凤彬. 组织理论与设计［M］. 北京：中国人民大学出版社，1998：281.

［22］刘建一. 我国管理科学项目研究的若干问题［J］. 南开管理评论，2001（4）：4-6.

［23］戚昌滋. 设计学［M］. 北京：中国建筑工业出版社，1991：58-59.

［24］武夷山. 管理是设计科学［N］. 学习时报，2007-06-04（7）.

［25］清华深圳研究生院. 管理研究中的设计科学［EB/OL］. 2006 国际研讨会，http：//news. tsinghua. edu. cn/new/readnews. 15482，2007.

［26］Anne Huff. Management as a Design Science，Mindful of Art and Science，A Conversation between Anne Huff，David Transfield，and Joan Ernst van Aken［J］. Journal of Management Enquiry，2006，15（4）：413-424.

［27］［英］亚当·斯密. 国民财富的性质和原因的研究［M］. 郭大力，王亚南译. 北京：商务印书馆，1972.

［28］Ros Coombs，Richard Hull. The Wider Research Context of Business Process Analysis［EB/OL］. http//bprc. warwick. ac. uk/umist. html.

［29］［美］迈克尔·哈默. 企业再造：企业革命的宣言书［M］. 王珊珊，胡毓源，徐荻洲译. 上海：上海译文出版社，2007.

［30］Davenport T. H. Process Innovation-reengineering Work through Information Technology［J］. Harvard Business School Process，1993.

［31］R. B. Kaplan，L. Murdock. Core Process Reengineering［J］. The Mckinsey Quarterly，1991（2）：27-43.

［32］Scherr A. L. A New Approach to Business Processes［J］. IBM Systems Journal，1993，32（1）：80-98.

［33］［美］迈克尔·波特. 竞争战略［M］. 陈小悦译. 北京：华夏出版社，2005.

［34］Becker J., Martin K. and Michael R. 业务流程管理［M］. 北京：清华大学出版社，2004.

［35］H. Davenport. T, James E. Short the New Industrial Engineering：Information Technology and Process Redesign［J］. Sloan Management Review, 1990, 31 (4)：11－27.

［36］Hammer, Champy. Reengineering the Corporation：A Manifesto for Business Revolution［J］. Harvard Business, NY, 1993.

［37］王婷. 业务流程再造支撑体系及绩效评价研究［D］. 重庆大学博士学位论文，2007.

［38］Morrow M., Hazell M. Activity Mapping for Business Process Redesign［J］. Management Accounting, 1992, 7 (2)：104－112.

［39］Short J. E., Venkatraman N. B. Beyond Business Process Redesign：Redefining Business Baxte's Business Network［J］. Sloan Management Review, 1992 (34)：7－21.

［40］Cantoni C. J. Eliminating Bureaucracy Roots and All［J］. Management Review, 1993, 82 (12)：30.

［41］Allender H. D. Is Reengineering Compatible with TQM?［J］Industrial Engineering, 1994, 26 (9)：41－44.

［42］Stephen L. C., Choi C. F. A Conceptual and Analytical Framework for Business Process Reengineering［M］. Int. J. Production Economic, 1997 (50)：211－233.

［43］M. G. Martinsons, P. S. Hempel. Chinese Business Process Reengineering［J］. International Journal of Information Management, 1998, 18 (6)：393－407.

［44］Armistead Colin, Pretchard Jean-Philip and Machin Simon. Strategic Business Process Management for Organizational Effectiveness［J］. Long Range Planning, 1999, 32 (1)：96－106.

［45］Prasad B. Hybrid Re-engineering Strategies for Process Improvement［J］. Business Process Management, 1999, 5 (2)：178－197.

［46］全良. 企业业务流程重组理论的历史演进及趋势分析［J］. 自然辩证法研究，2006 (4)：48－51.

［47］Loewenthal J. N. Reengineering the Organization：A Step-by-step Approach to Corporate Revitalization［J］. Quality Progress, 1994, 27 (2)：93－95.

［48］朱福东等. 管理系统设计［M］. 北京：中国人民大学出版社，1995

(4): 198 – 213.

[49] Grover V., Kettingger J. W. Business Process Change: Concepts, Methods and Technologies [M]. Harrisburg, USA and London, UK: Idea Group Publishing, 1995.

[50] Grover V. From Business Reengineering to Business Process Change Management: A Longitudinal Study of Trends and Practice [J]. IEEE Trans. Eng. Management, 1999, 46 (1): 36 – 45.

[51] Grover V., Kettingger J. W. and Teng J. T. Business Process Change in the 21st Century [J]. Business and Economic Review Jan-Mar, 2000.

[52] Gaither, Frazier. 运营管理（第九版）[M]. 刘庆林等译. 北京：人民邮电出版社，2005：114 – 115.

[53] Krajewski, Ritzman. 运营管理——流程与价值链（第七版）[M]. 刘晋，向佐春译. 北京：人民邮电出版社，2007：53 – 55.

[54] Vesna Bosilj-Vuksic, Katarina Curko, Andrej Kovacic. Business Process Restructuring in Croatian and Slovenian Companies [J]. A Comparision Management, 2000, 5 (1): 49 – 71.

[55] Ligus R. G. Methods to Help Reengineering Your Company for Improved Agility [J]. Industrial Engineering, 1993 (1): 58 – 59.

[56] Yannis A. Pollalis. A Systemic Approach to Change Management [J]. Information Systems Management, 1996, 13 (2): 19 – 26.

[57] Peter Lopes. Fine-tuning Reengineering with Work-flow Automation [J]. Blueprint and Tool [J]. Industrial Engineering, 1993 (8): 51 – 53.

[58] Adam P. V. R. Benchmarking and the Bottom Line: Translating Business Re-engineering into Bottom-line Results [J]. Industrial Engineering, 1995, 27 (2): 24.

[59] Jan Dietz. Business Modeling for Business Redesign. Proceedings of the 27th Hawaii International Conference on System Sciences [M]. IEEE Computer Society Pre-Lo. Alamitos, C A., 1994: 203 – 210.

[60] Victor van. DEMO Modeling Handbook Delft University of Technology [M]. Department of Information System, 1998: 112 – 120.

[61] Geetha Abeysinghe, Keith Phalp. Combining Process Modeling Methods [J]. Information and Software Technology, 1997, 39 (2): 107 – 124.

[62] Giorgio De Michelis. Work Processes, Organizational Structures and Cooperation Supports: Managing Complexity [J]. Annual Reviews in Control, 1997 (21): 149 – 157.

［63］Keith Thomas Phalp. The CAP Framework for Business Process Modeling ［J］. Information and Software Technology, 1998 (40): 731 – 744.

［64］Jorma Papinniemi. Creating a Model of Process Innovation for Reengineering of Business? ［J］. International Journal of Production Economics, 1999, 60 (4): 95 – 101.

［65］Gregory Mentzas, Christos Halaris and Stylianos Kavadias. Modelling Business Processes with Workflow Systems: An Evaluation of Alternative Approaches ［J］. International Journal of Information Management, 2001 (21): 123 – 135.

［66］Thong, J. Y. L, Yap, C. S. and Seah K. L. A Consolidated Methodology for Business Process Reengineering ［J］. International Journal of Computer Applications in Technology, 2003, 17 (1): 1 – 15.

［67］Jang, Ki-Jin. A Model Decomposition Approach for a Manufacturing Enterprise in Business Process Reengineering ［J］. International Journal of Computer Integrated Manufacturing, 2003, 16 (3): 210 – 218.

［68］Huisshen, Brian Wall, Michal Zaremba, Yuliu Chen and Jim Browne. Integration of Business Modeling Methods for Enterprise Information System Analysis and User Requirements Gathering ［J］. Computers in Industry, 2004, 54 (3): 307 – 323.

［69］方晔. 从实例来分析企业成功再造的关键因素［J］. 企业技术开发, 2005, 24 (2): 60 – 64.

［70］Damij, Nadja Damij and Talib. Business Process Modeling and Improvement Using TAD Methodology. Lecture Notes in Computer Science ［M］. Business Process Management: 3rd International Conference, 2005: 380 – 385.

［71］Peter F. Drucker. Management's New Paradigms ［J］. Forbes Magazine, 1998 (5): 152 – 177.

［72］Martin G. Christopher. Relationships and Alliances: Embracing the Era of Network Competition ［A］ //John Gattorna Hampshire. Strategic Supply China Management ［M］. England: Gower Press, 1998.

［73］俄亥俄州立大学，费舍商学院. 全球供应链论坛［EB/OL］. 供应链管理定义, http://fisher.osu.edu/scm.

［74］Douglas M. Lambert. 供应链管理——流程、伙伴、业绩［M］. 王平译. 北京: 北京大学出版社, 2007.

［75］刘建一. 企业管理系统设计的研究与实践［J］. 经济管理, 1987 (8).

［76］李习彬. 管理科学化研究指南［M］. 北京: 国防工业出版社, 1989: 1 – 8, 181 – 183.

[77] 李习彬. 系统工程——理论、思想、程序与方法 [M]. 石家庄：河北教育出版社，1991.

[78] 李习彬. 熵——信息理论与系统工程方法论的有效性分析 [J]. 系统工程理论与实践，1994（2）：37-42.

[79] 芮明杰，钱平凡. 再造流程 [M]. 杭州：浙江人民出版社，1997.

[80] 刘建一. 企业管理系统设计理论与方法 [J]. 电子科技大学学报，1997（26）：5-9.

[81] 刘建一. 企业管理系统设计——"改组、改制和改造"企业的管理系统重构 [J]. 机电信息，1998（210）：54-57.

[82] 崔南方. 核心业务流程的确定与BPR对象的选择 [J]. 华中理工大学学报（社会科学版），1999（1）：106-108.

[83] 俞东慧，黄丽华. 任务不对称对企业流程重组（BPR）的影响 [J]. 复旦大学学报（自然科学版），2001，40（2）.

[84] 王玉荣. 流程管理 [M]. 北京：机械工业出版社，2002.

[85] 王田苗，胡光耀. 基于价值链的企业流程再造与信息管理集成 [M]. 北京：清华大学出版社，2002.

[86] 蒋志清. 企业业务流程设计与管理 [M]. 北京：电子工业出版社，2004.

[87] 彭东辉等. 流程再造教程 [M]. 北京：航空工业出版社，2004.

[88] 方锦城，卢辛沛. 业务流程与管理概论 [M]. 北京：高等教育出版社，2004.

[89] 周妮等. 企业业务流程设计与再造 [M]. 北京：中国纺织出版社，2005.

[90] 桑强. 企业业务流程框架设计 [J]. 当代经济管理，2005，27（4）.

[91] 李国良. 流程制胜——业务流程优化与再造 [M]. 北京：中国发展出版社，2005.

[92] 方少华. 业务流程咨询 [M]. 北京：电子工业出版社，2006.

[93] 李枫林. 企业业务流程管理 [M]. 武汉：武汉大学出版社，2006.

[94] 黄益建，曾显斌，李晓寒. 内部控制体系设计与业务流程重组 [J]. 财会月刊（综合版），2007（2）：16-17.

[95] 李宝山，王水莲. 管理系统工程 [M]. 北京：清华大学出版社，北京交通大学出版社，2010.

[96] 廖吉林，刘建一. 基于BPR思想的企业组织重构研究 [J]. 技术经济与管理研究，2010（2）：98-101.

[97] 陈禹六. IDEF 建模分析与设计方法 [M]. 北京：清华大学出版社，1998：120-135.

[98] 何成利，陈云. 基于业务流程重建（BPR）的作业成本控制 [J]. 价值工程，1999（4）：35-38.

[99] 李建中，陈良欲. 扩展的事件——过程链方法（EEPC）及其在 BPR 中的应用 [J]. 系统工程，2000，18（1）.

[100] 丁嘉莉. 业务流程再造的职位—活动—人员规划模型 [J]. 中国管理科学，2000，8（4）.

[101] 林成栋，王寿欣，覃正. 支持企业过程再造的柔性工作流模型 [J]. 系统工程理论与实践，2001（11）：37-42.

[102] 朱友芹，张新龙，夏国平. 基于全生命周期的企业流程再造（BPR）模型框架 [J]. 工业工程，2002，5（2）.

[103] 李莹，覃正，张长岭. 业务流程再造建模技术研究 [J]. 工业工程，2002，5（3）：24-29.

[104] 刘飚. 企业业务流程分析及其再造的评价方法研究 [D]. 华中科技大学管理科学与工程专业博士学位论文，2003.

[105] 罗建华，俄兰青. 国内企业实施 BPR 的内部条件综合评价 [J]. 运筹与管理，2003，12（3）：122-126.

[106] 董沛武，全良，李明星等. 业务流程重组中流程建模与重组效果评价研究 [J]. 哈尔滨工业大学学报，2003，35（1）：110-113.

[107] 陆以勤，吕锦. 基于价值链的企业仿真和诊断的 Petri 网模型 [J]. 计算机集成制造系统，2004，10（12）：1502-1508.

[108] 徐寒冰，许炜，伍萃秀等. 业务流程管理系统中的时间约束问题 [J]. 兵工自动化，2004，23（5）.

[109] 王云鹏，王占中，赵颖等. 基于扩展 Petri 网的多式联运流程研究 [J]. 工业技术经济，2005，24（4）：77-79.

[110] 张东汉，孙小明. 价值流技术在企业业务流程重组中的应用 [J]. 工业工程与管理，2005（5）：93-97.

[111] 王海林，张德进，许海清等. 基于 SOA 架构的业务流程管理系统设计与实现 [J]. 电力信息，2008，16（7）.

[112] 赵涛，张建勇，苏青福. 业务流程管理成熟度模型设计与分析 [J]. 西安电子科技大学学报（社会科学版），2009，19（6）.

[113] Champy, James and Arnoudse Donald. The Leadership Challenge of Re-engineering [J]. Insights Quarterly: The Executive Journal of Business Reengineer-

ing, 1992, 4 (2): 17 -25.

[114] Kanin-Lovers J., Keilty J. Designing Incentives to Support Business Reengineering [J]. Journal of Compensation and Benefits, 1993, 8 (5): 55 -58.

[115] M. Hammer, J. Champy. The Promise of Reengineering [J]. Fortune, 1993, 127 (9): 94 -97.

[116] Furey T. R. A Six-Step Guide to Process Reengineering [J]. Planning Review, 1993, 21 (2): 20 -23.

[117] Winklhofer H. Information Systems Project Management During Organizational Change [J]. Engineering Management Journal, 2002, 14 (2): 33 -37.

[118] Broadbent M., Weill P. and St. Claire D. The Implications of Information Technology Infrastructure for Business Process Redesign [J]. MIS Quarterly, 1999, 23 (2): 159 -182.

[119] Cross J. Champy, James and Arnoudse Donald. The Leadership Challenge of Reengineering [J]. Insights Quarterly: The Executive Journal of Business Reengineering, 1992, 4 (2): 17 -25.

[120] J. Peppard. Broadening Visions of Business Process Reengineering [J]. Omega, 1996, 24 (3): 255 -270.

[121] A. Process Gunasekaran, B. Nath. The Role of Information Technology in Business Process International [J]. Journal of Production Economics, 1997 (50): 91 -104.

[122] Im Omar A. El Sawy, Alexander Hars. Competence and Impact of Tools for BPR [J]. Information & Management, 1999, 36 (6): 301 -311.

[123] David Paper, Ruey-Dang Chang. The State of Business Process Reengineering: A Search for Success Factors [J]. Total Quality Management, 2005, 16 (1): 121 -133.

[124] Tae Kyung Sung, David V. Gibsoh. Critical Success Factors for Business Reengineering and Corporate Performance: The Case of Korean Corporations [J]. Technological Forecasting and Social Change, 1998 (58): 297 -311.

[125] Janson R. How Reengineeering Transform Organizations to Satisfy Customers? [J]. National Productivity Review, 1993, 12 (1): 45 -53.

[126] Stanton T., Ammer M. and Power B. From Resistance to Results: Mastering the Organiza tional Issues of Reengineering [J]. Insights Quarterly: The Executive Journal of Business Reengineering, 1992, 4 (2): 6 -16.

[127] H. James Harrington. Performance Improvement: The Rise and Fall of Re-

engineering [J]. The TQM Magazine, 1998, 10 (2): 69 – 71.

[128] Bashein B. J., Markus L. M. and Riley P. Precondition for BPR Success [J]. Information Systems Management, 1994, 11 (2): 7 – 13.

[129] Bergey J., Smith D., Tiley S., Weiderman N. and Woods. Why Reengineering Projects Fail [J]. Carnegie Mellon Software Engineering Institute – Product Line Practice Initiative, 1999 (1): 1 – 30.

[130] 胡飞虎. 业务流程重组成功因素分析 [J]. 工业工程, 2000 (9): 2 – 3.

[131] 李敏. 业务流程重组成败的关键因素分析 [J]. 现代情报, 2003 (10): 172 – 174.

[132] 王璞, 曹叠峰. 流程再造 [M]. 北京: 中信出版社, 2005.

[133] 谢冰, 谢军. 把握流程的形成机制、科学再造流程 [J]. 商场现代化, 2005 (6): 86 – 87.

[134] 岳澎, 任浩. 流程型组织构建的逻辑起点及要素探析 [J]. 现代管理科学, 2010 (5): 11 – 13.

[135] 胡汉辉, 刘怀德. 流程重组的多维性: 中国企业变革的特点 [J]. 科研管理, 2002, 23 (1): 63 – 69.

[136] 黄秀侠. 业务流程再造的企业内部影响因素研究 [D]. 重庆大学管理科学与工程专业硕士学位论文, 2006.

[137] 余玮. 基于流程运行影响因素的流程再造实施策略与方法研究 [D]. 重庆大学硕士学位论文, 2003.

[138] 俞东慧. 企业流程变革管理影响因素及其动态机制研究 [D]. 复旦大学博士学位论文, 2004.

[139] 张海娟, 陶树人, 张连棠. 对企业流程再造 (BPR) 的系统化认识 [J]. 科研管理, 2002 (3).

[140] 华宏鸣. 对 JIT、Benchmarking 和 BPR 现代管理述语实际含意和中文译法的研究 [J]. 上海理工大学学报 (社会科学版), 2001.

[141] 刘强. BPR 与 TQM 的比较分析 [J]. 中外科技信息, 2002 (2): 76 – 77.

[142] 辛晴. BPR 与 TQM 的比较分析及其对泰罗模式的回归 [J]. 齐鲁学刊, 2005 (5): 157 – 160.

[143] 杜栋. 基于 6σ 的企业流程再造 [J]. 质量管理, 2008 (4): 7 – 10.

[144] 黄秀侠, 易树平等. 基于六西格玛项目选择原理的 BPR 核心流程确定方法 [J]. 工业工程与管理, 2006 (1): 90 – 94.

[145] 王众, 黄艳等. 基于价值链 (VC) 发展的制造企业业务流程再造

（BPR）实证研究［J］．价值工程，2008（8）：65-68．

［146］万幼清．ERP与BPR的比较与互动研究［J］．中国管理信息化，2006（7）．

［147］桂良军，薛恒新，黄作明．BPR、ERP、SCM、CRM的集成研究［J］．统计与决策，2004（11）：132-133．

［148］王超．论KM与BPR、ERP的协同与互动［J］．科技进步与对策，2004（5）：73-76．

［149］马克玲．作业成本法、价值链和业务流程再造整合应用［J］．辽宁工程技术大学学报（社会科学版），2005（1）．

［150］陈文波，陈南岳．管理流程再造中人性化思想应用的探讨［J］．南华大学学报（社会科学版），2008（1）．

［151］黄益建等．内部控制体系设计与业务流程重组［J］．财会月刊，2007（2）：16-17．

［152］李垣，王元恺．以流程为中心的管理模式［J］．西安交通大学学报（社会科学版），2001（21）．

［153］李爱民，聂永有．BPR前后组织变化研究［J］．现代管理科学，2006（11）：47-49．

［154］裴铟．业务流程与企业组织结构［J］．信息化建设，2004（5）：39-40．

［155］许建平，黄美莲，朱永钊，苏雄武．BPR过程中企业职能部门设计的研究［J］．农业与技术，2005（4）：158．

［156］贺邵兵，朱会友．基于岗位工作模块的KPI设计方法和流程［J］．中国人力资源开发，2008（6）：44-45．

［157］许红．中国企业业务流程重组关键成功因素及其评价的实证研究［D］．厦门大学博士学位论文，2009．

［158］Champy J. Reengineering Reduce. Computer Word［J］．April，2000（4）．

［159］Hammer M. Process Makes Practise Better［J］．March，2000．

［160］Weill P.，Vitale M. From Place to Space：Migrating to Aoatomic-business Models［M］．Harvard Business School Press，2001．

［161］［美］亚德里安·J. 斯莱沃斯基等．发现利润区［M］．北京：中信出版社，2003．

［162］踪家峰，郝海．传统管理的革命者［M］．保定：河北大学出版社，2005．

［163］［美］托马斯·H. 达文波特．把流程变成标准化商品［J］．哈佛商

业评论，2008（5）：54-76.

[164] 王玉荣，彭辉. 流程管理［M］. 北京：北京大学出版社，2008.

[165] ［德］卡尔·马克思. 资本论（第一卷）［M］. 中共中央马克思恩格斯列宁斯大林著作编译局编译. 北京：人民出版社，1975.

[166] 辞海编辑委员会. 辞海［Z］. 上海：上海辞书出版社，1999.

[167] 顾峰. 管理学［M］. 上海：上海人民出版社，2004.

[168] 宋华岭，王今. 广义与狭义管理熵理论［J］. 管理工程学报，2000（1）.

[169] 辞海编辑委员会. 辞海（缩印本）［Z］. 上海：上海辞书出版社，1990.

[170] 凤羽翚，李严锋，叶琼伟. 业务流程管理［M］. 北京：清华大学出版社，北京交通大学出版社，2009.

[171] Joe Peppard. Philip Rowland：The Essence of Business Process Re-engineering［M］. Prentice Hall Copyright Europe，1995.

[172] ［美］卡普兰. 诺顿. 平衡计分卡：化战略为行动［M］. 刘俊涌等译校. 广州：广东经济出版社，2004.

[173] ［美］卡普兰. 诺顿. 战略地图——化无形资产为有形成果［M］. 刘俊涌等译. 广州：广东经济出版社，2005.

[174] 郭忠金，李非. 面向客户价值的流程框架模型研究［J］. 学术研究，2010（7）：74-81.

[175] 孔繁荣，曹国兴. "大6σ"与流程管理实务［M］. 北京：中国标准出版社，2007.

[176] 百度百科. 百度名片——概念［EB/OL］. http：//baike. baidu. com/view/45333. htm.

[177] 百度百科. 百度名片——属加种差［EB/OL］. http：//baike. baidu. com/view/4550109. htm.

[178] ［法］亨利·法约尔. 工业管理与一般管理［M］. 北京：团结出版社，1999.

[179] ［美］彼得·德鲁克. 管理的实践［M］. 北京：机械工业出版社，2008.

[180] ［美］哈罗德·孔茨，海因茨·韦里克. 管理学［M］. 北京：经济科学出版社，1998.

[181] ［美］赫佰特·A. 西蒙. 管理决策新科学［M］. 北京：中国社会科学出版社，1982：33.

[182] ［美］小詹姆斯·H. 唐纳利等. 管理学基础［M］. 北京：中国人民

大学出版社，1982：81.

[183] [美] 里奇·格里芬. 管理学（第八版）[M]. 刘伟评译. 北京：中国市场出版社，2007.

[184] [美] 弗里蒙·E. 卡斯特等. 组织与管理 [M]. 北京：中国社会科学出版社，1985：8.

[185] [美] R. M. 霍德盖茨. 美国企业经营管理概论 [M]. 北京：中国人民大学出版社，1985：65.

[186] [美] 托尼·布洛克特. 管理理论与原则 [M]. 成都：四川社会科学出版社，1986：2.

[187] [美] 丹尼尔·A. 雷恩. 管理思想的演变 [M]. 北京：中国社会科学出版社，1986：2.

[188] [美] 斯蒂芬·P. 罗宾斯. 管理学 [M]. 北京：中国人民大学出版社，1997：6.

[189] 徐国华，赵平. 管理学 [M]. 北京：清华大学出版社，1989：2.

[190] 中国大百科全书总编辑委员会自动控制与系统工程编辑委员会. 中国大百科全书——自动控制与系统工程分册 [Z]. 北京：中国大百科全书出版社，1991：148.

[191] 杨文士等. 管理学原理 [M]. 北京：中国人民大学出版社，2004：4.

[192] 张文昌等. 管理学——理论与实践 [M]. 济南：山东人民出版社，2000：4.

[193] 香港管理专业发展中心. 管理学原理 [M]. 北京：中国纺织出版社，2001：1.

[194] 赵涛，齐二石. 管理学 [M]. 天津：天津大学出版，2004：4.

[195] 芮明杰. 管理学：现代的观点 [M]. 上海：上海人民出版社，2005：15.

[196] 张英奎，孙军. 现代管理学 [M]. 北京：机械工业出版社，2007：3.

[197] 杨孝海等. 管理学 [M]. 成都：西南财经大学出版，2008：15.

[198] 马义飞，翁文先. 管理学 [M]. 北京：石油工业出版社，2009：1.

[199] 辞海编辑委员会. 辞海 [Z]. 上海：上海辞书出版社，1979.

[200] 百度百科. 百度名片——业务 [EB/OL]. http：//baike.baidu.com/view/64906.htm.

[201] 刘建一，凌峰. 以广义设计理念探寻消除管理理论与实践隔阂的尝试

[J]. 科学管理研究，2011（1）：82-86.

[202] 刘建一，凌峰. 基于理论研究与实践经验的"管理设计"探索[J]. 科技进步与对策，2011（15）：1-4.

[203] G. J. Klir. Facets of Systems Science [M]. New York: Plenum Press, 1991.

[204] 宗刚，樊毅斌. 基于熵视角的价值理论研究[J]. 山西财经大学学报，2009（9）：8-13.

[205] 凡勃伦. 有闲阶级论[M]. 蔡受百译. 北京：商务印书馆，1964：139.

[206] [美]约翰·康芒斯. 制度经济学（上册）[M]. 盛洪，陈郁译. 北京：商务印书馆，1962：70-92.

[207] [美]罗纳德，哈里·科斯. 论生产的制度结构[M]. 上海：上海三联书店，1994：16.

[208] 陈雪梅，赵珂. 交易费用企业理论的发展及其评述[J]. 暨南大学学报（哲学社会科学版），2002（5）.

[209] 董艳华，荣朝和. 产业组织理论的主要流派与近期进展[J]. 北方交通大学学报（社会科学版），2003（4）：3-5.

[210] 诺思. 制度、制度变迁和经济绩效[M]. 刘守英译. 上海：上海三联书店，1994：4.

[211] Nelson R. R., S. G. Winter. An Evolutionary Theory of Economic Change [M]. Cambridge: Cambridge University Press, 1982: 73-176.

[212] Cooley, CharlesHorton. Social Organization [M]. Glencoe IL.: Free Press, 1956: 313-331.

[213] Durkheim E. The Rules of Sociological Method [M]. Glencoe III.: Free Press, 1950.

[214] Parsons. Prolegomena to a Theory of Social Institutions [J]. American Sociological Review, 1990 (55): 319-339, 327.

[215] 李占祥. 论现代企业管理制度[J]. 中国经贸导刊，1994（23）：10-11.

[216] 吴培良，王凤彬. 组织理论与设计[M]. 北京：中国人民大学出版社，1998：281.

[217] 郝振芬. 浅谈企业内部会计管理制度[J]. 煤炭经济研究，2002（5）：43-44.

[218] 袁爱清. 建立现代人力资源管理制度要实现四个转变[J]. 中国劳动，2002（12）：29.

[219] 黄善平. 对销售企业建立质量管理制度的探讨[J]. 标准计量与质

量，2001（5）：10.

[220] 陈友萍. 企业管理制度的创新［J］. 统计与决策，2003（5）：89.

[221] ［美］C. I. 巴纳德. 经理人员的职能［M］. 孙耀君译. 北京：中国社会科学出版社，1997.

[222] ［美］詹姆斯·S. 科尔曼. 社会理论的基础（上册）［M］. 邓方译. 北京：社会科学文献出版社，1999：34 - 35.

[223] 朱秋，白颜蕾. 人性假设与管理制度的成本和效率［J］. 当代财经，2003（1）：96.

[224] ［美］理查德·L. 达夫特. 组织理论与设计［M］. 王凤彬等译. 北京：清华大学出版社，2003.

[225] ［美］葛雷纳. 当组织成长而出现的演变和变革［C］. 孟光裕译. 哈佛管理论文集，北京：中国社会科学出版社，1985：360.

[226] 魏宏森，曾国屏. 系统论——系统科学哲学［M］. 北京：清华大学出版社，1995.

[227] ［日］北原贞辅. 现代管理系统论［M］. 北京：中国人民大学出版社，1987.

[228] 许庆瑞. 管理学［M］. 北京：高等教育出版社，2005：41 - 42.

[229] 芮明杰，钱平凡. 组织整体结构模式：一种研究企业组织的新方法［J］. 复旦大学学报（社会科学版），1998（6）：20 - 25.

[230] ［瑞士］皮亚杰. 结构主义［M］. 北京：商务印书馆，1984：98.

[231] 宋华龄，王今. 广义与狭义管理熵理论［J］. 管理工程学报，2000（1）.

[232] ［比］尼科里斯，普利高津. 探索复杂性［M］. 罗久里，陈奎宁译. 成都：四川教育出版社，1992.

[233] 任佩瑜，张莉，宋勇. 基于复杂性科学的管理熵、管理耗散结构理论及其在企业组织与决策中的作用［J］. 管理世界，2001（6）：142 - 147.

[234] Jouhtio M. Co-evolution of Industry and Its Institutional Environment［Z］. Working Paper of the Institute of Strategy and International Business in Helsinki University of Technology, 2006.

[235] 黄凯南. 共同演化理论研究评述［J］. 中国地质大学学报（社会科学版），2008（4）.

[236] Lewin A. Y. and H. W. Volberda. Prolegomena on Co-evolution：A Frame-Work for Research on Strategy and New Organizational Forms［J］. Organization Science，1999（5）.

[237] 陈士华, 陆君安. 混沌动力学初步 [M]. 武汉: 武汉水利电力大学出版社, 1998.

[238] 程宝元, 闫钊. 演化视角下的企业流程管理理念与机制研究 [J]. 中国科技博览, 2010 (25): 227-228.

[239] [英] 罗杰·彭罗斯. 皇帝新脑 [M]. 许明贤, 吴忠超译. 长沙: 湖南科学技术出版社, 1995.

[240] [美] E. 拉兹洛. 进化——广义综合理论 [M]. 闵家胤译. 北京: 社会科学文献出版社, 1988.

[241] [英] 哈耶克. 个人主义与经济秩序 [M]. 邓正来译. 上海: 三联书店, 2003.

[242] 韩荣, 刘建一. 价值工程 [M]. 北京: 国防工业出版社, 1992.

[243] [美] 凯斯·斯华德亨利. 福特与他的汽车公司 [M]. 北京: 新华出版社, 1982: 11.

[244] 孙耀君. 管理学名著选读 [M]. 北京: 中国对外出版社, 1988.

[245] [美] 弗雷德里克·泰罗. 科学管理原理 [M]. 马风才译. 北京: 机械工业出版社, 2007.

[246] [英] 林德尔·厄威克. 管理备要 [M]. 北京: 中国社会科学出版社, 1994: 27.

[247] 陈劲, 王焕祥. 演化经济学 [M]. 北京: 清华大学出版社, 2008.

[248] [美] J. 佩帕德, P. 罗兰. 业务流程再造精要 [M]. 高俊山译. 北京: 中信出版社, 2003.

[249] 姚慕生, 高汝熹. 线性代数 [M]. 武汉: 武汉大学出版社, 1989.

[250] [美] 罗素·艾科夫等. 优化设计: 如何化解企业明日危机 [M]. 刘宝成译. 北京: 中国人民大学出版社, 2009.

[251] 刘永悦, 王艳亮等. 生产运作管理 [M]. 北京: 清华大学出版社, 2011: 349.

[252] 王国章等. 政治经济学 [M]. 成都: 西南财经大学出版社, 1993: 37.

[253] 张德等. 人力资源开发与管理 (第二版) [M]. 北京: 清华大学出版社, 2001: 21-22.

[254] 张德, 陈国权. 组织行为学 [M]. 北京: 清华大学出版社, 2000: 43-55.

[255] 百度百科. 百度名片——信息 [EB/OL]. http://baike.baidu.com/view/1527.htm.

[256] 百度百科. 百度名片——技术 [EB/OL]. http：//baike.baidu.com/view/45517.htm.

[257] 吴贵生. 技术创新管理 [M]. 北京：清华大学出版社，2000：198.

[258] 刘云柏. 管理哲学导论 [M]. 天津：南开大学出版社，1988：218.

[259] 陈忠卫等. 企业战略管理（修订版）[M]. 北京：中国统计出版社，2008：8.

[260] Edwards C. P. Forging a Link Between Strategy and Business Re-engineering [J]. Europe Manegement Journal, 1994, 12 (4)：407 - 416.

[261] 刘志彪. 产业经济学 [M]. 南京：南京大学出版社，1996.

[262] Grovera V., James T. and Segarsb A. H. The Influence of Information Technology Diffusionand Business Process Change on Perceived Productivity：The Executive's Perspective [J]. Information & Management, 1998, 34 (3)：141 - 159.

[263] Mohsen Attaran. Exploring the Relationship Between Information Technology and Businessprocess Reengineering [J]. Information & Management, 2004, 41：585 - 596.

[264] Law C. C. H. and Ngai E. W. T. It Infrastructure Capabilities and Business Process Improvements：Association with it Governance Characteristics [J]. International Resources Management Journal, 2007, 20 (4)：25 - 47.

[265] 梅绍祖，冯建中. BPR 与信息技术 [J]. 系统工程理论与实践，2003 (2)：47 - 50.

[266] 江积海，牟小俐，代小春. 基于模糊综合评判的企业动态组织结构的设计与重构 [J]. 系统工程理论与实践，2002 (7)：41 - 47.

[267] [美] 查尔斯·萨维奇. 第五代管理 [M]. 谢强华译. 珠海：珠海出版社，1998：157.

[268] Andrew D. Brown and Ken Strarkey. The Effect of Organizational Culture on Communication and Information [J]. Journal of Management Studies, 1994, 31 (6)：109 - 119.

[269] 任浩. 现代企业组织设计 [M]. 北京：清华大学出版社，2005：6.

[270] 于秀林，任雪松. 多元统计分析 [M]. 北京：中国统计出版社，1999：171 - 198.

[271] 周晓宏，郭文静. 探索性因子分析与验证性因子分析异同比较 [J]. 科技和产业，2008，8 (9)：69 - 71.

[272] 刘江. 试论企业文化对战略管理的影响 [J]. 时代金融，2011 (5)：202 - 203.

[273] 孙爱英. 企业文化对战略变化过程的影响研究 [J]. 改革与战略, 2007 (2): 102-105.

[274] 马清锐. 企业文化对战略决策的影响 [J]. 北京财贸管理学院学报, 2001 (2): 8-11.

[275] 李潇, 刘欢. 浅析企业文化对人力资源管理的影响机制及建设模式探究 [J]. 科教导刊, 2011 (10): 140-141.

[276] 王瑞永. 中国传统文化对现代企业人力资源管理的影响及其借鉴 [J]. 科学与管理, 2010 (6): 14-18.

[277] Robert M. Verburg, Pieter J. D. Drenth, Paul L. Koopman, Jaap J. van Muijen and Zhongming Wang. Managing Human Resources Across Cultures: A comparative Analysis of Practices in Industrial Enterprises in China and the Netherlands [J]. The International Journal of Human Resource Management, 1999, 10 (3): 391-410.

[278] 田伯伏, 杨运杰. 企业规模、有效竞争与我国技术创新战略选择 [J]. 中央财经大学学报, 2006 (7): 55-58.

[279] 周永源, 高俊山. 钢铁企业规模战略及组织结构设计 [J]. 管理现代化, 2010 (2): 20-22.

[280] 曹晔. 现代企业规模探析 [J]. 经济工作导刊, 2002 (8): 37-38.

[281] 文竹. 论组织结构的影响因素 [J]. 科技资讯, 2008 (23): 250.

[282] 周超. 企业组织结构的演变及其影响因素 [J]. 企业改革与管理, 2011 (8): 7-10.

[283] 鲁春艳. 企业组织规模与结构演变相关分析 [J]. 合作经济与科技, 2009: 34-35.

[284] 陈佳贵, 黄群慧. 我国不同所有制企业治理结构的比较与改善 [J]. 中国工业经济, 2001 (7): 23-30.

[285] 姚圣娟, 马健. 混合所有制企业的股权结构与公司治理研究 [J]. 华东经济管理, 2008 (4): 52-57.

[286] 严若森. 所有权结构对公司治理机制的影响机理 [J]. 社会学辑刊, 2002 (3): 84-88.

[287] 曾显荣. 法人治理结构与组织结构的系统整合与互动关系 [J]. 经济与管理, 2003 (1): 31-32.

[288] 马忠, 李学伟. MBO 上市公司所有权与控制权对治理结构的影响 [J]. 中国软科学, 2004 (2): 66-72.

[289] 夏冬. 企业所有权结构与组织管理创新 [J]. 生产力研究, 2006 (8): 212-234.

［290］陈诣辉. 战略定位、企业规模与民营企业经理人行为［J］. 改革，2009（9）：146－147.

［291］叶林. 战略选择和管控模式是如何决定企业成败的［J］. 经济导刊，2005（7）：77－81.

［292］贾平. 企业制度环境与战略管理的互动性分析［J］. 学术交流，2006（10）：104－107.

［293］高萍，凌峰. 区域市场中的"智猪"与"囚徒"——我国中型水泥企业在区域市场竞争中的战略博弈解析［J］. 中国建材，2009（6）：84－87.

［294］Ling Feng. Meaning, Impact and the Strategic Significance of Developing Regional Backup Service System of Modern Construction Industry, International Conference on Regional Economy and Sustainable Development, Chapter Three, 2010：315－321.

［295］苏涛. 简论战略对组织结构的影响［J］. 福建论坛（经济社会版），2004（4）：11－12.

［296］侯杰泰等. 结构方程模型及其应用［M］. 北京：科学教育出版社，2004.

［297］吴明隆. 结构方程模型［M］. 重庆：重庆大学出版社，2009.

［298］Fornell C., Larcher D. F. Evaluating Structural Equation Models with Unobserved Variables and Measurement Error［J］. Journal of Marketing Research，1981：39－50.

［299］刘建一. 企业管理系统设计程序方法［A］//中国企业管理百科全书编辑部. 中国企业管理百科全书（增补卷）［M］. 北京：企业管理出版社，1990：450－451.

［300］Tae Kyung Sung and David V. Gibsoh. Critical Success Factors for Business Reengineering and Corporate Performance：The Case of Korean Corporations［J］. Technological Forecasting and Social Change，1998（58）：297－311.

附录一

关于管理流程设计相关影响因素与设计要素的预调查问卷

尊敬的先生/女士：您好！

  我们是江苏大学企业管理流程设计研究组，正在从事管理流程设计相关影响因素与设计要素方面的研究，在这次调研过程中，想征询您对企业管理流程设计各影响子因素的意见与看法，希望您根据所从事的工作状况或研究内容给予大力支持，非常感谢！

  本调研用于纯学术研究，旨在研究管理流程设计中是否需关注列出的各相关影响因素及管理流程构建要素设计要求，不涉及商业用途，问卷采用无记名方式填写，并保证对您所填信息保密。调查问卷采用李克特 5 级量表法，依次表示深浅程度，从"很赞成"向"很不赞成"过渡。请您在该选项下方的方框内打上"√"。感谢您的配合！

  联系人：   联系电话：   E-mail：

第一部分 企业基本情况

（1）贵公司成立时间有多少年？_____

（2）贵公司的所有制形式：_____

（3）贵公司从事的主营业务是：_____

（4）目前贵公司的组织结构形态是：_____

（5）目前贵公司拥有的员工总数：_____

（6）近年贵公司营业额大致有：_____

（7）目前您日常从事的主要工作是什么？

（8）目前公司企业文化具有什么特征？

（9）目前公司现有管理流程运行状况如何？

第二部分　影响因素部分

	很赞成	赞成	一般	不赞成	很不赞成
（10）当前国内外行业间的市场竞争愈演愈烈	□	□	□	□	□
（11）战略分析越来越成为企业生存和发展的必需	□	□	□	□	□
（12）公司战略目标定位对管理流程设计具有重要影响	□	□	□	□	□
（13）企业战略实施渗透到管理流程设计的诸多环节	□	□	□	□	□
（14）企业职能层战略分解已下达至各管理部门	□	□	□	□	□
（15）企业各部门间联系与配合可确定管理流程走向和进程	□	□	□	□	□
（16）许多管理业务的工作事项与任务细节蕴含在企业管理制度中	□	□	□	□	□
（17）各部门与执行岗位是管理业务各环节的承担者	□	□	□	□	□
（18）管理制度汇编中对于某些管理事项明确了时间要求	□	□	□	□	□
（19）管理制度汇编中规定的各种管理事项明确管理活动与方式	□	□	□	□	□
（20）管理业务涉及的范围与层面影响着管理流程设计	□	□	□	□	□
（21）管理业务各种内容细节规定须有机纳入管理流程	□	□	□	□	□
（22）贵公司重视企业IT基础设施建设	□	□	□	□	□
（23）若没有电脑则所有的管理业务都将彻底停滞	□	□	□	□	□
（24）管理流程中业务的履行有赖于员工对IT技术的运用	□	□	□	□	□
（25）没有IT技术将会对管理流程设计造成不良影响	□	□	□	□	□
（26）公司亟待推行信息化运作辅助流程设计	□	□	□	□	□
（27）贵公司管理层次与幅度设置影响到管理流程活动	□	□	□	□	□
（28）管理层次与幅度设置影响到管理活动承担者及其活动方式	□	□	□	□	□
（29）基于组织结构的工作任务责任链影响活动间关系	□	□	□	□	□
（30）组织结构中的权限设置影响着管理流程中审批权限设计	□	□	□	□	□
（31）公司高管控制范围与决策方式决定相应业务的审批权限	□	□	□	□	□
（32）公司高管层支持企业推进管理流程设计	□	□	□	□	□
（33）公司重视企业文化建设	□	□	□	□	□

(34) 良好的企业文化氛围有助于开展管理流程设计与运行 □ □ □ □ □
(35) 不同所有制形式的企业对管理流程设计需求不一样 □ □ □ □ □
(36) 国有企业较民营企业更重视管理流程设计 □ □ □ □ □
(37) 企业规模越大越倾向于局部管理流程设计 □ □ □ □ □
(38) 企业规模越大则管理流程设计难度就越大 □ □ □ □ □
(39) 企业员工的行为倾向对管理流程设计存在影响 □ □ □ □ □
(40) 管理流程设计须考虑企业员工的知识水平与职业技能 □ □ □ □ □
(41) 企业的培训考核机制要体现在相应的管理流程设计中 □ □ □ □ □

第三部分　设计要素部分

	很赞成	赞成	一般	不赞成	很不赞成
(42) 合理设计流程各环节管理活动对流程顺畅运行重要	□	□	□	□	□
(43) 基于战略导向体现各业务领域的管理活动对设计流程重要	□	□	□	□	□
(44) 相应管理活动的完成具有时间限制	□	□	□	□	□
(45) 管理流程各环节活动体现业务要求与任务细节	□	□	□	□	□
(46) 管理活动间关系指明管理流程目标导向与上下游任务顺序	□	□	□	□	□
(47) 流程设计要体现相应部门承担各自业务及其各阶段活动	□	□	□	□	□
(48) 流程设计要关注组织结构布局中各部门管理活动间管控关系	□	□	□	□	□
(49) 流程设计须考虑各部门相应岗位履行具体管理活动	□	□	□	□	□
(50) 流程具体环节工作的承担者须具备相应知识与技能	□	□	□	□	□
(51) 管理流程相应环节对完成管理活动方式有规定	□	□	□	□	□
(52) 管理活动方式由各部门对不同业务偏重体现在流程设计中	□	□	□	□	□
(53) 设计中关注处于不同层级员工处理管理活动方式的差别	□	□	□	□	□

附录二

关于管理流程设计相关影响因素与设计要素的预调查问卷

尊敬的先生/女士：您好！

  我们是江苏大学企业管理流程设计研究组，正在从事管理流程设计影响因素与设计要素方面的研究，调研过程中想征询您对企业管理流程设计各影响因素及设计构建要素的意见与看法，希望您根据所从事的工作状况或研究内容给予大力支持，非常感谢！

  本调研用于纯学术研究，旨在研究管理流程设计中须关注的各种相关影响因素及其与设计要素的关系，不涉及商业用途，问卷采用无记名方式填写，并保证对您所填信息保密。调查问卷采用李克特5级量表法，依次表示深浅程度，从"很赞成"向"很不赞成"过渡。请您在该选项下方的方框内打上"√"。感谢您的配合！

  联系人：　　　　　　　联系电话：　　　　　　　E-mail：

第一部分　企业基本概况

（1）贵公司成立时间有多少年？_____

（2）贵公司的所有制形式：_____

（3）贵公司从事的主营业务是：_____

（4）目前贵公司的组织结构形态是：_____

（5）目前贵公司拥有的员工总数：_____

（6）近年贵公司营业额大致有：_____

（7）目前您日常从事的主要工作是什么？

（8）目前公司企业文化具有什么特征？

（9）目前公司现有管理流程运行状况如何？

第二部分　影响因素部分

	很赞成	赞成	一般	不赞成	很不赞成
（10）贵公司关注自身在同行业中的实力与竞争态势	□	□	□	□	□
（11）贵公司明确发展方向与长期愿景	□	□	□	□	□
（12）企业重视根据外部环境与内部条件进行战略分析定位	□	□	□	□	□
（13）基于战略分析企业具有明确的战略目标导向	□	□	□	□	□
（14）企业战略能得以顺利实施	□	□	□	□	□
（15）战略实施过程中企业建立了良好的监控机制以适时修正	□	□	□	□	□
（16）企业职能层战略做了细致的战术化分解	□	□	□	□	□
（17）企业高层具有明确的分管范围和相应权限	□	□	□	□	□
（18）企业高管在其分管领域采取各自活动方式	□	□	□	□	□
（19）各项管理业务工作事项在相应流程中做了明确规定	□	□	□	□	□
（20）各项管理业务的任务细节做了明确划分	□	□	□	□	□
（21）员工熟知各项管理业务履行环节及时间要求	□	□	□	□	□
（22）战略导向下各部门能明确协作关系并通力合作	□	□	□	□	□
（23）目前企业组织结构中管理层次多	□	□	□	□	□
（24）目前企业组织结构中管理幅度大	□	□	□	□	□
（25）目前企业组织结构安排能适应当前发展需要	□	□	□	□	□
（26）企业组织结构中已形成明确的权力架构	□	□	□	□	□
（27）企业组织结构中规定了合理的责任体系	□	□	□	□	□
（28）员工知识与技能能适应流程相应环节业务处理要求	□	□	□	□	□
（29）员工对企业有归属感能自觉履行各项管理工作	□	□	□	□	□
（30）企业定期对员工进行培训使其更好胜任流程各环节工作	□	□	□	□	□
（31）企业绩效考核政策能监督促进员工履行流程相应环节工作	□	□	□	□	□

第三部分　设计要素部分

	很赞成	赞成	一般	不赞成	很不赞成
（32）流程诸环节各项管理活动能体现相应业务领域职能层战略的要求从而具有各自业务倾向	□	□	□	□	
（33）管理流程各环节活动具体业务要求与任务细节能为相应岗位员工认知并理解	□	□	□	□	
（34）各项管理活动在管理流程运行中可以顺畅履行	□	□	□	□	
（35）流程中管理活动上下游关系具有任务导向及履行顺序	□	□	□	□	
（36）相应管理活动规定了明确的时间限制	□	□	□	□	
（37）管理活动间管控关系通过不同层级部门生效	□	□	□	□	
（38）管理业务的不同活动阶段由相应职能部门承担	□	□	□	□	
（39）规定各岗位人员按要求履行流程相应环节管理活动	□	□	□	□	
（40）处理各种管理事务的人员须具有相应知识与技能	□	□	□	□	
（41）管理活动方式体现了流程相应环节得以履行的细节	□	□	□	□	
（42）各部门按专业倾向性角色实现各自业务处理方式	□	□	□	□	
（43）管理活动处理方式差别体现处于组织不同层级承担者职责	□	□	□	□	□

后 记

本书是在我博士论文基础上修改而成的。感谢经济管理出版社和我们单位的支持,使拙作成为我有生以来第一部以成书形式出版的专著。愈四旬,鬓已霜,光阴荏苒,岁月留痕。虽然读博已成往事,但日常工作之余对书稿的修改与校订依然迅速将思绪引向那段脱产求学经历,心念所及……

感恩我的导师刘建一教授,作为我国管理科学与工程领域著名学者,国家自然基金委第七、第八届常务委员,刘教授长期致力于管理设计理论与方法的研究。国际著名管理设计大师冯·阿肯教授在与家师会晤时,意识到在该领域的研究不早于刘教授。刘建一教授治学严谨,诲人不倦,学术修养与学者风范令弟子们引以为豪。求学期间,刘教授安排我在其身边参与课题研究与项目咨询。有幸在导师身边工作和学习,开阔了视野,并且缓解了经济压力,也积累了素材。除学术熏陶之外,导师还教我做人的道理。然本人资质愚钝,对于恩师的学术思想和理念依然望其项背,未能彻悟。刘教授将我引入管理设计研究领域,并且悉心指导,令我豁然开朗,师恩难忘。

感谢江苏大学给予我关心、鼓励与支持的所有老师和同学,以及我当年的答辩评委。梅强副校长是我的第二导师,感谢他在百忙之中对我的鼓励和指导。感谢刘思峰、陈森发、周明生、马志强、陈丽珍、路正南、施国洪、庄晋财等教授与学者,他们以其学术上的深厚底蕴与丰富经验为我的写作提出宝贵意见和建议。

自求学与工作以来,父母渐入老年,孩子从襁褓婴儿长成顽皮孩童。母亲患有较严重的肾病综合征,需长期治疗。孩子幼年时查出患有先天性高度近视引起的重度弱视,手术仅能减缓近视加深,多年治疗,收效甚微,目前依然没有特效疗法,好在孩子天性乐观,活泼可爱,希望其快乐生活与成长。求学后半阶段,忙于阅读文献、撰写论文,几乎没有经济来源,那些日子,学业、经济、就业、亲人病患等压力令我喘息困难。就是在这样一个屡弱家庭,是学习支撑我走过数年艰难岁月。低谷时期会看一会儿关于自然、宇宙、人文方面的纪录片,尤其宇宙学唤起我中学时代对于科普书籍的痴迷与记忆。与宇宙的广袤与深邃相比,眼前的困境不值一提。有时人们并非不能面对与战胜困难,而是无法接受各种不完美。然而基本力场的分离昭示着宇宙自身的破缺对称，微波背景辐射也不再被认为具有各向同性，相对性量子场论中隐藏宇称不守恒，还有膜宇宙深层背景下的卡拉比—丘流形。从某种意义上来说，正是破缺与不完美造就了绚丽多彩的大千世界，然宇宙原初态本源却恰恰可能是不完美的。工作以来，涉足其他研究领域，但深切感受到广义设计思想追求对客观事物的运用与整合，以尽可能完备的功能体现人类设计智慧、技能及与自然和谐相处的能力，依然可以作为渗透于不同管理研究领域底层必不可少的逻辑理念与方法论基础。舍此，设计的意义何在？

感谢这段人生经历，人到中年内心能少一些彷徨，多几分释然，继续在科研和教学的道路上砥砺前行。

作　者
2019 年 11 月于鹿鸣湖畔